自贸区研究系列

中国自由贸易试验区协同创新中心

2023上海城市经济与管理发展报告

上海房地产市场结构研究

上海财经大学上海发展研究院　上海财经大学城市与区域科学学院
上海市政府决策咨询研究基地"赵晓雷工作室"
上海市教育系统"赵晓雷城市经济与管理工作室"　编

主　编　赵晓雷

副主编　张锦华

编　委　(按姓氏笔画排序)

胡　彬　何　骏　张祥建　邓涛涛　杨　嬛

格致出版社　上海人民出版社

前　言

　　房地产市场为社会经济发展提供空间载体,是宏观经济中服务业的重要构成部分。房地产市场与实体经济相互依存,反映了实体经济的发展状态,其健康平稳发展也为实体经济的发展提供了重要保障。随着上海进入高质量发展的新阶段,房地产市场也迈入了新的发展阶段,在面临挑战的同时,也有诸多机遇。本书共分为四章,针对上海房地产市场的四个板块总结了市场的发展情况,分析了各板块相关的重要问题,并提出了发展建议。

　　本书第 1 章分别从新房销售和二手房销售两个板块,分析上海住房销售市场的基本情况。对于新房销售市场,本书重点考察新房预售、积分购房和摇号等新的制度设计,分析在特定市场环境下,这些新政策举措的实施情况和可能存在的问题。对于二手房销售市场,本书分析市场结构并梳理典型的二手房交易流程,重点考察二手房交易经纪中可能存在的问题,并通过借鉴国际经验提出进一步完善市场的对策建议。

　　本书第 2 章主要分析上海住房租赁市场的发展概况、存在的问题、培育和发展租赁住房市场的政策及经验借鉴四个方面。其中,发展概况部分主要包括上海住房租赁市场发展的背景、现状,短租公寓及长租公寓的发展情况。上海住房租赁市场存在的问题部分则主要围绕市场管理体系、租赁服务机构、"租售同权"政策、"职住不平衡"问题、公共租赁住房及保障性租赁住房发展困境等进行深入分析。培育和发展租赁住房市场的政策部分则主要梳理上海有关住房租赁市场培育和发展的政策、规划及举措特征。经验借鉴部分主要参考国内其他城市,以及美国、日本等其他国家的相关政策。

　　本书第 3 章首先梳理了上海的保障性住房制度和发展现状,分别涵盖以共有产权房为代表的产权型保障性住房和以公共租赁住房为代表的租赁型保障性住房。然后,通过分析对比保障性住房的供给方式及供求情况,提出保障性住房总体供给不足、申请门槛过高等问题,并且,通过与美国、日本、德国、新加坡和中国香港等国家和地区的经验对比,提出相应的改进建议。

　　本书第 4 章介绍上海商业地产市场的发展概况,上海写字楼市场的发展现状、先进经验、困境及对策。并围绕上海零售商业物业市场发展的情况、经验、受线上购物的冲击情况,以及新冠病毒疫情防控下零售物业发展现状等方面进行深入分析。本章还总结了国内主要城市,以及新加坡及美国商业地产市场的发展经验。

目 录

第1章

上海住房销售市场发展现状、问题与对策

1.1 上海新房销售市场发展现状

1.1.1 上海新房销售市场发展环境分析

房地产市场是宏观经济中的重要组成部分。房地产市场的健康平稳发展为实体经济的发展提供了重要条件,房地产市场的波动规律也反映了宏观经济发展的趋势。房地产同时作为消费品与投资品,也具有其他商品和资产所不具备的特殊属性及独特的市场规律。在本章中,为了全面分析上海新房销售市场,我们将首先采用 PEST 分析模型对上海房地产市场的发展环境进行分析,从政策、经济、社会和技术这四个维度全面剖析房地产市场的外在宏观环境因素,进而深入分析新房销售市场的发展情况。

1. 政策分析

2021 年,全国房地产市场总体保持平稳,各项指标保持在合理区间范围内,但也有个别城市出现短期房价非理性上涨、个别房地产企业发生资金链断裂、市场预期转变迅速等情况,全国房地产市场呈现出"上半年整体偏热,下半年降温迅速"的特点。从各项政策颁布的整体风向来看,围绕"房住不炒"的定位,房地产市场运行的政策环境整体偏紧,强调因城施策,同时重点聚焦房地产金融风险,坚持住房的居住属性。

回顾 2021 年的房地产政策,在市场化住房体系和保障住房体系两个方面均有所推进。首先,在保障性住房体系方面,不仅创新提出了"保租房"概念,而且还明确了"三房"体系的构成。2021 年 7 月,国务院办公厅发布《关于加快发展保障性租赁住房的意见》。该文件首次提出保障性租赁住房(简称保租房)概念,首次明确中国住房保障体系由三部分组成:公租房、保租房和共有产权房,完善了住房保障体

系。其次,旧城改造向城市更新升级。2021 年 11 月,住房和城乡建设部办公厅发布《关于开展第一批城市更新试点工作的通知》,进行为期两年的第一批城市更新的试点工作,确定了北京、南京、西安、苏州、沈阳等 21 个试点城市,因地制宜探索城市更新的工作机制、实施模式、支持政策、技术方法和管理制度,推动城市资源更合理的利用及城市的可持续发展,以期形成相关的经验教训,为后期广大的试点应用打好基础。再次,初步建立房地产金融审慎管理制度。2021 年 3 月,中国银保监会办公厅、住房和城乡建设部办公厅、中国人民银行办公厅联合发布《关于防止经营用途贷款违规流入房地产领域的通知》,目标是规范经营用途贷款,防止其违规流入房地产相关企业,更好地支持实体经济的发展。最后,推进了土地集中出让制度改革。2021 年 2 月,国家自然资源部发布住宅用地分类调控文件,要求重点城市施行住宅用地供应"两集中"新规,即集中发布出让公告、集中组织出让活动,并且全年将分三批次集中统一发布住宅用地的招拍挂公告并进行相应活动,重点城市主要涉及 22 个城市,均为大中型城市。

2021 年,上海市以全国房地产市场基本政策为基调,在充分考虑上海城市房地产市场特点的情况下,维持原有的调控措施不放松,继续严格执行各项调控政策,同时加大吸引人才流入,保持城市活力。全年政策对房地产市场从严调控,稳定市场走向。

2022 年,全国宏观经济受到新冠肺炎疫情冲击,中央政府或相关部委未在全国层面进一步发布房地产市场调控新政,政策风向转向宽松,在多个重要场合提及"稳定房地产市场""保交楼、稳民生",合理支持房企融资。由于宏观经济的负面冲击,多地地方政府因城施策,多次发布了相应的房地产松绑政策,松绑政策主要集中在三四线城市。上海也在人才落户方面放宽政策,降低人才购房门槛。

(1)严格执行住房限购政策,调整增值税征免年限。

2021 年伊始,上海市住房和城乡建设管理委员会、房屋管理局、规划资源局、财政局、市场监管局、税务局、人民银行上海分行、上海银保监局就联合印发了《关于促进本市房地产市场平稳健康发展的意见》(可简称"沪十条"),自 2021 年 1 月 22 日起实施。具体内容如下文所示。

一、进一步发挥好联席会议作用。发挥好市促进房地产市场健康发展联席会议平台作用,指导、协调、推进全市房地产市场监管工作,落实部门管理责任,增进联动协调,加强信息互通,强化政策执行力,提高政策实施效果。

二、完善土地市场管理。优化土地供应结构,增加商品住房用地供应,特别是在郊区轨道交通站点周边、五大新城(南汇、松江、嘉定、青浦、奉贤)加大供应力度。

坚持房地联动机制,引导企业理性拿地,稳定土地价格。

三、严格执行住房限购政策。夫妻离异的,任何一方自夫妻离异之日起三年内购买商品住房的,其拥有住房套数按离异前家庭总套数计算。

四、调整增值税征免年限。将个人对外销售住房增值税征免年限从两年提高至五年。

五、严格执行差别化住房信贷政策。实施好房地产贷款集中度管理,加强个人住房贷款审慎管理,指导商业银行严格控制个人住房贷款投放节奏和增速,防止突击放贷。引导商业银行进一步加强审贷管理,对购房人首付资金来源、债务收入比加大核查力度。严防信用贷、消费贷、经营贷等资金违规流入房地产市场。

六、严格商品住房销售管理。严格新建商品住房销售方案备案管理。严格执行商品住房销售"一价清""实名制"等各项管理制度。完善新建商品住房公证摇号选房制度,优先满足"无房家庭"自住购房需求。加强预售资金监管,保护购房人合法权益。

七、严格规范房地产市场经营秩序。加强对房地产开发企业、销售代理企业和房地产经纪机构的监管,开展房地产市场秩序专项整治工作。加大联合整治执法力度,形成执法合力,严肃查处捂盘惜售、价格违法行为、虚假广告、人为制造市场紧张氛围、诱导规避调控政策等违法违规行为。

八、坚持租购并举。进一步完善住房租赁体系,扩大保障性租赁住房覆盖面。通过新建、配建、改建等多种方式,多渠道、多主体加快形成租赁住房有效供应。完善租赁住房发展配套支持政策,规范住房租赁市场秩序。

九、加快推进旧区改造、"城中村"改造等城市更新改造项目。加快推进中心城区成片二级旧里以下房屋改造,积极开展"城中村"改造,确保征收安置房源供应。加快推进旧住房更新改造,加大既有住宅加装电梯工作力度,启动实施住宅小区"美丽家园"建设新三年行动计划,多渠道改善广大人民群众的居住条件和环境质量,有效提升市民居住品质。

十、加强政策宣传。加强房地产市场监测,正确解读房地产市场调控政策措施,稳定市场预期,引导合理住房消费。依法加大对编造谣言扰乱市场秩序、散布不实信息误导市场预期等行为的查处力度。

"沪十条"中表明,上海将严格执行住房限购政策,调整增值税征免年限,其他条款也从多个角度表明了上海对房地产市场从严管理的决心。

(2)严格控制个人住房信贷。

2021年1月,上海银保监局印发《关于进一步加强个人住房信贷管理工作的通知》(以下简称《通知》)。

《通知》对上海辖内商业银行就差别化住房信贷政策执行、住房信贷管理等工作提出要求,主要内容包括房地产贷款集中度管理、首付款资金来源和偿债能力审核、借款人资格审查和信用管理、个人住房贷款发放管理、信贷资金用途管理、房产中介机构业务合作管理、风险排查等方面。

下一步,上海银保监局将结合新规,对辖内商业银行有关房地产政策执行及自查情况开展专项检查,对发现不符合规定的问题进行合理整改,以促进上海地区住房金融业务的稳健运行和上海房地产市场的平稳健康发展。

(3) 商品住宅用地出让实行限价竞价,继续实施住房限售。

2021 年 3 月,上海市多个部门发布《关于进一步加强本市房地产市场管理的通知》,发布宅地限价竞价和住房限售的规定,进一步严格房地产市场的管理。通知明确,在深度研究上海土地情况的基础上,深化完善房价地价联动机制;而在房价地价联动的基础上,商品住宅用地出让实行限价竞价。并且,其明确继续实施住房限售,对按照一定优先购房政策购买的新建商品住房,在购房合同网签备案满五年后可进行转让。

(4) 加快新城建设,放宽落户政策。

2021 年 3 月,上海市人民政府发布《关于本市"十四五"加快推进新城规划建设工作的实施意见》(以下简称《实施意见》),意见明确缩短新城"居转户"年限,应届生落户优先,以及高精尖人才保证落户"6 个月"特殊通道。通过特殊落户政策,吸引高端技术人才来沪就业,促进五大新城的建设发展。

上海市政府成立了市新城规划建设专项推进协调领导小组,明确了推进新城规划建设的"1＋6＋5"总体政策框架,"1"即由市规划资源局、市发展改革委牵头制定《实施意见》;"6"即由市级相关部门围绕政策、综合交通、产业发展、空间品质、公共服务、环境品质和新基建等方面制定六个重点领域专项工作文件;"5"即由各新城所在区政府、管委会牵头制定五个新城《"十四五"规划建设行动方案》。在"1＋6＋5"总体政策框架的基础上,协调各方资源促进五大新城更快、更好的发展,大力支持五大新城成为上海对外展示的新名片。

(5) 抑制学区房热度。

2021 年 3 月,上海市教委发布了《上海市高中阶段学校招生录取改革实施办法》(以下简称《实施办法》)。从 2022 年起,在全市高中学校招生录取工作的自主招生录取、名额分配综合评价录取和统一招生录取三种类型的基础上,进一步细化每种方式所占的录取名额。

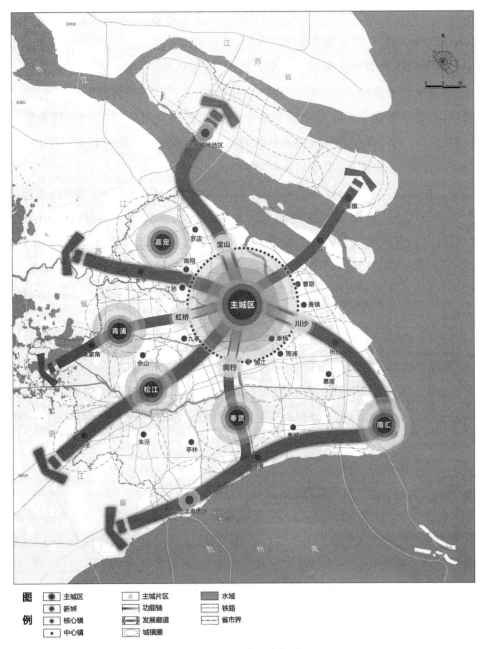

图 1.1　上海五大新城

资料来源:《上海市城市总体规划(2017—2035 年)》。

　　自主招生录取中主要分为:市实验性示范高中、市特色普通高中自主招生录取、中职校自主招生录取。在市实验性示范高中、市特色普通高中自主招生录取中,市实验性示范性高中、市特色普通高中自主招生计划数合计不超过全市普通高中招生计划总数的 6%,其中优秀体育学生、艺术骨干学生自主招生计划合计不低于该类自主招生计划的15%。试点"探索建立拔尖创新人才培养基地"项目的普通高中学校和市特色普通高中的自主招生计划相较于当年度其他市实验性示范性高中的自主招生计划占比可适当增加。在2021年以前,自招是市重点最主要的生源,但改革改变了这种方式。中职校自主招生录取,主要招收技能水平高、职业倾向明显,有意愿接受职业教育培养的学生。中职校自主招生包括中本教育贯通培养模式、五年一贯制培养模式、中高职教育贯通培养模式、中职校提前招生(需面试或测试的专业)等类别,各类别可同时兼报。

第二种类型为名额分配综合评价录取,这也是上海市高中最主要的录取方式,其中分为委属市实验性示范性高中名额分配和区属市实验性示范性高中名额分配。委属市重点主要为上海市六所重点高中。委属各市实验性示范性高中名额分配占65%,其中80%到区,20%到校。区属市实验性示范性高中名额分配有60%直接分配到校,分配到本区内每所初中学校,实现名额分配到校全覆盖,以实现招生的相对公平。

最后一种类型为统一招生录取,即剩余名额,与之前实施规则无明显变化。

《实施办法》正式实施后,由于将名额分配作为高中招生的主要方式,使非顶尖初中也获得一定的优质高中资源,家长们不用为了让孩子挤进优质初中而购买高溢价学区房,从而降低了学区房与优质教育资源的关联度,降低了学区房价格中内涵的教育溢价,推动了上海房价的良性发展。

(6)试点征收房地产税。

2021年1月,上海市财政局、税务局、房屋管理局联合发布了《关于本市开展对部分个人住房征收房产税试点若干问题的通知》(以下简称"通知"),"通知"中延续了上海2011年开始房产税征收的暂行办法,在所征收对象及房产税税率上均无较明显的变动。按此"通知"的规定,结合上海市税务局官网的公示信息可知,截至2022年12月底,上海房产税征收暂行办法的适用税率仍为0.6%,十年内税率都并未发生变化,且符合应税住房每平方米市场交易价格低于上海市上年度新建商品住房平均销售价格两倍(含两倍)的,税率则暂减为0.4%。但是,作为计税基准的新建商品住房平均销售价格会根据上海市住房均价的实际情况来进行增长动态调整。以继续征收房地产税的方式来调控房价,也表明了上海市政府部门坚定"房住不炒"的决心,立志在"十四五"开局之年严格控制上海市房地产市场,防止其过热,促进经济平稳健康运行。

(7)放宽人才落户条件,降低购房门槛。

2022年,上海从多个维度放宽人才落户条件,从而降低了在沪购房的门槛。

2022 年 4 月,上海临港新片区官方网站公示《2022 年临港新片区人才住房政策重点支持单位清单》,对临港新片区人才住房政策操作口径进行了优化调整,重点支持单位中工作的人才的认定标准从原来的"须在新片区工作满一年以上"缩短为三个月或六个月,进而降低了人才购房的门槛。2022 年 6 月,上海发布《关于助力复工复产实施人才特殊支持举措的通知》,面向一流大学留学生放开落户限制。毕业于世界排名前 50 名院校的,取消社会保险费缴费基数和缴费时间要求,全职来上海工作后即可直接申办落户;对于毕业于世界排名 51—100 名的,全职来上海工作并缴纳社会保险费满六个月后可申办落户。此外,2022 年 6 月,上海还发布了《关于做好 2022 年非上海生源应届普通高校毕业生进沪就业工作的通知》,在沪各研究所和高校的应届硕士毕业生,符合基本条件者可直接落户,在沪"双一流"建设高校的应届本科毕业生,在五个新城、南北地区重点转型地区用人单位工作的,符合基本条件者,可直接落户。

2. 经济分析

(1) 国内总体经济状况。

2021 年,中国国内生产总值(GDP)比 2020 年增长 8.1%,在全球主要经济体中排名靠前且增长稳定;经济规模突破 110 万亿元,达到 114.4 万亿元,稳居全球第二大经济体。具体情况如图 1.2 所示。可以看出,除 2020 年受疫情影响国内经济增长速度有所放缓外,近五年内,中国经济大致保持平稳运行,为房地产业的发展奠定了强有力的基础。

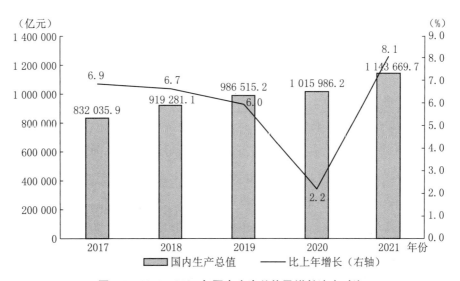

图 1.2　2017—2021 年国内生产总值及增长速度对比

资料来源:国家统计局。

（2）上海经济及各产业发展情况。

2021年，上海全年实现地区生产总值43 214.85亿元，比上年增长8.1%，在全国各省市经济发展情况中处于领先地位。

近五年上海经济产业发展的具体情况如图1.3所示。2021年，上海第一产业的增加值为99.97亿元，下降6.5%；第二产业的增加值为11 449.32亿元，增长9.4%；第三产业的增加值为31 665.56亿元，增长7.6%。且房地产业所在的第三产业在五年内的地区生产总值占比中呈现上升趋势，但在近三年中上升有所放缓。近年来，第三产业相对于第二产业的扩张趋势放缓。

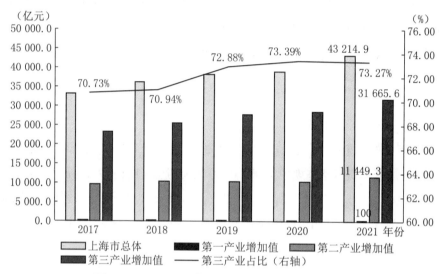

图1.3　2017—2021年上海经济及各产业发展情况

资料来源：中指数据库。

2022年上半年，新冠疫情对经济的冲击较大，但上海最终经受住了考验。根据《2022年上半年上海市国民经济运行情况》，2022年上半年全市生产总值为19 349亿元，同比下降5.7%。这其中既有1月和2月经济稳定发展的助力，又有在新冠疫情期间城市基本盘稳住不变和重点行业企业仍艰难运行的因素，还有新冠疫情后期生产生活的快速恢复，以及复工复产相关特殊政策强力支持的效应。新冠疫情期间，城市核心功能仍稳定运转，重要功能性机构从未间断生产运行，数据显示，2022年1—6月上海市金融市场成交额1 362.46万亿元，比上年同期增长16.8%；1—6月货物进出口总额为18 772.5亿元，比上年同期下降0.6%。

复工复产后，上海着力稳定供给扩大需求，经济运行呈现回稳向好的态势。典型表现是上海工业的稳定增长和房地产市场加快恢复。上海市统计局发布的

《2022 年前三季度上海市国民经济运行情况》显示,2022 年前三季度,全市规模以上工业总产值 28 940.93 亿元,比上年同期下降 1.5%,降幅比上半年收窄 8.2 个百分点。全市工业生产已经连续四个月实现月度增长,累计降幅逐月收窄。1—9 月上海市新建商品房销售面积 1 201.07 万平方米,比上年同期下降 7.0%,降幅比上半年收窄 16.4 个百分点。新建商品住宅销售面积 1 014.71 万平方米,同比下降 3.6%,降幅比上半年收窄 16.2 个百分点。

总体来看,新冠疫情带来的冲击是短期和阶段性的,由于上海仍保持城市核心功能强、生产能力强的优势,因此,其经济恢复具有较强的韧性、内生动力和市场活力。但同时也面临不少困难和挑战。《上海市加快经济恢复和重振行动方案》指出,上海将从以下八个方面逐步恢复经济的平稳运行:千方百计为各类市场主体纾困解难;全面有序推进复工复产复市;多措并举稳外资稳外贸;大力促进消费加快恢复;全力发挥投资关键性作用;强化各类资源和要素保障;切实加强民生保障工作;保障城市安全有序运行和优化营商环境。

(3)地方财政情况。

据上海市财政局报告,2021 年,上海一般公共预算收入为 7 771.08 亿元,同比上升 10.3%;一般公共预算支出为 8 430.9 亿元,同比上升 4.1%。2016—2021 年这两项的具体情况如图 1.4 所示。由于新冠疫情影响,2020 年这两项经济指标均出现了微量下降,但是总体局势稳定,2021 年的数据已恢复稳定的增长趋势。2022

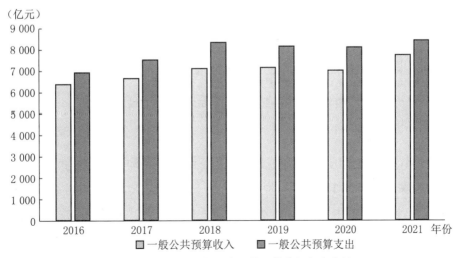

图 1.4 2016—2021 年上海公共预算收入与支出情况

资料来源:国家统计局。

年上半年,全市一般公共预算收入为3 794.8亿元,若扣除留抵退税因素,总体下降12.9%,按普通口径计算下降19.8%。上海整体一般公共预算支出完成3 812.7亿元,与上年同期相比增长0.6%。卫生健康、节能环保、商业服务业等重点支出优先保障,执行情况较好。一般公共预算收入受新冠疫情影响下降较多,但下半年随着经济的逐渐恢复,该部分收支也逐渐恢复。

3. 社会分析

(1) 人口。

2022年,上海常住人口约为2 475.90万人,2016—2022年上海人口具体情况如图1.5所示。2016—2022年,上海常住人口呈现先下降后上升的趋势,总体维持在2 400万人左右的稳定水平。上海作为一线城市,经济较为发达,不断吸引着人才流入;但在上海生活也面临着压力与挑战,因此也有一部分人选择离开。综合来看,上海常住人口情况总体保持稳定。

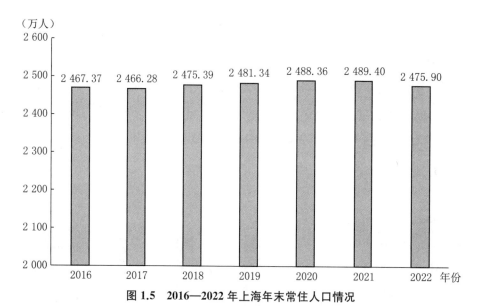

图1.5　2016—2022年上海年末常住人口情况

资料来源:上海市统计局。

2020年,第七次全国人口普查披露了上海市人口结构。0—14岁为243.63万人,15—64岁为1 661.91万人,65岁及以上为581.55万人,具体如图1.6所示。在国际标准中,社会人群中60岁以上人口占总人口的比例达到10%,或65岁以上人口占比达到7%,即可称为进入老龄化社会;65岁以上人口比例达到14%,为深度老龄化社会,达到20%为超级老龄化社会。上海2020年65岁以上人口占比为23.4%,属于超级老龄化社会,需要引起重视。

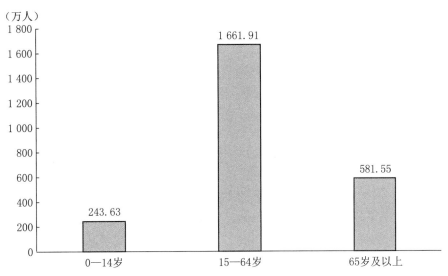

图 1.6　2020 年上海人口年龄分布

资料来源：中指数据库。

（2）工资水平。

2021 年，上海城镇非私营单位在岗职工平均工资为 196 053 元，与 2020 年相比增长 21 375 元，增长 12.24%，远高于国内生产总值增长率。2016—2021 年上海在岗职工平均工资，具体情况如图 1.7 所示。表 1.1 展示了全国主要城市 2021 年在岗职工平均工资水平，可以看出，上海在岗职工平均工资水平仅次于北京，高于其他城市。因此，上海具有较高的工资水平，而且增长水平稳定，具有较大的房地产消费潜力。

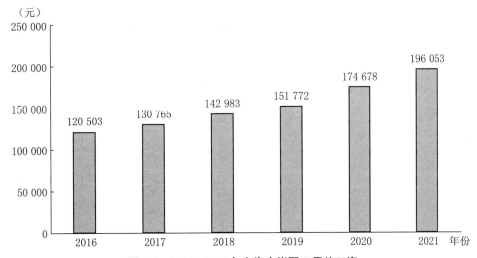

图 1.7　2016—2021 年上海在岗职工平均工资

资料来源：国家统计局。

表 1.1 全国主要城市 2021 年在岗职工平均工资水平

城 市	2021 年	城 市	2021 年
北 京	201 504 元	武 汉	121 608 元
天 津	128 171 元	长 沙	114 805 元
石家庄	89 621 元	广 州	144 288 元
太 原	98 099 元	深 圳	155 563 元
呼和浩特	98 467 元	南 宁	103 013 元
沈 阳	101 554 元	海 口	99 560 元
大 连	107 390 元	重 庆	106 966 元
长 春	100 463 元	成 都	113 853 元
上 海	196 053 元	贵 阳	106 188 元
南 京	149 087 元	昆 明	111 460 元
杭 州	151 121 元	拉 萨	141 577 元
宁 波	127 011 元	西 安	115 574 元
合 肥	111 672 元	兰 州	96 793 元
福 州	108 133 元	西 宁	113 154 元
厦 门	119 483 元	银 川	114 235 元
南 昌	102 084 元	乌鲁木齐	111 044 元
济 南	119 245 元	青 岛	127 228 元
郑 州	96 365 元		

资料来源:国家统计局。

(3) 生活环境。

关于生活环境问题,用以检测的指标多种多样,我们在这里选取执业(助理)医师数(万人)和环境噪声等效声级 dB(A)两个指标来进行代表医疗环境与整体声音环境。两个指标如图 1.8 和图 1.9 所示。2021 年,上海执业(助理)医师为 8.41 万

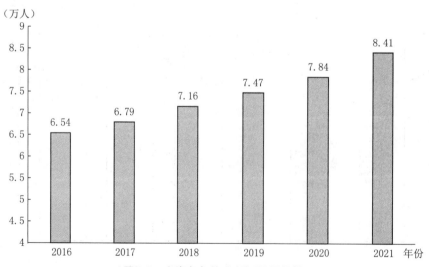

图 1.8 上海各年执业(助理)医师数

资料来源:国家统计局。

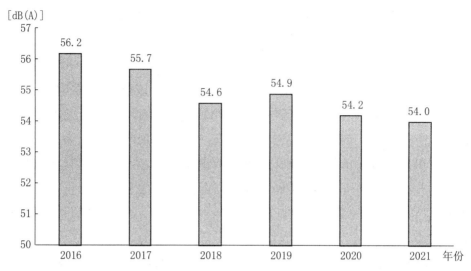

图 1.9　上海各年环境噪声等效声级分布

资料来源：国家统计局。

人,比 2020 年增加 7.27%;上海环境噪声等效声级为 54.2 dB(A),比 2020 年减少 0.37%。从上述两组数据看出,上海宜居程度正在逐年变好,从而使房地产市场有后续发展潜力。

4. 技术分析

在技术层面,各方市场参与主体正在积极探索新技术、新方法,希望让房地产市场作出积极改变,"建筑机器人"、VR 技术和大数据技术等新兴技术在房地产市场中的应用逐步深化。

(1) "建筑机器人"。

随着新时代科技水平的快速进步,机器人在各行各业开始广泛地被使用,以提高工作效率,建筑行业自然也不例外。2017 年,英国《每日邮报》援引英国建筑公司巴尔弗·贝蒂(Balfour Beatty)发布的研究报告表示,到 2050 年,机器人将承包建筑工地中大部分重要工作,能够担任"建筑工人""起重机"和"巡视场地的无人机"等多重角色。在中国的房地产开发实务中,2019 年 9 月,碧桂园的博智林机器人在建筑施工中被投入使用,经过不断改进,迄今已累计完成 1 000 多万平方米的墙面打磨、粉刷施工任务。虽然中国建筑机器人的研发与商业化应用,相对于全世界该领域的研究来说起步较晚,其产业的数字化和智能化水平还处在初步研发阶段,但是随着像碧桂园、万科等龙头房地产企业持续以"加大、加速、加强"的目标,加大相关智能建筑领域的研发投入,最终能形成商业化布局和强大的科技竞争力。相信在未来,中国建筑业因落后的施工手段及施工方式造成的落后的智能建筑局面将得到极大改善。同时,影响建筑行业发展的突出问题,如施工安全问题,行业招工难、用工荒等也会得到技术性改善。

（2）VR技术。

随着虚拟现实技术(VR技术)的深入研发和探索,该技术在现实中的应用不仅用于游戏行业,而且在其他各行各业中都得到广泛应用,房地产行业也借助该技术改进了销售手段。传统的房地产展示手段一般都是展板、沙盘、表现图和样板房。随着房地产市场竞争的加剧,传统的营销模式已经跟不上时代的步伐。由于技术的改善和创新符合时代的需要,如今虚拟漫游成为房地产行业的重要营销手段,它将网络科技与广告动画紧密结合,更好地进行房地产销售,不断吸引消费者。

虚拟漫游在地产中被称为"地产虚拟漫游",是一种以虚拟现实技术为基础,集影视广告、动画、多媒体、网络科技于一体的新型房地产销售方式。无论是对购房者还是地产商来说,虚拟漫游都是一种先进的销售方式。通过该技术,购房者可以通过电脑或者智能手机等显示设备远程直观地看到样板房,充分地了解房屋的户型以及各种其他参数。从现场端来看,房地产企业在销售时也可在销售处设置电脑,运用该技术让购房者在电脑上提前并直观地看到几年后建成的小区样貌,预先对小区环境有一定的认识。同时,VR虚拟漫游技术还可以在电脑上选择自己想要的户型。

在上海楼盘的具体销售中,也有VR技术运用的体现。例如,在2020年8月15日,由上海星河湾于全球领先发布的NewSeed机器人远程看房系统。该系统改善了传统静态VR技术无互动非实景弊端,打破了时差、地域的限制,给消费者带来全新的实时互动沉浸式看房体验。星视界机器人远程看房系统支持24小时全时段分时预约,为远程实景看房,有机器人进行实时图文讲解和真人一对一互动,而且与智能家居系统相配合,全时段、全方位、全地域地满足消费者的看房需求。

我们有理由相信,在不远的未来,VR技术将为不方便实地看房的人群提供更多的便利,为新房销售市场的发展贡献一部分技术力量。

（3）大数据技术。

大数据技术是房地产领域最重要的技术之一,在多个方面有着较为深入的应用,下面主要介绍三个方面。这三个方面的技术在全国各地房地产企业中均已得到了较好的应用,上海房地产市场在相关技术上的应用也走在了全国前列。

第一,房地产大数据能够帮助房地产企业更好地了解购买者住房需求。一方面,通过数据挖掘,房地产企业可以得到用户的工作性质、工资水平分布、消费习惯和年龄结构等数据,从而能够画出相对精确的用户画像,分别为不同性质的用户推荐合适的住房,从而促进销售。另一方面,企业也可以尝试使用云技术发现高质量客户及潜在客户来拓宽销售面,再根据他们的特点从不同的角度进行推广。

第二,房地产大数据有助于精确行业市场定位。若房地产企业有开拓某地区市场的想法,大数据技术也可以在精确行业市场定位方面提供帮助。一般传统思路首先要进行项目评估和可行性分析,只有通过项目评估和可行性分析,才能最终决定是否适合进入或者开拓这块市场。企业通常会从区域人口、消费水平、客户的消费习惯、市场对产品的认知度、当前的市场供需情况几个方面进行评估,而这些角度背后包含的海量信息构成了房地产行业市场调研的大数据,对这些大数据进行分析可以帮助企业进行很好的市场定位。

第三,房地产大数据可以为行业需求开发开拓思路。在互联网高速发展的现今,以论坛、博客、微博、微信、电商平台、点评网等为代表的媒介多方涌现,人们分享信息变得更加方便自由,网络舆情也成为企业发展不可忽视的重要因素。以微博、微信、知乎、小红书等为代表的巨型网络社交媒体形成了网络舆情大数据,这其中蕴藏了巨大的房地产行业需求的开发价值,通过数据分析可以发现新的用户需求,这都值得企业管理者重视。大数据,并不是一个神秘的字眼,只要房地产企业平时善于积累和运用这些技术工具,就会有效地帮助他们提高市场竞争力和收益能力,获得良好的效益。

1.1.2　上海新房销售市场发展状况

2017—2022 年,上海新房市场稳定发力,以下为新房销售市场的主要发展现状。

1. 新房销售市场量价齐升,稳定回暖

2017—2022 年上海新房销售价格和销售面积如图 1.10 和图 1.11 所示。从整体来看,2017—2022 年,上海新房销售市场的销售价格处于稳定且略有下降的水平,销售面积处于稳步上升的水平。2022 年末,上海新房销售均价为 60 738 元/平方米;销售面积为 1 561.5 万平方米,增长率为 4.8%。相比 2021 年末,上海新房销售面积与价格略有回升,主要是部分被疫情压抑的需求被释放出来,使销售量价略有回升。

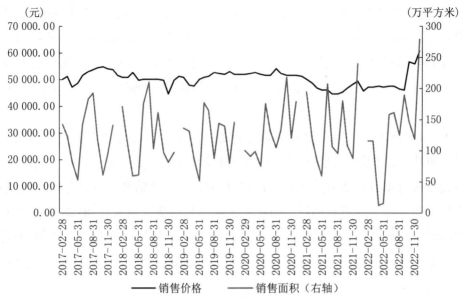

图1.10 上海新房销售价格与销售面积

注:国家统计局不公布每个月的销售面积,只自每年2月起公布截至当月的累计销售面积。因此,图中1月无数据,2月数据为1—2月的累计销售面积,其他月份的数据依此类推得出。

资料来源:国家统计局。

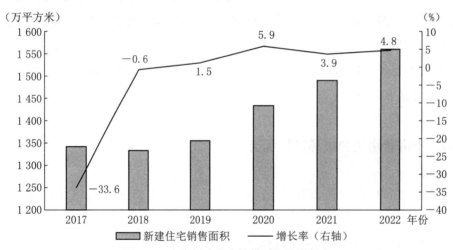

图1.11 上海新建住宅销售面积及增长率

资料来源:国家统计局。

2. 住宅开发投资额稳步上升,个别月份略有波动

2016—2021年上海住宅开发投资年度金额如图1.12所示。受到类住宅整顿、开盘摇号新规、土地市场新政、住房"十三五"规划发布等一系列重大政策调整的影响,上海住宅开发投资在2017年迎来了大跳水,但之后一直处于稳步上升的状态。

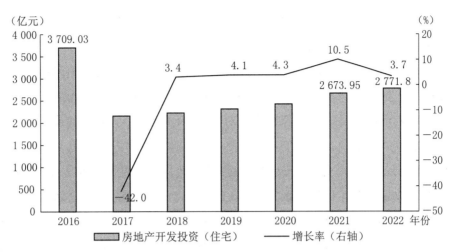

图 1.12　2016—2022 年上海住宅开发投资额

资料来源:同花顺 iFinD 数据库。

2022 年,上海住宅开发投资额为 2 771.8 亿元,增长率为 3.7%,处于稳步增长状态;说明房地产开放已经步入正常发展轨道。

2017—2022 年上海月度住宅开发投资金额如图 1.13 所示,由于 1—2 月国家统计局不统计该数据,我们将每年 1—2 月的数据予以剔除。可以看到,在疫情前,月度住宅开发投资金额较为稳定,波动较少;受到疫情的不确定性影响,月度住宅开发投资额波动较大。可见,各大开发商对市场的风向高度敏感,实时变动自我投资战略。

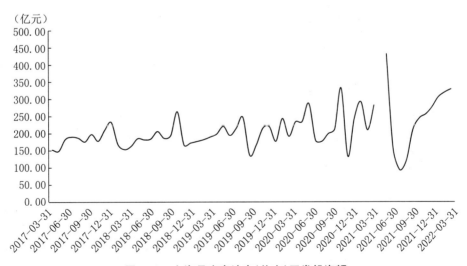

图 1.13　上海月度房地产(住宅)开发投资额

资料来源:同花顺 iFinD 数据库。

综上所述,上海新房投资额呈现波动上升态势,稳定发展。

3. 积分制摇号触发率高,政策规划初见成效

关于积分制,上海积分制新房摇号政策主要包括以下两个部分:基础分和年限分。基础分包括:(1)认购对象:根据本市住房限购政策具备本市购房资格的家庭或个人;(2)名下房产:认购申请时,认购对象(及其家庭成员)名下住房套数计算按照住房限购政策规定执行无房的,+20分;(3)认购对象为沪籍家庭且名下住房为一套的,+5分。而年限分为认购对象的社保缴纳月份与社保缴纳系数相乘所得。社保缴纳月数是指在本市按月正常缴纳,自2003年1月起算,截至认购起始日前的两个月,以社保联网反馈数据为准(不包括:农保、居保、外来从业人员综合保险、异地转入本市、一次性征地补偿等)。相关政策规定,如果申请人数达到一定比例就会触发积分制摇号政策,再按计分高低排序,选取进入公证摇号选房的人员名单。

2021年,上海入围积分前20名的楼盘如表1.2所示。

表1.2 2021年上海入围积分前20名楼盘

序号	区 域	楼盘名称	均价(万元/平方米)	面积(平方米)	入市套数	入围积分
1	黄浦区	复兴珑御	13.6	194—196	47	112.8
2	黄浦区	翠湖五集	16.5	168—683	106	102.24
3	浦东新区	九庐	13.5	88—684	152	98.4
4	浦东新区	晶鸿名邸	10.2	93—160	202	97.23
5	虹口区	中粮瑞虹海景壹号	11.5	138—191	210	94.96
6	浦东新区	碧云尊邸	11.2	164—564	173	92.24
7	徐汇区	云锦东方	15.08	176—570	95	89.52
8	虹口区	中粮瑞虹海景壹号	11.5	135—225	217	88.18
9	浦东新区	东方惠雅	10.2	77—100	384	87.44
10	青浦区	万科天空之城	5.86	98—122	152	82.88
11	静安区	龙盛福新里	13.2	182—436	119	82.8
12	浦东新区	森兰星河湾	7.95	156—246	285	82.42
13	青浦区	上海蟠龙天地蟠龙云庭	6.15	96—132	741	81.23
14	青浦区	虹桥悦澜	6.13	99—135	161	78.36
15	浦东新区	浦开仁恒·金桥世纪	7.03	100—153	383	78.06
16	青浦区	万科天空之城	5.86	109—161	256	76.52

（续表）

序号	区　域	楼盘名称	均价(万元/平方米)	面积（平方米）	入市套数	入围积分
17	浦东新区	浦开仁恒·金桥世纪	7.03	101—150	175	75.6
18	青浦区	金地虹悦湾	6.1	94—95	64	74.08
19	青浦区	金臣颐墅	7.78	156—209	124	74
20	徐汇区	弘久新弘北外滩	12.98	99—184	265	73.73

资料来源:作者根据公开资料整理。

　　由表1.2可见,入围积分较高的楼盘大多为单价较高的市中心楼盘。从区域上来看,高积分楼盘位于黄浦区、徐汇区、虹口区、静安区、浦东新区等市中心区域,区位较好;从均价来看,在新房限价的情况下,仍有过半数楼盘均价超过10万元每平方米,可见这些楼盘的热门程度;从房屋面积来看,最小面积为77平方米,最大为684平方米,其他的基本都在100平方米以上,属于面积较大的楼盘。

　　整体来看,2021年,上海一共推出了六批新房供应,分别是:2021年3月12日,第一批次33个项目;2021年4月25日,第二批次47个项目;2021年6月1日,第三批次45个项目;2021年8月21日,第四批次42个项目;2021年10月16日,第五批次57个项目;2021年12月11日,第六批次57个项目。这其中触发积分制的楼盘数具体如图1.14所示。从图1.14可以看出,各个批次摇号楼盘数均占总项目数40%以上,其中半数甚至超过了50%,足见上海新房市场的旺盛需求,热门楼盘也较多。

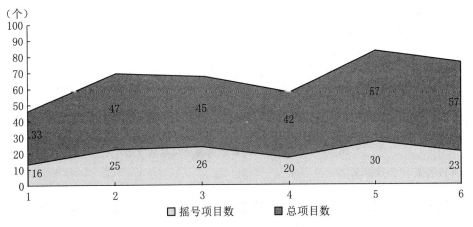

图 1.14　2021年上海六批次新房项目触发积分制分布

资料来源:佑威数据库,第一太平戴维斯《2021年度上海住宅市场报告》。

从政策推行的角度来看,积分触发制新房政策主要是为了让真正对住房有迫切需求的群体买到房子,抑制投资投机需求。2021年六批集中供地积分触发率均接近50%,可见该政策精准地影响到了新房销售中的买家筛选,为住房刚需群体做到了一定程度的住房保障,使政策初见成效。从2021年的数据来看,未来几年必然需要继续坚定积分触发制新房政策。

4. 五大新城热情高涨,各板块蓬勃发展

关于五大新城,上海在《上海市城市总体规划(2017—2035年)》中提出综合性节点城市新概念。希望能与世界发达城市齐平,在主城区发挥好自己功能的同时,发挥引领长三角世界级城市群和上海大都市圈发展的核心城市作用。五大新城不是简单地承接中心城人口和功能疏解,而是按照集聚百万人口规模、形成独立综合功能的要求,和长三角城市群里的其他40多个城市一样,建设成为现代化的大城市和长三角的增长极,并且和中心城区一起率先形成上海都市圈的"核心内圈"。

从上海各个区的数据来看,上海新房推出的套数及每平方米成交均价的情况,具体如图1.15和图1.16所示。2022年,上海共计成交新房89 368套,成交均价为63 898元/平方米。

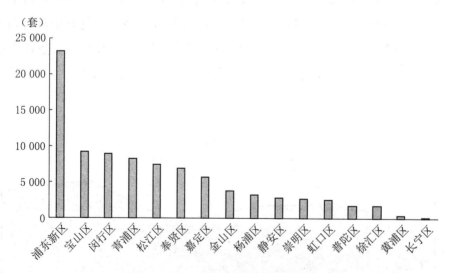

图 1.15　2022年上海各区新房成交套数分布

资料来源:中指数据库。

从成交套数来看,五大新城所在的嘉定区、青浦区、松江区、奉贤区、浦东新区的成交套数稳居2022年上海新房成交套数前七,热度空前高涨。从成交单价来看,五大新城均价均处低位,与黄浦区、静安区、徐汇区还有一定差距,适合刚需且

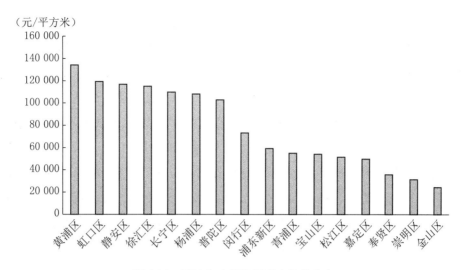

图 1.16 2022 年上海各区成交价格分布

资料来源：中指数据库。

预算有限的家庭或者个人考虑。而核心区域由于供应稀缺，故项目入市即受到市场追捧，但成交量有限。仔细来看上海五大新城板块，不难发现诸多利好产业落户政策促进了新房销售市场的繁荣。整体来看，上海无论是土地供应还是落户政策都对五大新城十分友好，资源正在向五大新城不断倾斜。下面我们对五大新城新房市场展开具体分析。

五大新城销量首位的南汇新城位于浦东新区。南汇原本为一个独立的行政区，于 2015 年并入浦东新区。南汇位处上海相对偏远的郊区，大家的传统印象是芦苇滩涂、荒芜寂寥，而现在，临港板块正热火朝天地发展。从 2021 年的数据来看，该区域新房市场热度稳居各大新城之首。2019 年，上海自贸试验区临港新片区落定后飞速发展，根据规划，目标是 15 年内区域人口要翻 8 倍，区内生产总值达到 1 万亿元，再造一个浦东，建成世界一流滨海城市。而南汇新城处在临港新片区的领头位置，规划面积为 343.3 平方千米，在五大新城中遥遥领先。它的城市架构也独树一帜，比较科学合理，核心区是以滴水湖为中心形成的"1＋5"大片区，这里被定位为临港新片区的中央活动区，买房异常火热的板块基本都集中在这里。该板块占据自然风光与产业集聚的双重优势，发展前景广阔，楼市预计在未来几年将持续火爆。

奉贤新城位于奉贤区，在五大新城里相对低调，其面积是五大新城中最小的，只有约 67.9 平方千米，大小相当于半个嘉定新城或五分之一的南汇新城。奉贤新城有将美妆产业作为支柱产业发展的独特优势，也是既享有新城规划、又享有自贸试验区新片区规划利好的新城。临港热门的蓝湾板块就属于奉贤工业园区,2020年成交套数位居第二的金汇板块也属于奉贤新城及自贸试验区新片区。奉贤新城还能承接临近的闵行区和浦东新区的外溢需求,价格在上海仅高于金山区与崇明区。2021年,奉贤新城一至六批次共上市了6 971套新房,热度表现不错。

五大新城中嘉定新城的热度也较高。嘉定新城由嘉定新城主城区、安亭辅城和南翔辅城三个部分组成,其中嘉定新城主城区规划人口约50万人,规划面积120平方千米,南翔组团和安亭组团规划面积各约40平方千米,人口各约15万人。2022年,大虹桥板块的火热,使得嘉定新城发展势头较好。嘉定新城中江桥板块属于大虹桥商务区,虽然大虹桥现在主要的发展方向并非江桥,但依托两条进市中心的地铁、一条苏州河、一个南翔货运站,江桥依然是近郊不可多得的宜居板块。2022年1—12月,嘉定共有5 701套房源上市,实力不可小觑。

青浦新城依托青浦区独特的交通与教育资源,在2022年的发展也相当不错。首先,青浦新城同样受益于大虹桥板块,且有地铁17号线提供便利的交通,其正在依托大虹桥战略而崛起。其次,交通网络对青浦新城发展的重要性不言而喻。未来,青浦新城将会打造城市轨道交通网,计划做到区域内30分钟可达,45分钟便捷直通长三角地区,这样可以连通昆山等产业发展优秀的长三角城市。再次,青浦医疗教育资源在五大新城中也较为突出。目前,教育方面有平和双语学校、协和双语学校、兰生复旦、上海青浦世界外国语学校、宋庆龄学校、复旦附中青浦分校等学校,同时还有长三角演艺中心以及综合性大学等。最后,在医疗方面,有复旦大学附属中山医院青浦分院,青浦区中医医院,复旦大学附属妇产科医院青浦分院等医疗资源以及已规划完成的三级甲等医院——中山医院青浦分院。综上而言,青浦新城的资源较为丰富,发展潜力较强;然而,受到供应限制,青浦新房成交量有限,但随着上述战略的落实,我们有理由相信,青浦新城后期的发展会比较迅猛。

松江新城2022年的发展在五大新城里相对一般。松江新城是上海较早发展的新城,成熟度、宜居度、城市面貌、人口增长在五大新城里都是优质的,G60科创云廊就在松江新城,集中了松江区90%、上海市近10%的工业产值,有17个国家和省部级重点实验室、区内有500强企业。松江有了支柱产业,经济发展持续走强。五大新城中,松江新城的城市架构是明显领先的,文教区、商务区、产业区、交通枢纽都已经清晰,医院、学校、商业等与人居住相关的优质资源也配备较多。由于松江新城已经发展得较为成熟,因此其后期发展潜力不足,但拥有稳定的住房需求人群,预计后期仍能稳定发展。

综上所述,作为上海近年来战略的中心,五大新城发展蓬勃,新房销售市场大多集中于此,热度较高。

1.1.3　上海住宅用地市场现状

住宅用地的成交量显然对新房市场有举足轻重的影响,它不仅是新房市场繁荣与否的风向标,而且更是直接影响未来几年新房市场的供应量。因此,对住宅用地现状的梳理有助于更好地理解新房销售市场的发展现状。

1. 住宅用地成交量大幅上升,楼面地价恢复正常

2017—2021 年上海住宅用地成交量与楼面地价如图 1.17 所示。从 2017—2021 年的住宅用地成交宗数的波动来看,五年内住宅用地市场成交量处于波动上升的过程中;2021 年,上海住宅用地成交宗数为 209 宗,比 2020 年增加 53 宗,增加 33.97％,住宅用地成交量大幅上升。2017—2021 年住宅用地成交楼面均价在波动的过程中,2021 年楼面地价略有下降,与 2020 年相比下降 2234.5 元/平方米,降幅为 14.42％。从五年数据来看,2021 年,上海的楼面均价恢复了正常水平,不像 2020 年那样居高不下,这是房地产市场良性发展的信号之一。

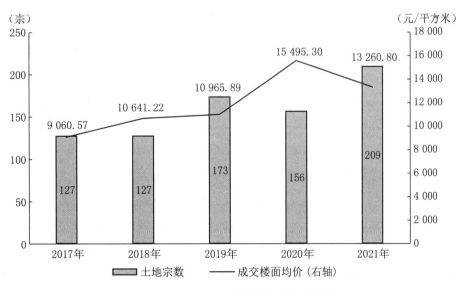

图 1.17　2017—2021 年上海市住宅用地情况

资料来源:中指数据库。

2. 南汇新城住宅用地成交量领先,其余新城紧随其后

受上海市五大新城整体发展战略的影响,五大新城的住宅用地成交量也在上海住宅用地市场中处于领先地位,2021 年上海各区住宅用地成交量价如图 1.18 所

示。2021 年,上海住宅用地成交宗数为 209 宗,从图 1.18 中可以看到,各区住宅用地市场活跃度天差地别,成交价格也因地理位置、商业活跃度等因素有着较大差异。

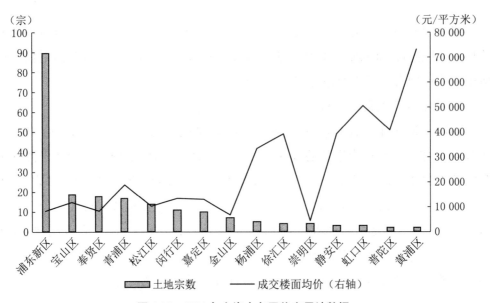

图 1.18　2021 年上海市各区住宅用地数据

资料来源:中指数据库。

从 2021 年的数据来看,南汇新城所在的浦东新区交易量为 90 宗,在上海 15 个区中遥遥领先。在临港板块的带领下,南汇新城的迅速发展,各种商业办公楼及商业配套设施的快速落地,以及相关产业的繁荣使得人才快速集聚在此,从而衍生出较大的住房需求,各个开发商也迅速在该热门板块布局。从供给端的角度来看,政府对上海自贸试验区临港新片区的发展高度关注,也大力推出了该片区的住宅用地以保障高端人才的未来住房问题,解决了后顾之忧,使得该片区的发展更上一层楼。值得关注的是,虽然 2021 年浦东新区推出了 90 宗宅地,但成交的楼面均价仅为 8 291.25 元/平方米,该价格在上海 15 个区中仅高于奉贤区、金山区和崇明区。可见,这些住宅用地的性价比较高。预计在未来一段时间内,该板块仍能热度不减,无论是住宅用地交易还是新房交易都能持续火爆。

前文各大新城的战略优势和各自的发展方向均比较清晰,再加上政策的扶持,使得奉贤新城所在的奉贤区、嘉定新城所在的嘉定区、青浦新城所在的青浦区、松江新城所在的松江区,在宅地交易市场中的热度也能处于领先位置。但与新房销售市场不同的是,住宅用地的推出需要经过详细的发展规划,因此住宅用地市场繁荣在速度上比不过新房市场,不过我们有理由相信,在未来一段时间内,五大新城依托与上海市整体战略发展的偏向,热度相比其他区域会处于领先地位。

3. 民企拿地比例逐步下降,拿地企业呈现多元化趋势

2021 年,三批集中供地中,各个性质企业的拿地情况如表 1.3 所示。

表 1.3　2021 年各性质企业拿地情况表

企业性质	第一批		第二批		第三批	
	地块数量	占比(%)	地块数量	占比(%)	地块数量	占比(%)
国　　企	8	26	7	35	11	41
央　　企	7	23	2	10	3	11
民　　企	13	42	6	30	5	19
港　　企	1	3	/	/	1	4
港企与民企	1	3	/	/	/	/
民企联合体	1	3	1	5	/	/
央企与民企	/	/	1	5	1	4
国企与民企	/	/	1	5	2	7
国企联合体	/	/	2	10	3	11
央企与国企	/	/	/	/	1	4
总　　计	31		20		27	

资料来源:佑威数据库,第一太平戴维斯《2021 年度上海住宅市场报告》。

目前,上海实行"集中挂牌、集中供地"双集中供地政策,分别于 6 月、10 月、12 月完成三批次集中供地,2021 年共计出让 78 幅宅地。上海的土地市场相较于其他一二线城市而言,整体仍然保持较好态势。随着房地产市场的冷淡,全国范围内大量房地产企业面临资金压力,融资渠道收紧等问题,但由于上海核心城市地位带来的土地保值增值效应,其仍然成为各大企业增加土地储备的首选。从 2021 年三批次集中供地的成交情况来看,民企的占比逐步下降,从第一批次的 45% 下降到第三批次的 22%,这是由于行业的整体不景气,民企多陷入资金短缺、债务偿还等问题,而央企、国企的综合实力较强,背景雄厚,承包了 2021 年土地拍卖 62% 的地块。这也从侧面反映出,资金力量较为薄弱的民企在房地产市场中较为弱势,加上"恒大暴雷事件",民企的整体信誉也会受到较大的影响。综合来看,民企在宅地市场中的竞争力将会越来越弱。

同时,拿地市场中企业的多元化趋势也越来越明显。2021 年已经出现了央企

与民企、国企与民企、国企联合体等多形式、多组合联合拿地的情况，这主要是由于合作拿地增加竞争力的同时，也能够缓解资金压力、降低投资风险。另一方面，在集中供地中，港资背景企业（港企）的活跃度也逐步上升，除了香港兴业松江洞泾获地之外，针对越来越多的综合体地块，政府出于品牌、资金实力和运营能力的考量，在寻求与实力港企的合作，如太古、嘉里、瑞安集团等。加上上海开放的贸易布局，预计在未来将会有各种不同背景的资本投入开发，呈现多元化的竞争局面。

结合政策重点关注的领域，未来核心区域的土地将更多地以城市更新主题的综合性地块进行出让，而城郊区域则以居住属性为主，这对拿地房地产企业的开发能力要求越来越严格。近几年，不断调整优化的新土地拍卖政策能增加土地拍卖市场的公平性，进而控制土地溢价率，体现了政府对住宅用地市场的动态监管及政策的长效机制。在不断提高对房地产企业要求的情况下，更多的多元化房地产企业组合及港企将拥有更多机会，从而促进市场的整体发展。

1.1.4 上海新房销售的管理制度

1. 新房销售制度

上海新房销售制度遵循全国商品房销售管理办法。并且，由于上海为特大城市且新房主要为预售的相关考虑，形成了独特的预售制度。

（1）整体制度。

上海新房销售制度遵循全国商品房销售管理办法，主要可分为总则、销售条件、广告与合同、销售代理、交付、法律责任六个方面。

第一，总则主要在依据的法律法规、商品房销售分类、销售主体及管理部门等方面作出了规定。

第二，销售条件主要对商品房预售和现售作出了规定。预售制度将在后文进行详细讨论。现售制度主要规定房地产企业应具有企业法人营业执照和资质证书，并且获得相关楼盘的土地使用权证或者使用土地的批准文件、建设工程规划许可证和施工许可证，已通过竣工验收且已落实拆迁安置，基本设施已达到交付使用条件或者已确定施工进度和交付日期，并已备案后方可进行销售。若销售设有抵押权的商品房，其抵押权的处理按照《中华人民共和国担保法》《城市房地产抵押管理办法》的有关规定执行。同时，其还规定了商品房不能进行二次销售，不得采取返本销售或者变相返本销售，以及不得分割拆零销售等禁止销售的情形。

第三，广告与合同主要涉及商品房销售中有关广告及合同要素的规定。关于广告,房地产企业、房地产中介服务机构发布商品房销售宣传广告,应当执行《中华人民共和国广告法》《房地产广告发布暂行规定》等有关规定,广告内容必须真实、合法、科学、准确,并且发布的商品房销售广告和宣传资料所明示的事项,当事人应当在商品房买卖合同中约定。

关于合同,应当明确以下主要内容:当事人名称或者姓名和住所;商品房基本状况;商品房的销售方式;商品房价款的确定方式及总价款、付款方式、付款时间;交付使用条件及日期;装饰、设备标准承诺;供水、供电、供热、燃气、通信、道路、绿化等配套基础设施和公共设施的交付承诺和有关权益、责任;公共配套建筑的产权归属;面积差异的处理方式;办理产权登记有关事宜;解决争议的方法;违约责任;双方约定的其他事项。

关于计价方式,商品房销售可以按套(单元)计价,也可以按套内建筑面积或者建筑面积计价。若按套(单元)计价的现售房屋,当事人对现售房屋实地勘察后可以在合同中直接约定总价款;若按套(单元)计价的预售房屋,房地产企业应当在合同中附上所售房屋的平面图,房屋交付时若相关尺寸超出约定的误差范围,合同中未约定处理方式的,可重新约定总价或者退房且由房地产企业承担违约责任。若按套内建筑面积或者建筑面积计价的,当事人应当在合同中载明合同约定面积与产权登记面积发生误差的处理方式,合同未做约定的,按行业一般规定处理。若按建筑面积计价的,当事人应当在合同中约定套内建筑面积和分摊的共有建筑面积,并约定建筑面积不变而套内建筑面积发生误差,以及建筑面积与套内建筑面积均发生误差时的处理方式。

第四,销售代理主要规定了房地产企业委托中介服务机构进行销售代理时的相关要求。房地产企业委托中介服务机构进行销售代理时,应具备相关资质并有经过专业培训的销售人员,并且应当向买受人出示商品房的有关证明文件和商品房销售委托书,如实介绍商品房相关情况,不得收取佣金以外的其他费用。

第五,交付部分主要讲述了房地产企业与产权人在交付时的相关规范。首先,房地产企业应当按照合同约定,将符合交付使用条件的商品房按期交付给买受人。未能按期交付的,房地产企业应当承担违约责任。因不可抗力或者当事人在合同中约定的其他原因,需要延期交付的,房地产企业应当及时告知买受人。其次,房地产企业若有样板房,应当说明实际交付的商品房质量、设备及装修与样板房是否一致,未作说明的,实际交付的商品房应当与样板房一致。再次,房地产企业应当对所售商品房承担质量保修责任并在合同中作出详细约定。最后,房地产企业应当在商品房交付使用前按项目委托具有房产测绘资格的单位实施测绘,测绘成果报房地产行政主管部门审核后用于房屋权属登记。若商品房交付使用后,买受人认为主体结构质量不合格的,可以依照有关规定委托工程质量检测机构重新核验,若确为不合格的,再由房地产企业进行相关赔偿事宜。

第六,法律责任方面。对房屋交易中双方法律责任作出了明确规定,主要包括资质不符、违法销售、重复销售等其他不合规行为。

(2)上海预售制度。

上海新房主要为预售制,现行该制度的主要依据为《商品房销售管理办法》和《上海市房地产转让办法》。2019年12月发布了《上海市房屋管理局关于进一步加强本市房地产市场监管规范商品住房预销售行为的通知》,该通知自2020年1月1日起实施,有效期至2024年12月31日,目前仍在有效期内。该制度从销售制度、面积误差处罚制度和监管制度几个方面,强调了新房预售的相应规则。

第一,销售制度。房地产企业在商品住房预销售过程中,应当严格遵循国家和本市房地产市场调控各项政策及相关法律法规、规章和规范性文件的规定。法规主要对预售的三个主要方面作出了详细的规定。首先,是关于能否分批销售的规定。房地产企业应当按照规定组织好商品住房项目的开工建设,及时上市销售。建筑面积小于3万平方米的商品住房项目必须一次性申请预售;超过3万平方米、确需分批预售的,每次申请预售的建筑面积不得低于3万平方米。其次,是关于取证备案的规定。房地产企业应当在取得商品房预售许可证或办理现房销售备案后方可签订商品住房定金合同、商品住房销售合同,并严格执行网上操作系统即时备案、可售房源不得拒绝销售等本市商品房销售合同网上备案登记制度。最后,是关于销售方案相关要素的规定。房地产企业除了应按照本市商品房销售方案备案相关规定制定销售方案之外,还应在销售方案中增加日照、噪声等规划指标,测绘建筑面积及分摊情况(得房率),小区会所服务功能,预售资金监管方案和监管单位,经过专业培训的销售人员情况,房屋全装修的实施方案(包括具体幢号、建筑面积),开发企业清算后商品住房质量责任的承担主体及承担主体的承诺书,经审核的公建配套设施实施方案等内容。

第二,面积误差处罚制度。对于擅自变更建筑设计,不按施工图纸施工或向房屋调查机构提供不实资料等造成建筑面积增加,未征得购房者同意且订立预售合同变更协议的,购房者可以解除合同或由开发商承担相应赔偿责任。若为其他原因造成房屋实测建筑面积和房屋预测建筑面积有误差的,按购房合同约定处理,未有约定或约定不明确的则协商处理,协商失败的则按面积超过不增加价款,而面积减少由开发商退还价款的规定处理。若套内建筑面积误差比绝对值超过3%的,按《商品房销售管理办法》相关规定处理。

第三,监管制度。上海市房屋管理局强调应强化市场监管,严厉查处各类违法违规行为。各个与房地产销售相关的职能部门应尽职尽责,合理规范各房地产企业的销售行为,对违法行为做到及时查处。尤其对中心区域、高价位、易发生炒作的重点楼盘派出售楼监督员,及时发现和查处开发企业捂盘惜售、弄虚作假、人为组织排队争购、与中介机构勾结炒房和变相转让期房等违规违法行为,保障商品房在"公开、公平、公正"的环境中销售。

2. 计价方式的相关讨论

关于计价方式,商品房销售可以按套(单元)计价,也可以按套内建筑面积或者建筑面积计价。建筑面积为套内建筑面积与公摊面积之和,目前,国内大都实行按建筑面积计价的方式进行房地产价格的约定。但是现今频频曝出公摊面积过多导致得房率较低的案例,部分消费者认为他们"吃大亏"了,如上海宝山区保利熙悦名邸就曾因公摊面积过大而引发业主的不满,这样的案例还有很多,现实中由于公摊面积导致的矛盾层出不穷。由此,学界也引发了是否应该取消公摊面积、以套内建筑面积进行计价的讨论。

以整体建筑面积计价有利也有弊。首先,以整体建筑面积计价能保证商品房销售面积的完整性。以整体面积进行计价,有利于将商品房使用权完整的确定到房主手中。但是,以整体建筑面积计价中无法限制开发商欺诈问题。开发商在保持房屋建筑面积不变的情况下通过虚增共有建筑面积来减少套内建筑面积,买房人就很难保障自己的权益。尤其是在预售购房时,开发商有可能通过增加公摊面积的方式让购房者补交房款,这显然有失公平。物业公司还有可能利用公共区域牟利,侵占业主利益。例如,一些物业公司会在公共区域树立广告牌,开展经营性活动。既然公摊面积由业主买断,那么利用公共区域获得的收益本该属于全体业主,然而,现实中业主很难享受到这些收益。

以套内建筑面积计价也有其好坏。以套内建筑面积进行计价将使市场更为公开、透明;可以实现"所见即所得",避免开发商在公摊面积上做文章,以多种方式增加公摊面积,导致消费者背负更多房款的情况。但是,按套内面积计价也有其弊端。首先,以套内建筑面积计价在短期内必将造成一定程度的混乱。因为国内大多城市都是使用整体建筑面积计价的方式,若使用套内建筑面积计价,在短期内必将造成转换混乱,市场价格在短期内也会偏离理性价格,投机者将有一定的投机机会。其次,以套内建筑面积计价可能会降低居住舒适度。一旦以套内面积进行计价,开发商就会减少对公共区域的成本投入,可能会存在一定的偷工减料行为,降低业主居住的舒适度。例如,开发商有可能减少电梯数量,缩小走廊、楼梯等的面积,以降低该部分非盈利成本。

综观国际经验,以美国、日本等发达国家为典型,其大部分以套内面积进行计价而无公摊面积的说法。而国内由于历史原因,大部分城市均采用建筑面积计价。两种方式各有利弊,但是进行转换需要付出巨大的人力、物力、财力。因此,我们认为,更为合理的方式是进一步明确公摊面积的管理,制定相应的法律法规加以约束,同时在购房时明确公摊面积,这样方能保障消费者权益。

1.2 上海新房销售市场存在的问题与对策建议

1.2.1 上海新房销售市场存在的问题

1. 热门楼盘信息不透明,出售层层加码

需要明确的是,目前上海楼市的整体方针是"房住不炒",将住房留给真正有需求的居民。然而,在新房销售市场上,供不应求现象过于明显,尽管上海市政府出台了积分触发制政策对该现象进行规范,希望能使刚需人群得到住房,但是房地产企业在卖房时仍企图用钻漏洞的方式筛选客户,对销售条件进行层层加码,以获取最大利益。

例如,开发商会要求购房者在约定期限内付清尾款,以此来筛选客户。2021年4月,静安区房管局发布公告称,由于辖区内的某楼盘出现"挑客"的违规行为,已经紧急叫停了该项目的认购活动。原因是有销售人员要求购房者在60天内付清尾款,对卖房"层层加码"。但这只是被房管局抓住的典型,在同一时期开盘的其他新盘或许早已使用这种约定期限付清尾款的办法来筛选客户,达到资金尽快回笼的效果。

又如,有些开发商会砸掉售楼处、转战地下室开盘,以达到不触发积分制,实现筛选客户的效果。最典型的是位于杨浦区的某楼盘被曝突发认筹,然而认购当天,认购地点被改到离该项目14千米之外的一幢大厦内部,该大厦是楼盘开发商的本部。在项目的售楼处内,并没有销售人员,而且开发商也没有张贴认购信息的公告。开发商随后辩解称,该楼盘于2021年4月21日至25日期间进行认购,原售楼中心已整体移交给会所运营单位。这是消费者能够接受的合理解释,但本质上还是开发商筛选客户的手段。

通过拆除售楼处,减少项目曝光率和接客量,是变相拒客的一种举措。开发商可以通过筛选客户,从而收获优先有能力支付全款,或者能够支付更高首付比例的客户,同时也能够避免房源触发积分制而限售,并保证回款。由于刚性需求的客户往往是贷款较多的客户,而目前银行房屋贷款的审核及放款均需要一定的办理程序和时间,这使全款客户更有利于开发商加速回款。但这种做法显然与积分制政策制定的初衷相违背,达不到给刚需人群优先提供住房的效果,因此需要严厉打击开发商钻漏洞的行为,努力保障市场的公平公正。

2. 预售卖房存在多种问题,有烂尾风险

商品房预售是指房地产企业将正在建设中的房屋预先出售给承购人,由承购人预先支付定金或房款的行为。目前各主要城市商品房预售比例普遍在80%以上,部分城市甚至达90%以上。商品房预售许可制度的确立,是与中国房地产市场发展进程紧密联系的。长期以来,中国城镇住房有总量不足、商品房供不应求的现状问题,加快建设、增加住房供应是客观需要。商品房预售制能加速整个建设资金周转,提高资金使用效率,降低资金使用成本。从上述背景可以看出,商品房实行预售制度,主要是为解决早期房地产开发商普遍缺少资金,商品房供应量小,而政府又需要加快城市化建设力度和步伐这些矛盾才推出的。然而该制度实行到现在,在近些年房地产市场不太景气的情况下,弊端逐渐显现。

一是交易双方权责不对等。目前现行的期房销售制度,在住房还处在建设时,购房者就支付了全部的房价款,并承担了未来全部的风险。当建成的现房与协议、广告和口头承诺出现差异时,往往是处于弱势的购房者被迫接受不符合需求的住房或者承担毁约的责任。这实质上是以期房销售的名义,实现了现房销售,房地产企业将相关风险转嫁给了消费者甚至社会。

二是销售不规范。住房是非标准化产品,每一套房源由于楼层、区位、朝向、面积等差异因素都是不同的。而预售制度没有实际性住房托底,仅有规划作为销售依据,在销售时难免在定价上存在不规范性。现有的法律法规也没有在这方面提出太多的标准。

三是国内有关商品房预售的法律法规仍需要完善。国内目前已公布和实施了《中华人民共和国城市房地产管理法》及其《城市商品房预售管理办法》《商品房销售管理办法》《城市房地产开放经营管理条例》等法律法规。上海市又在2019年12月发布了《上海市房屋管理局关于进一步加强本市房地产市场监管规范商品住房预销售行为的通知》,对预售制度提出了新的规范,但也无法堵住所有漏洞。

在此基础上,经济不景气等各种因素的叠加,就会产生房产建设烂尾的可能性。就上海而言,2020 年以前的烂尾问题由于上海房价的快速上涨已经基本解决,但近几年由于房地产行业下行较快,该问题又逐渐凸显。这些楼盘烂尾大多数由开发商债务问题导致,在开发商积极自救的同时,政府也应该发挥主观能动性,推动这些问题的解决。

3. 积分摇号制度不利于人才引进

现今,上海新房楼盘销售一般采用积分触发摇号制度,而积分的算法一般包括基础分和年限分。基础分大致包括名下住房情况、家庭结构、户籍情况和五年内购房情况等;年限分从 2003 年 1 月开始算起,每月加 0.1 分。在基础分大致相同的情况下,现有制度更有利于相对年长的在沪购房者,因为他们在年限分上面存在巨大的优势。对于青年购房者,参与热门楼盘摇号时会因为在沪年限不足的因素而与高分房源失之交臂,导致该部分人群对在上海买房失去信心,不利于青年人才留沪。此外,在目前政策下,由于现有制度更有利于相对年长的在沪购房者,不利于青年人才的引进。长此以往,能够对建设上海作出较大贡献的大量青年人才会因为住房问题而流失。因此,积分摇号制度还有进一步改进的空间,例如,对高端技术人才在个别楼盘提供加分或单独划出部分房源供高端技术人才申请等,可以在未来改进积分摇号制度时作进一步讨论。

1.2.2 上海新房销售市场管理的对策建议

1. 优化房地产税征收规范

房地产税是政府向地产物业征收的一种财产税,通常向房产的业主或租户等使用者征收。总体上负责征收房地产税的政府机构会对房地产价值进行估值,并以房产价值的一个百分比作为应缴的税额。上海于 2011 年底开始试行房地产税征收规定。

目前上海房地产税针对上海户籍的第二套房和非上海户籍的所有住房,并设置免征点 60 平方米/人以及价格较低交税较低的税率加以减免。可以说,现行政策还处于房地产税征收的试点阶段,与发达国家房地产税占税收总收入 20% 的水平还有着较大的差距。未来,可以从以下几个方面对上海房地产税征收政策进行改善。

一是征收对象方面。目前关于征收对象仅区分了上海户籍与非上海户籍以及是否首套住房,建议在此基础上根据贷款情况和收入情况进行进一步区分。这样可以使因为买房而资金紧张的群体免征房地产税,同时能抑制炒房、抑制住房投机行为。

二是税率方面。目前政策采取"一刀切"的模式,适用税率暂定为 0.6%,对应税住房每平方米市场交易价格低于本市上年度新建商品住房平均销售价格两倍（含两倍）的，税率可暂减为 0.4%。这样是不合理的，应采取与其他税种相似的累进税率制，才能更好地抑制房地产投机行为。对拥有多套住房的群体加以更高的税率，既有利于抑制房地产投机行为，也有利于促进社会资源的公平分配，进而促进社会公平的快速实现，多收的房地产税能投入社会更需要的地方使用，实现社会公平。

三是价格评估方面。目前房地产税统一采取交易价格为基数进行征收。但这里涉及房产折旧、区位及社会经济因素等，最理想的方式是采用评估价格进行相应的征收。对于上海大量房屋的统一征收房地产税，单套住房依次评估显然不现实，需要运用批量评估，这就需要利用信息化技术手段，统一建立批量评估平台，对需要评估的房地产结合区位、楼层、周边配套以及使用年限等因素给出合理的价格，实现房地产税的合理征收。或者，利用市场法评估，基于上海活跃的二手房交易市场，可选取多个可比案例进行调整后，给出待估对象合理的评估价格。采用评估价格为基数征收房地产税的主要难点是技术方面，希望能在接下来的实践中予以克服。

综上所述，房地产税还有许多改进的空间。上海自 2011 年试行房地产税至今已逾十年，相信已经到了改革的转折点，希望政府相关部门能够采用上述建议，优化房地产税征收规范。

2. 创建宽松的金融环境，缓解房地产企业压力

近年来，房地产市场遇冷，国企、央企等大型国有房地产企业还能依靠政府机构的背书获得银行贷款以及较低的融资成本，而民营房地产企业则越来越难存活。在市场环境整体不景气的情况下，为使房地产企业整体存活，有必要为其创造宽松的金融环境，缓解他们的负债压力，使得社会主义市场经济体制的整体运行良好。

首先，商业银行应加快对消费的按揭贷、对开发商的开发贷审批和发放速度，以满足房地产企业合理资金需求。众所周知，房地产企业对周转资金的需求量远远大于其他同类可比企业，可以说资金是房地产企业的命脉所在。受民营房地产企业爆雷事件的影响，商业银行不断收紧对房地产企业的开发贷以及其他形式的贷款，这显然与社会发展的合理进程相悖。因此，商业银行不应将房地产企业全部划为高风险企业，而应在恰当评估企业信用状况和还款能力的基础上，对资质优良的企业提供充足的贷款支持，从而改善其融资环境。

其次，适当放宽对优质房地产企业的直接融资产品——不动产投资信托基金（REITs）的审核力度。国外不动产投资信托基金已发展多年并形成完整的融资体系，而国内也已具备较大的市场需求。房地产企业传统的融资方式主要为银行贷

款,而央行采取的限制各商业银行发放用于购买房地产的贷款数量等系列举措,不利于该传统融资渠道。因此,无论是从维护整体经济稳定健康发展的宏观政策角度出发,还是从解决房地产开发企业融资渠道的微观企业角度出发,不动产投资信托基金在国内已具备较为巨大的市场需求环境。根据国家发展改革委报告,截至2021年底,不动产投资信托基金共11个项目发行上市,涵盖产业园区、高速公路、污水处理、仓储物流、垃圾焚烧发电等重点领域,共发售基金364亿元,其中用于新增投资的净回收资金约160亿元,可带动新项目总投资超过1900亿元。这些数据足以表明不动产投资信托基金的发行对盘活存量资产、形成投资良性循环产生了良好示范效应。目前不动产投资信托基金的基础资产池主要为大型国有资产,希望接下来能够放松到民营房地产企业的长租公寓等可产生持续现金流资产以及更多国营优质资产,以拓宽房地产企业的直接融资渠道,盘活资金,避免预售新房的烂尾现象。

最后,放松预售资金监管标准。就目前而言,国内房地产行业的风险主要集中在个别房地产企业,其余房地产企业运行良好。为防止房地产企业因资金不足导致项目烂尾,可以出台相关措施来缓解其资金危机。具体措施可以包括:允许符合条件的商业银行为房地产企业出具保函,适度降低预售资金监管比例、调降预售门槛、加快预售证审批等,这些能在一定程度上减少房地产企业的资金压力,提高拿地和开工积极性。

3. 优化住宅土地供应,盘活土地资源

上海作为国际大都市,在多个方面发挥了重要的作用,且拥有约2500万常住人口,需要各种配套设施予以支持,因此土地资源尤为紧张,需要进行合理的利用以实现最大效用。

《上海市城市总体规划(2017—2035年)》中有关于市域用地规划如表1.4所示。对各类土地的利用分门别类进行了合理规划。关于居住用地,规划局提出应合理调控城镇居住用地规模,增加城镇居住用地,特别是普通商品房和保障性住房用地规模,新增住房重点向新城、核心镇和中心镇倾斜,规划城镇居住用地面积约830平方千米,占规划建设用地比例控制在26%左右。坚持农村低效建设用地优化与拆并并重的方针,规划农村居民点用地面积不超过190平方千米,占规划建设用地比例控制在6%以内。至2035年,未来整体居住用地总面积和占比均进一步减少,但通过对农村居民点用地的合理规划、集约利用,以及提高整体居住用地上的居住建筑空间面积,缓解目前上海居住空间短缺、房价居高、住房可购性低的现状,更大程度地满足市民对于更优质的居住条件、更宽裕的居住空间的需求。

表 1.4　上海市规划用地平衡表

用地性质		现状 2015 年		规划 2035 年	
		面积（平方千米）	比例（%）	面积（平方千米）	比例（%）
建设用地	城镇居住用地	660	21.5	830	26
	农村居民点用地	514	16.7	≤190	≤6
	公共设施用地	260	8.5	≥480	≥15
	工业仓储用地	839	27.3	320—480	10—15
	绿化广场用地	221	7.2	≥480	≥15
	道路与交通设施用地	430	14.0	640	20
	其他建设用地	147	4.8	200	6
	小　计	3 071	100	3 200	100
非建设用地	耕　地	1 898	—	1 200	—
	林　地	467	—	980	—
	其他非建设用地	1 397	—	1 453	—
	小　计	3 762	—	3 633	—
总　计		6 833	—	6 833	—

资料来源:《上海市城市总体规划(2017—2035 年)》。

　　综合来看,上海市规划局已经对本市的土地资源有了合理的规划布局,中心城区和五大新城各自发挥作用,推动上海的良性发展。在此基础上,可以更加灵活地利用土地资源,以达到资源的最优配置效果。

　　一方面,可以适量盘活存量建设用地,推动存量商业用地转住宅用地。从现实状况来看,建议减少城镇建设用地审批中工业用地占比,增加住宅、商服用地占比,优化城市用地结构,促进产业转型。同时,尽快制定工业用地转商业、住宅用地权属处理及其未来增值收益分配的切实可行的办法。最后,也需要重视现有城市存量土地的再开发及利用,针对未开发房地产用地,允许合规的房地产企业适当调整套型结构。

　　另一方面,可以优化住宅土地拍卖规则,向"竞品质"靠近。目前,上海的住宅土地拍卖规则为限地价加上一次性报价的形式,该形式比较有效率,但无法对开发商后续开发过程中的产品品质提升提供足够的政策性激励。未来,可以借鉴北京、青岛、沈阳、杭州等地的土拍规则。例如,青岛在 2021 年 8 月第二轮的集中供地中,其在控溢价、竞买资格及资金违规严惩等方面作出调整,首次提出"竞品质",即出让方式由"限地价,竞自持城镇住宅面积"调整为,当地块的最高竞买报价达到或超过最高限价时,中止线上土地竞价,转到线下竞高品质商品住宅建设环节。根据青岛各区公布的土地出让文件来看,"竞品质"范围包括智慧化基础设施配置、绿色建筑、装配式建筑等方面。在新房预售的背景下,近年来频频出现新开发住宅品质堪忧,引起消费者不满,甚至引起大规模舆论探讨的情况。"竞品质"的土地拍卖方式能够通过土地出让制度设计的较小范围调整,给开发商提供提升产品品质的较强激励,有利于提升新住宅的整体质量,提升人民的幸福感,值得上海住宅土地市场借鉴。

1.3 上海二手房销售市场发展现状

1.3.1 上海二手房销售市场发展状况

1. 二手房在住房交易市场中的主导地位

随着上海的城市化发展进入成熟阶段,城市扩张的速度逐渐放缓,新房建设速度减缓,二手房总量进入平稳缓慢增长阶段。相应地,随着新房销售量减少,二手房交易成为住房交易市场上的主导力量。图 1.19 展示了 2015—2023 年上海的新房和二手房交易的总套数。平均而言,住房交易市场中的二手房交易量占总交易量的 75% 左右,可见,上海的住房市场已进入二手房时代。

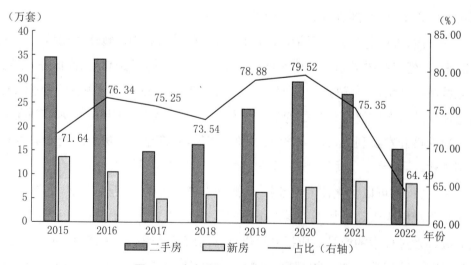

图 1.19 各年度二手房和新房交易分布

资料来源:中指数据库。

2. 二手房市场量价平稳

自 2019 年 7 月—2022 年 6 月,上海二手房交易量价趋势较为平稳。如图 1.20 所示,在 2020 年初,受新冠肺炎疫情影响,二手房销售量较少;2020 年中市场热度回升;2021 年初又受到"沪十条"影响,销售量有所下降,市场成功从过热回归正常;2022 年 4 月和 5 月再次受到疫情影响,销售量显著降低;2022 年 6 月又逐渐回归正常。在价格方面,上海二手房市场从 2019 年底至 2022 年 6 月维持 5 万元/平方米至 6.2 万元/平方米之间的小幅波动,总体呈现缓慢抬头趋势,符合一般通货膨胀规律。总体来说,上海二手房市场近年来除了 2020 年底有小幅上涨之外,其余时间发展平稳。

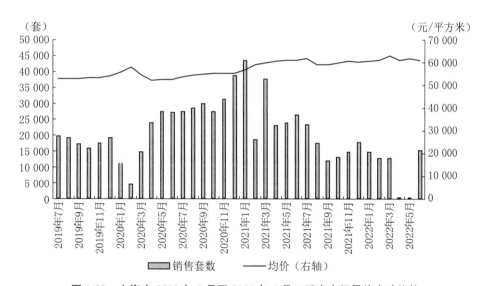

图 1.20　上海市 2019 年 7 月至 2022 年 6 月二手房市场量价变动趋势

资料来源:中指数据库。

就各区的房价变动情况来看,上海各区二手房价格,除了静安区之外,从 2019 年至 2022 年 7 月整体较为平稳,随着一般经济增长水平缓步上升,与上海市整体二手房均价变动趋势相一致。而静安区受到本区供求关系变动以及一些"炒作"的原因,在 2019 年 6 月开始时曾经出现房价异常剧烈波动的情况,但在 2020 年后回归正常。

3. 市场参与者的个人特征

在上海二手房交易市场众多的购房者中,出生于上海的本地购房者占比约 45%,是二手房需求方的中坚力量(见表 1.5)。本地购房者平均购房面积不大,低于绝大部分外来省份的购房者,但平均购房总价相对较高。由此可见,本地购房者偏好居住在离市中心较近且地段较好的位置,并愿意为此在居住面积上稍作妥协。除本地购房者之外,来自江苏、浙江、安徽这三个与上海相邻省份的买家的购买量位列前茅。总体而言,非本地购房者的支付力与其家乡的经济发达程度正相关,来自经济较发达地区的购房者平均购房价值和面积普遍较大。

表 1.5 来自全国各地区的二手房购房者

购房者出生地	交易量 (套)	平均购房价格 (万元)	平均购房面积 (平方米)
上　海	47 509	382	79
江　苏	16 504	331	89
安　徽	7 494	313	81
山　东	4 112	352	81
浙　江	3 897	454	88
河　南	3 716	324	82
江　西	3 406	337	81
湖　北	3 333	355	82
黑龙江	1 814	350	80
湖　南	1 683	366	86
四　川	1 533	389	86
辽　宁	1 456	402	84
河　北	1 400	345	81
福　建	1 235	426	90
吉　林	1 140	359	82
山　西	1 116	368	81
陕　西	1 108	407	87
甘　肃	709	342	82
新　疆	621	363	80
内蒙古	547	367	78
贵　州	454	374	80
广　东	381	438	91
天　津	305	465	87
广　西	296	349	79
云　南	267	420	82
重　庆	229	321	72
北　京	202	723	117
宁　夏	190	425	87
青　海	124	400	89
海　南	56	420	84
西　藏	7	410	82

资料来源:作者根据某二手房经纪服务企业提供的 2018 年度数据汇总。

从交易双方的年龄分布情况来看(见图 1.21、图 1.22、图 1.23),年龄在 20—50 岁的购房者构成了二手房交易市场的主要需求。从购房价格来看,年轻购房者所购住房的平均价格较低、面积较小,体现出首次购房的刚需群体的特征。他们构成二手房交易市场的托底需求。根据贝壳研究院所发布的数据,[①]上海二手房交易中,换房的比例占总体交易量的 60%。刚需群体构成了二手房交易市场需求端的基础驱动力,在很大程度上决定了上层的换房需求是否强劲。年轻购房者住房需求的波动性对整个二手房交易市场的波动起到决定性的作用。

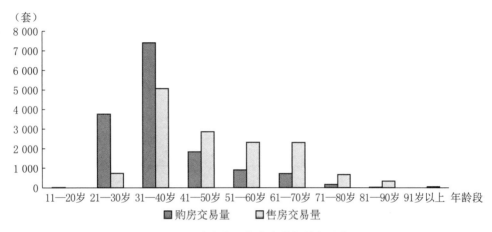

图 1.21　购房者及售房者的年龄段分布

资料来源:作者根据某二手房经纪服务企业提供的 2018 年度数据汇总。

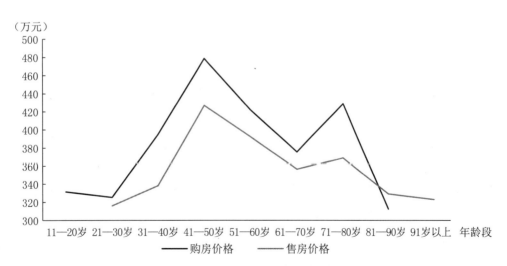

图 1.22　各年龄段购房者及售房者的交易价格

资料来源:作者根据某二手房经纪服务企业提供的 2018 年度数据汇总。

---

① 贝壳研究院《2018 上海市住房消费大数据报告》。

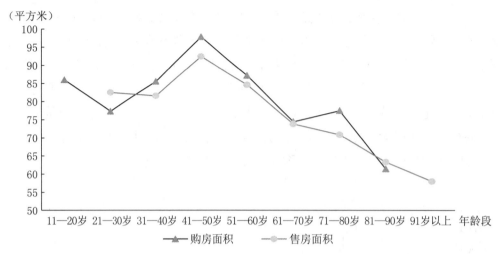

图 1.23　各年龄段购房者及售房者的交易面积

资料来源：作者根据某二手房经纪服务企业提供的 2018 年度数据汇总。

从供给端来看，售房者的年龄分布则更加分散，30—70 岁的售房者占比较高。40 岁左右的购房者和售房者为市场主力，其出售和消费的住房价值较高、面积较大，体现出改善需求。此外，值得注意的是，二手房交易市场参与者中 70 岁左右的群体在交易价值和面积上表现出一个小高峰，体现出上海二手房交易市场上老年人以大换小或卖房养老的交易特征。

1.3.2　上海二手房的一般交易流程

1. 法律依据

根据《城市房地产转让管理规定》第七条的规定，房地产按照以下程序转让：(1)房地产转让当事人签订书面转让合同；(2)房地产转让当事人在房地产转让合同签订后 90 日内持房地产权属证书、当事人的合法证明、转让合同等有关文件向房地产所在地的房地产管理部门提出申请，并申报成交价格；(3)房地产管理部门对提供的有关文件进行审查，并在七日内作出是否受理申请的书面答复，七日内未作书面答复的，视为同意受理；(4)房地产管理部门核实申报的成交价格，并根据需要对转让的房地产进行现场查勘和评估；(5)房地产转让当事人按照规定缴纳有关税费；(6)房地产管理部门办理房屋权属登记手续，核发房地产权属证书。上海二手房的交易也应符合该一般规定。

2. 具体流程

二手房交易的具体流程举例如下。

（1）看房：买方看房、买卖双方初步洽谈价格、付款方式、交房日期等事项，一般买卖双方产生的所有费用由买卖双方支付。

（2）付定：一般定金为房屋总价的5％。定金可以一次付清，也可以分几次付。

（3）网签：约定买卖双方亲自至居间处（即中介处）签订《上海市房地产买卖合同》及相关配套文件，并支付满足最低商业/组合贷款审核的35％首期房价款（含定金）。

（4）申请贷款：网签买卖合同当日，买方若需要办理商业/组合贷款，则需要银行工作人员到场办理并签订贷款合同及相关文件，贷款审批预计1—2月内完成；若全款买房可跳过此步骤。

（5）迁户口：若房屋内有户口，卖方必须于过户前或按合同约定时间内迁出房屋内所有户口。

（6）交易过户：买房贷款审批通过，卖方房屋内抵押注销完毕且户口迁出完毕后，买卖双方至房地产交易中心办理过户手续，交易中心为客户方提供预收件单。

（7）缴税、领证：过户后五个工作日后买家凭身份证、预件收单、税费银行卡到交易中心缴税，缴税完毕后可以领新产证和抵押证（若有）。

目前税费大致为：契税、增值税及其附加税、个人所得税及其他交易费用。

契税。首套房契税：面积≤90平方米，契税税率为1％；面积＞90平方米，契税税率为1.5％。二套房契税：面积≤90平方米，契税税率为1％；面积＞90平方米，契税税率为2％。注意：上海购买普通住房享受上述首套房契税政策，而购买二套房、非住宅、非普通住宅的，契税税率为3％。

增值税及其附加税。不动产证未满两年：增值税及其附加税税率为5.6％（增值税税率为5％）。不动产证已满两年：免征增值税。注意：上海不动产证满两年及以上的非普通住宅、非住宅，二手房增值税及附加税税率为两次交易差额的5.6％。增值税及其附加税计算公式：房屋的计税价÷（1+5％）×5.6％。

个人所得税。个人在出售的房屋还需要缴纳个人所得税，个人所得税的税率为计税价格的1％，或者住房当初买入价与现在卖出价差额的20％。满五唯一的住房可免征个人所得税。即要免征个人所得税，需要同时满足不动产证满五年且是出售人唯一房产两个条件。

其他交易费用。二手房涉及费用多且杂，除了以上比较常见的几项之外，还有以下费用：中介费，如果二手房是通过房地产中介成交的，还需要支付中介费，一般为成交价格的1％—3％不等；交易手续费，二手房交易的手续费按照房屋的面积来征收，住宅一般为4—6元/平方米不等；权证登记费，个人住房的产权登记收费标准为每件 80 元,非住房房屋登记收费标准为每件 550 元,房屋登记收费标准中包含《房屋权证》工本费和《土地使用权证》工本费;贷款评估费。贷款购买的二手房,通常会由银行指定的评估机构对房产进行评估,收费也会有所差异,一般为评估价的 0.1%—0.5%不等。

(8) 银行放款(若有):买方取得新产证和抵押证后,于三个工作日内将抵押证递交银行,银行一般在 1—2 个月内(年末、春节除外)放款至卖方银行账户。

(9) 交房:卖家收到除尾款外的其他房价款后办理交房(结清水、电、煤、物业费,有线电视费,物业更名等)。结清尾款,签订《房屋交接书》,至此交易结束。

以上过程虽然略为繁琐,但每一个步骤都是保证二手房交易成功所必需的,这能在很大程度上保证买卖双方资产的安全。由于房地产具有价值量大的特性,加上上海区位导致成交价更高,因此进行二手房交易时必须严格遵循该流程,以保障交易的安全。

1.3.3 上海二手房交易中的经纪服务业务现状

从交易流程中可以看出,房地产经纪人在二手房交易中扮演着极其重要的角色,是买家和卖家沟通的桥梁。因此,经纪服务质量的好坏对交易的成功也起到了重大影响。上海的二手房交易经纪服务市场结构中,少数几家头部企业占据了较大的市场份额。例如,成立于 2001 年的北京链家房地产经纪有限公司(以下简称"链家")经过近 20 年的发展,已经成为国内二手房交易经纪服务行业的龙头企业。除了链家之外,我爱我家、安居客等头部企业纷纷齐头并进,积极参与行业竞争,分享市场。近年来,这些头部经纪服务企业均依托互联网技术的运营模式,对传统的经纪服务行业造成了极大的冲击,互联网技术无疑带领国内房地产经纪服务行业向前迈进了很大的一步,但随之形成的几家独大的局面也给这个行业带来了一些亟待解决的新问题。下面我们以链家的经纪服务模式为例,对目前上海典型的二手房交易机制特点进行分析,然后从上海的二手房交易经纪服务市场结构出发,分析可能存在的问题。

1. 典型模式及其影响

(1) 迅速扩张房源。

2015 年,链家通过收购一家上海本地的经纪服务企业进入上海二手房交易市场。随后,链家通过发展"独家代理"经营模式迅速掌握了大量二手房挂牌房源。所谓"独家代理",即在与房东签订的居间合同中约定,在特定的时间段内(如三个月内),房东承诺不再将房源委托给其他中介服务商,而链家承诺在约定的时间内以不低于合同约定的价格出售房源。一般来说,合同中承诺的价格略高于房东原本的挂牌价格。链家通过这样的方式在短时间内迅速积累房源、快速扩张,获取了大量的房源信息。其他大型经纪服务机构也采取了相似的措施抢占市场,企业之间形成了恶性价格竞争,在短时间内影响了二手房交易市场价格平稳。

上海市住建委于 2016 年叫停了"独家代理"合约模式。但链家形成的房源垄断地位已然得到稳固。尽管无法再通过"独家代理"的形式继续侵占市场房源,但链家继而承诺其线上公布的所有房源信息百分之百真实有效,同样吸引了购房者。链家的内部管理制度有效避免了经纪人惯用的通过超低价假房源诱惑购房者的手段,在为自身建立良好声誉的同时,也使整个二手房交易市场的信息环境得到了较大的改善,击中了市场的痛点。潜在购房者赋予链家网浏览流量,进而鼓励希望房源信息得到曝光的房东将房源委托给链家,形成了积极正面的反馈效应。

(2)经纪服务流程的工业流水线式专业化分工。

传统房地产经纪行业的关键问题之一是二手房交易涉及的多个领域的专业知识和技能要求,大多数经纪人无法达到。链家通过制度和流程的设计,把二手房交易的过程以制造业流水线生产的思维划分成了超过 20 个细分环节,指派不同职能的经纪人分工负责,从而达到在降低人力资源培训成本的同时实现标准化服务、提高服务质量的效果。

具体而言,链家的每一宗房地产交易都大致经历了如下过程:为每一个挂牌房源的房东指定一名特定的客户经理。在签订居间服务合同之后,客户经理会及时收集房屋信息并通过房源经理输入链家内部的房源数据库,同时会有专门的摄影团队和专业人士为挂牌房源拍摄照片、制作 VR 模型、绘制户型图等,用于房源信息的线上挂牌展示。在挂牌过程中,客户经理负责对接所有买方经纪人,保证链家的任何买方经纪人都不会跳过客户经理直接与房东对接。相应地,链家也通过对房源区域划片的方式,为旗下的每一个经纪人划定特定的房源管理范围,保证其利益不被抢占。在交易过程中,买卖双方的代理经纪人负责为交易双方完成议价。双方达成交易意向之后,另外的专业团队负责房源产权状况查询、合同的签署、房贷的办理、交易过户、交易税的缴纳等。交易完成之后,若买方对房源有异议,则有专门的售后团队负责处理房屋的修缮等事宜。

这样分工合作的前提是,流水线上每一个环节的经纪人都必须获得激励。因此,链家参考美国 MLS 系统成功的运营模式,在制度设计中规定了每一笔交易的佣金如何在提供服务的经纪人之中进行分配,在传统经纪服务行业中,经纪人之间原本是竞争关系,这种做法大幅提高了经纪活动的效率。

(3)注重服务质量,建立口碑。

除了以较高的交易价格获取房源之外,链家也通过其高标准的服务吸引大量房东的委托。链家在其内部建立起极其严苛的服务标准,通过制度规范和流程设计对旗下的经纪人形成有力的约束,显著改善传统经纪服务行业从业人员专业素养参差不齐、服务质量不过关的问题。例如,为每一个房东和购房者指派特定的经纪服务人,形成服务的连续性、降低房东的沟通成本,避免由于旗下经纪人间的恶性竞争。此外,链家指派专人为客户提供纳税、过户、房贷等方面的服务,尽可能降低交易双方在交易过程中发生的时间成本和信息成本。

(4)积极拥抱技术革新,降低客户成本。

近年来,链家不断借鉴发达国家房地产经纪服务市场发展的经验和前沿方向,将先进的经营理念融入制度设计当中,同时也在不断通过颠覆性的技术革新进一步完善经营模式,提高二手房的交易效率。例如,链家主动对挂牌房源的公允价值进行评估和比较,定期筛选出挂牌价格相对较低的高性价比房源,并标记为"优选房源",有效引导购房者线上搜寻房源的注意力,加速房源成交,为房东降低搜寻成本。再如,包括链家在内的多家经纪服务行业领导者将 VR 技术带入二手房交易中,为每一套挂牌房源制作 VR 模型,让购房者能够在实地看房之前,就可以通过手机在线看房的形式浏览房源的内部现状及户型布局,尽可能多地掌握房源细节,为购房者降低搜寻成本。

(5)行业影响。

针对国内二手房交易市场的部分问题,链家通过对运营模式和规章制度的创新提出了市场化的解决方案。总体而言,即以真房源及技术创新缓解行业信息透明度低的问题,以工业化的专业分工解决从业人员专业技能低与工作内容高技术含量之间的矛盾,以规章制度的建立和严格实施提高服务质量、建立品牌商誉。从产业经济学的角度出发,这样少数头部企业分享大部分市场份额、众多小企业参与竞争的市场结构有其重要优势。一方面,在高度集中的市场结构下,几家头部企业形成类似寡头垄断的局面。它们拥有一定的定价权,从而形成一定的经济利润,刺激企业进行研发投入,推动行业技术进步。另一方面,头部企业之间形成较强的竞争关系,避免企业独占市场的可能。头部企业必须高效率运行,才能在竞争大的市场环境下保持自身的市场份额,并寻求扩张的可能。

2. 高集中度的市场结构下的隐患

在高度集中的市场结构下,相较于传统房地产经纪服务商,为数不多的几个行业领导者更为先进的经营理念给整个行业带来了新鲜的血液,通过对新技术的发展和应用推动了整个行业在信息环境、服务质量、经营效率等方面的显著改善,形成了二手房交易市场的新常态。但是,这些头部企业在较短时间内的迅速扩张和成长也给这个市场带来了一些新的需要,这些也引起了一些无法忽视的隐忧。

(1)网络平台虚假房源信息频现。

近年来,新闻频繁报道个别二手房交易中介网上房源发布平台发布的房源信息真实性存疑。存在部分不规范经纪人通过发布虚假的低价优质房源吸引买家,以获得买家联系方式,并在实际的房源带看过程中再推介其他房源的情况。这样的操作导致买家看房成本提高,降低市场匹配和交易效率、扰乱市场秩序,同时也对经纪人的可信度造成负面影响,伤害买家与经纪人之间信任关系,进一步恶化市场交易环境、提高市场交易成本。甚至部分不法中介通过发布假房源、假房价的方式,获得不法收益,导致购房者遭受经济损失。

2021 年 7 月,上海市房地产交易中心发布《关于进一步规范存量房房源核验及信息发布工作的补充通知》,对于部分二手房经纪服务企业或者经纪服务人员发布虚假房源或虚假价格等经营行为进行进一步的规范和整顿,要求头部企业对所有存量的挂牌房源信息进行挂牌价格的核验,同时要求此后对所有新挂牌房源的公开价格进行核验,确保房源挂牌信息的真实可靠。政策发布并实施以来,二手房交易市场中虚假挂牌房源信息的情况已经得到了大幅改善,市场信息环境有了质的提升。但是,考虑到政策执行的可行性,所制约和整顿的范围主要集中在头部企业,还有很多中小型的经纪服务企业尚未得到充分的规范,其经营行为依然存在诸多不符合规范之处,还须进一步严格监管。

(2)房源信息发布渠道过于集中。

综合考虑几家市占率较高的上海头部房产经纪企业,通过行业前五位企业所提供的经纪服务所达成的交易,占到了市场全部交易的较高比重。由于头部企业的经纪服务收费普遍高于其他中小型经纪服务商,大量二手房交易双方会通过头部企业流量较大的线上平台发布房源信息并搜寻房源信息,但不通过相应的头部企业经纪人进行交易,通过跳单的方式减少中介费用的支付。因此,头部企业的网上房源发布平台在房源发布渠道所占据的线上流量远超过其经手的交易所占的市场比重。头部企业在房源信息发布上的市场集中度极高,形成了较强的垄断优势。而房源信息的掌握恰好是二手房经纪服务商的核心竞争力。

高度集中的房源信息发布结构得以稳固的原因是多方面的。第一,平台所发布的房源越多、覆盖面越广,越能吸引买方的流量,而买方的关注度又能进一步吸引卖方将房源挂牌发布到相应的平台,这一自我强化效应形成了正向反馈机制,使得大型房源信息发布平台能够建立起其他中小企业无法与之抗衡的竞争门槛。第二,对于二手房卖家而言,通过头部企业发布房源信息可享受其所提供的房源拍摄、户型绘制、相关交易税费测算、线上 VR 看房、导入大量客源浏览等增值服务。尽管头部企业中介服务费率相对较高,但只要不通过其进行交易,无须支付任何费用。第三,相对于部分其他中小型的经纪服务公司而言,头部企业提供的服务比较规范,一般不会出现客户个人信息共享、各路经纪人无休止骚扰等情况,给卖方客户带来较好的服务体验。然而,个别平台在房源发布渠道上日趋稳固的地位逐渐带来诸多弊端。

（3）选择性发布房源信息。

在房源信息上的垄断地位意味着头部企业有能力对其所掌握的房源信息进行带有目的性地筛选和发布,影响交易双方可获取的市场交易信息,从而影响市场情绪和买卖双方对于物业价值的判断,甚至进而影响市场发展趋势。通过跟随多家头部企业经纪人看房的经验发现,在项目研究期内的市场低迷时期,部分企业的网上房源挂牌平台并不会发布所有卖家客户委托交易的房源信息,而只筛选出卖家挂牌价位相对较低的房源在线公开发布。此举引导了买家看房的流量,从而给心理价位相对较高的业主形成压力,迫使其降价。在市场下行时期,经纪服务机构与买家形成利益共同体与卖家博弈,提高达成交易的可能性。而在市场上行的时期,经纪人则会有策略性地与卖家达成利益共同体,尽可能推高交易价格以收取更高的经纪服务费用。头部企业依仗其对于房源信息的控制,出于自身利益的考量对房源信息有选择性地发布,必将加剧市场波动性,不利于二手房交易市场平稳有序的发展。

（4）头部企业具有经济服务费率定价权。

房源信息发布的垄断地位可能已经赋予了一些头部企业垄断定价的能力。近几年来,就有头部的经纪服务企业宣布提价,例如,在服务品质没有显著改变的前提下,将经纪服务的价格从买卖双方合共支付房屋交易价格 2% 的费率提至 3%,超过了大多数发达国家房地产交易中经纪人佣金 2% 的水平。事实上,纵观全国,二手房交易经纪服务费率的提高并不只发生在上海,有的头部企业在许多城市的收费都已经超过 2%。然而,从服务费率上涨以来,从这些头部企业的业务拓展情况来看,其市场占有率的表现平稳,甚至稳中有升,市场占有率并没有受到明显的负面影响,消费者对其费率的变化并不十分敏感,更证实了在二手房中介市场中头部企业的垄断定价能力。尽管通过改善服务品质来提升产品价格是企业商业经营中的合理权益,但少数头部企业具有的垄断定价能力可能会伤害消费者权益,造成社会福利损失,不利于二手房交易市场健康平稳的发展,有必要对此进行进一步严谨的考察和评估。

(5) 信息安全隐患。

互联网时代的二手房经纪服务市场中,房源信息和客源信息是企业核心竞争力的来源,因此头部企业纷纷建立详尽的房源和交易数据库,详细记录并储存所有房源交易及客户个人信息,其中包括大量客户个人隐私等敏感信息。随着少数几家头部企业业务的扩张,其经手的二手房交易数量日益增长,构建了数据量庞大且信息细致具体的数据库。然而,这些企业在信息安全的维护上可能存在一定的漏洞。频频出现二手房交易者发现个人联络方式、家庭住址等隐私信息被泄露,被多家未主动联络过的小型中介机构频繁联系甚至骚扰,个人联络方式甚至被用于其他类型产品的电话广告推销的情况。在企业管理制度尚不够完善的情况下,难免有个别经纪人不顾法律和职业道德风险,非法盗取信息以谋取不正当利益。有些不规范的小型中介机构经纪服务人员与头部企业的个别经纪人里应外合,非法获取大机构挂牌房源的详细信息,试图以个人或其他机构的名义为客户提供经纪服务,使很多二手房交易者不堪其扰。由于头部企业所掌握的房源客源信息数量巨大,这些个人隐私信息一旦发生泄露,将造成严重的信息安全事故,为大量客户带来不便甚至造成经济损失,有必要进一步完善相关法律法规和行业制度,以确保个人隐私信息安全。

1.3.4　上海市二手房销售的管理制度

目前,上海有关二手房交易方面的法律法规和制度建设大致包括住建委及其与其他相关部委联合发布的部门规章、税务部门的二手房征税规定、上海市住建委等颁布的通知以及相关行业协会的制度规范。就政府规范的内容而言,大部分规章制度主要针对二手房交易市场经纪服务人员及机构的行为,以及二手房交易买卖双方的行为。本小节将对相关的规范制度进行简要的梳理。

1. 顶端法规

二手房交易市场规范制度设计中最顶端的法规为《房地产经纪管理办法》(以下简称《办法》),由住房和城乡建设部、国家发展和改革委员会、人力资源和社会保障部联合于 2011 年发布并施行,又于 2016 年作了小幅调整和修改。《办法》的颁布在二手房交易市场原有运行机制的基础上,以及在加强房地产经纪管理方面作

了一些新的规定,其中相当多的规定是针对二手房交易市场存在的不规范行为而制定的。具体而言,《办法》重点提出:

(1)完善监管机制,形成管理合力。实行建设(房地产)、价格、人力资源和社会保障等相关主管部门协同管理。

(2)明确房地产经纪机构招用人员的要求。《办法》要求房地产经纪机构招用房地产经纪人员时,应当依法签订劳动合同。

(3)对房地产经纪机构实施备案管理。

(4)明确指出房地产经纪人和机构不得协助交易双方为了避税而签订阴阳合同。

2. 部门规章

部门规章制度以部门通知、意见等形式根据市场的变化对法规进行了补充。由于部门规章的制定不受立法程序的限制,监管部门能够针对市场的快速变化而制定灵活的应对措施。近年来,以住房和城乡建设部为主的房地产市场监管部门出台了以下管理措施。

住房和城乡建设部等七部委联合发布的《关于加强房地产中介管理促进行业健康发展的意见》规定:(1)全面推进存量房交易合同网签系统建设。备案的中介机构可进行存量房交易合同网上签约。(2)鼓励各地方主管部门建设房地产中介行业信用管理平台,并向社会公示中介机构及从业人员信用情况。通过不断完善诚信典型"红名单"制度和严重失信主体"黑名单"制度,对"红名单"实施"绿色通道"提供便利,将"黑名单"列为重点监管对象,限制其从事各类房地产中介服务。

住房和城乡建设部发布的《关于进一步规范房地产开发企业经营行为维护房地产市场秩序的通知》对房地产市场违法违规行为保持高压严查态势。

住房和城乡建设部、人民银行、银监会联合发布的《关于规范购房融资和加强反洗钱工作的通知》规定:(1)严禁房地产企业、房地产中介机构、各类金融从业机构违规提供"首付贷"、"众筹"、各类房地产场外配资等购房融资服务;(2)建立信息互通查询机制,房产管理部门向相关银行业金融机构提供新建商品房、二手房网签备案合同及住房套数等信息的实时查询服务;(3)简化住房交易办事程序,制定各项业务所需的材料清单,编制办事指南,方便群众办事。

3. 税收制度

二手房交易环节的税收制度是二手房交易市场管理的重要制度。以下三个由国家税务总局或上海市税务局发布的通知文件,分别对二手房交易中的个人所得税、契税和增值税这三个重点税种作了规定。

财政部、国家税务总局发布的《关于全面推开营业税改征增值税试点的通知》附件三规定:个人将购买不足两年的住房对外销售的,按照 5% 的征收率全额缴纳增值税;个人将购买两年以上(含两年)的非普通住房对外销售的,以销售收入减去购买住房价款后的差额,按照 5% 的征收率缴纳增值税;个人将购买两年以上(含两年)的普通住房对外销售的,免征增值税。上述政策仅适用于北京市、上海市、广州市和深圳市。上海 2021 年新发布的"沪十条"则在此基础上额外规定,个人将购买五年以上(含五年)的普通住房对外销售的,免征增值税;不满五年的全额缴纳增值税。因此在上海,卖家持有二手房五年以上才能免去增值税,这将打击房地产的投机行为,使房屋回归居住属性。

财政部、国家税务总局、住房和城乡建设部等发布的《关于调整房地产交易环节契税、营业税优惠政策的通知》规定:对个人购买家庭唯一住房(家庭成员范围包括购房人、配偶以及未成年子女,下同),面积为 90 平方米及以下的,减按 1% 的税率征收契税;面积为 90 平方米以上的,减按 1.5% 的税率征收契税。对个人购买家庭第二套改善性住房,面积为 90 平方米及以下的,减按 1% 的税率征收契税;面积为 90 平方米以上的,减按 2% 的税率征收契税。

国家税务总局上海市税务局 2018 年第 4 号公告修订的《关于本市贯彻〈国家税务总局关于个人住房转让所得征收个人所得税有关问题的通知〉的操作意见》规定:对纳税人转让普通住房及自建住房、经济适用房、已购公有住房和城镇拆迁安置住房的,以转让收入的 1% 核定应纳个人所得税额;对纳税人转让非普通住房的,以转让收入的 2% 核定应纳个人所得税额。

2022 年 9 月 30 日,财政部、税务局联合印发了《关于支持居民换购住房有关个人所得税的公告》。明确自 2022 年 10 月 1 日至 2023 年 12 月 31 日,对出售自有住房并在现住房出售后一年内在市场重新购买住房的纳税人,对其出售现住房已缴纳的个人所得税予以退税优惠。其中,新购住房金额大于或等于现住房转让金额的,全部退还已缴纳的个人所得税;新购住房金额小于现住房转让金额的,按新购住房金额占现住房转让金额的比例退还出售现住房已缴纳的个人所得税。

4. 上海地方制度及行业协会制度

上海市地方的相关监管机构在上述全国层面规章制度的基础上,依据上海市二手房交易市场的独特情况,制定了多项管理制度。行业协会也以非强制的方式对经纪人的执业行为作出了规定和建议。

2021 年初,上海市政府提出"沪十条",进一步规范了房地产市场,尤其在住房限购、增值税起征年限、住房信贷等方面对二手房交易市场产生重要影响。

《房地产经纪执业规则》规定：(1)房地产经纪机构和人员不得利用虚假的房源、客源、价格等信息引诱客户,不得采取胁迫、恶意串通、阻断他人交易、恶意挖抢同行房源客源、恶性低收费、帮助当事人规避交易税费、贬低同行、虚假宣传等不正当手段招揽、承接房地产经纪业务;(2)房地产经纪机构和人员不得捏造、散布虚假房地产市场信息,不得操控或者联合委托人操控房价、房租,不得鼓动房地产权利人提价、提租。

5. 二手房交易市场规范制度小结

上述对二手房交易市场相关规范制度的梳理可见,通过层层制度设计,上海的二手房交易市场在规范制度的建设上已经比较全面地涵盖了二手房交易和经纪服务。但是,由于这些制度规定的主要出发点是指出二手房交易市场行为中具体的不规范问题,责令相关下级主管部门加强监管,导致了实际监管上的一些漏洞。一方面,制度规定过度注重具体问题,而忽视了二手房交易市场信息透明度低等导致诸多不规范行为的根本性问题。另一方面,这些政策的颁布也较少清晰地提出具体的监管措施,制度的实施效果主要依赖下级主管部门对政策制度的解读和执行,这可能造成政策意图被曲解、管理效果不理想的后果。

1.3.5 上海二手房销售的新发展

1. 手拉手交易网签

2021年10月26日,上海开通二手住房"手拉手交易网签"服务。在具体办件过程中,当事人可以登录"一网通办",进入相关办件窗口查阅《上海市存量房买卖双方未通过中介交易网上签订合同(简称"手拉手交易网签")须知》和《存量房买卖合同手拉手网签操作手册》。对于网上办理有困难的,仍可到房屋所在区房地产交易中心窗口申请线下办理。

在传统的二手房交易中,房地产中介扮演着必不可少的角色。一方面,在前期阶段,中介将买方和卖方相互介绍,起到"牵线搭桥"的作用。另一方面,在后期阶段,中介会帮忙准备交易合同并对交易进行网签备案。但是在"手拉手交易网签"中,中介这两方面的作用都被很好得取代了。在前期阶段,买卖双方通过自行结识确定交易意向;在后期阶段,双方可以选择线上自行办理或者到所在区房地产交易中心窗口以线下交易的方式进行办理,从而实现房地产的安心交易。可以说,"手拉手交易网签"完全取代了中介,降低了交易费用,尤其在上海的房产价值量较大的前提下,为买卖双方节省了一定的成本。

虽然"手拉手交易网签"可以完全取代中介,但是在现实情况下,中介还有存在的必要性。如果买卖双方已确定价格,且产权清晰、不需要贷款的,可通过"手拉手交易网签"模式节省中介费用。但如果涉及按揭贷款、产权调查等比较复杂的情况,"手拉手交易网签"服务暂时还无法完全解决该交易,需要中介机构进行介入。"手拉手交易网签"服务目前还在试行阶段,相信未来通过技术改进,也能为更多复杂情况的交易提供办理,真正实现便民利民。

2. 大房鸭平台

大房鸭平台旨在绕过中介,为客户节省交易费用。大房鸭平台于 2015 年成立,至今已经探索出比较完善的商业模式。通过大房鸭平台进行房屋买卖,大致可分为以下几步:第一步,用大房鸭 App 在线预约房源,客服会处理需求,然后匹配合适的社区顾问进行带看;第二步,买卖双方谈价,通过合理的议价谈出双方都能接受的合理价格;第三步,进行产权调查;第四步,交定金;第五步,进行总部签约;第六步,进行交易中心交易流程,包括办贷款、过户、交房、自行进行水电煤和物业过户等。最后,大房鸭平台不论房子价值,只收取固定中介费 1.99 万元,比上海目前市场上 1%—2% 房价的中介费低许多。

大房鸭平台对于买卖双方而言都有好处。对于买方而言,它不仅节省了中介费用,而且做到了信息透明,由房东直接发布房源,无中间商赚差价,也比较安全省力。对于卖方而言,不仅能够免费收获专业摄影师的拍照服务,而且能够随时在网上和意向买家互动,也可以随时修改房源信息,通过多次交流将房子以合理的价格出售。

关于大房鸭平台的缺点:首先是风险把控问题。由于其本质上是线上交易平台,因此大部分内容由买卖双方自行沟通,若双方对法律法规的理解均不足,后续可能会出现纠纷。其次是社区顾问不专业的问题。由于大房鸭平台招募的社区顾问为兼职,与专业的房地产销售人员相比,其专业知识较为薄弱,无法在房产区位、发展、价位等方面给出专业建议。最后是效率问题。由于是线上平台,因此相关手续需要买卖双方自行前往办理,平台仅能远程指导,若双方在房屋交易方面均为新手,会比较累且效率低。

相比传统中介,大房鸭平台能够通过系统服务的方式降低中介费用;相比"手拉手交易网签",该平台能够解决贷款等手拉手网签无法解决的问题。因此,大房鸭平台是介于传统中介和手拉手网签中间的平台。在如今社会现实条件下,三方平台都有其存在的必要性,为不同需求的交易提供中介服务。

1.4 上海二手房销售市场存在的问题与对策建议

1.4.1 上海二手房销售市场存在的问题

尽管国内二手房交易市场规范相关的法律法规和制度设计已经比较完善,涉及诸多市场规范,但是这些制度规范的实施力度依然存在不足,监管部门尚未很好地将制度规范落实到实际的二手房交易中。我们经过对上海二手房交易市场的经纪服务机构及从业人员的走访和调查,归纳出了上海二手房交易常规操作中的一些不规范问题。

1. 经纪公司用工模式不规范,经纪人资质参差不齐

与国际通行规范一致,中国的《房地产经纪管理办法》规定,从事房地产经纪服务的人员应当拥有相关政府主管部门发放的经纪人职业资格证明。然而事实上,上海二手房交易市场的从业人员的专业素养参差不齐,无法确保为交易双方客户提供合格的经纪服务。以下几个方面的因素可能导致了这一现状。

第一,经纪公司在招聘经纪人时,并没有严格的考核机制,从业准入门槛较低。经纪公司出于自身利益最大化的考虑,在招聘经纪人时大多不遵照规定签订劳动合同,而是通过临时的劳务合同与经纪人建立雇佣关系。在劳务合同关系中,经纪公司往往并不向经纪人支付固定工资(无底薪模式),只有能够成功促成交易的经纪人可以按比例分享交易佣金。对于经纪公司而言,劳务合同的雇佣模式省去了为旗下经纪人承担五险一金的雇佣成本,多聘一位经纪人并不产生任何额外的费用。经纪公司几乎不设门槛的招聘是经纪人专业素养低的重要原因。

第二,经纪公司与经纪人之间的雇佣模式导致经纪人的合法利益无法得到保障,收入不稳定,从而对经纪服务行业并不能产生职业认同感。因此,经纪人流动性极高。根据调查得知,上海的二手房经纪人平均从业时间不超过一年。极短的从业时间也进一步恶化了整个经纪人队伍的平均专业素养,使得经纪人不能通过长期从业而逐渐积累专业技能。

第三,经纪服务的市场反馈机制缺位。对于二手房交易双方而言,房屋买卖的频率极低,客户与经纪人之间难以建立长期的合作关系。而目前上海的经纪服务市场上尚无被公众广泛接受的经纪人服务评价平台,导致了市场反馈机制的失效。客户的购后满意度并不能对经纪人的服务行为形成监管。同时,提供高质量服务

的经纪人也无法积累能够带来后续利益的口碑和声誉。经纪服务质量上的信息不透明导致市场不能通过优胜劣汰的机制,筛选并激励优质的经纪人,给专业素养较低的经纪人滥竽充数的空间。

然而,房地产交易的标的物价值巨大,房屋特征各异、交易双方的个人偏好和性格特征也各异,同时,交易过程中涉及法律、金融等多个方面的专业知识。事实上,二手房交易对经纪人专业技能的要求极高。经纪从业人员的普遍水平尚不能很好地满足市场对其相关专业技能的要求。

2. 交易信息不透明

尽管上海的二手房交易已经成为整个住房市场交易的绝对主力,市场活跃度极高,但二手房交易市场的信息流动依然受制于房地产的异质性、交易的分散性等本质特征,透明度低,交易双方须支付的信息成本高。具体而言,二手房交易市场的低信息透明度表现为以下几个方面。

就宏观市场动态而言,市场参与者不能及时准确地了解相关信息。监管部门在信息公开和发布的宣传力度不足。大多数发达经济体房地产市场的监管部门都会利用自身的交易数据备案的信息优势,测算二手房价格指数,并定期更新以供市场参考。更有部分国家直接公开每一宗备案二手房交易的交易数据,供公众查询,潜在的交易双方能够通过参考特定位置的区域市场的最新交易情况,形成合理的心理预期,起到强有力的稳定市场情绪的作用。然而,在上海的二手房交易市场,公众难以获得来自市场监管部门的权威和全面的数据,不得不通过相关企业的信息发布了解市场行情,其信息覆盖度及可信度都尚不足以与发达经济体房地产市场媲美。

就具体的房源信息而言,部分经纪服务人员为了吸引客户,刻意发布虚假房源信息,以"高质低价"的假房源蒙骗客户,获取客户联系方式等个人信息之后再带看真实房源,提高了客户的交易成本。尽管通过监管部门的监管以及行业自身发展的进步,虚假房源的现象已经得到了遏制,但由于发布虚假信息并不一定给经纪人带来实际成本,假房源的问题尚未完全根治。

3. 双边代理

中国二手房市场交易与发达国家成熟的二手房交易市场在制度上一个显著差异是经纪服务的双边代理模式。在大多数发达国家的二手房交易中,买卖双方一般各自聘请不同的经纪人。买方经纪人与卖方经纪人分别代表不同的利益,各自通过专业的方式谈判议价,分别为各自的委托人争取利益最大化。然而,中国二手房交易市场的一般做法则是相同的经纪人或经纪服务机构同时代理买方和卖方,形成双边代理的三方委托代理关系。

双边代理会导致严重的委托代理问题。一方面,双边代理经纪人自身利益最大化的方式是促成交易的完成,而交易价格是否合理并不重要。因此,经纪人在交易过程中有动机协助议价能力较高的一方打压议价能力较低的一方,利用自身的信息优势及专业能力扰乱微观交易的过程,加剧市场整体的波动性。另一方面,经纪人可能为了最大化自身利益,以房地产经纪服务之名,非法利用自身的信息优势以赚差价的手段获取佣金之外的收益。虽然在制度规范上,经纪人赚差价的行为已经被明令禁止,但在事实上却屡禁不止。具体而言,经纪人一旦发现房东挂牌价格较低,即以自己的名义与房东签订临时购房合同并支付定金,为了转手以合理的市场价格出售房源赚取差价。

4. 部分经纪人非法售卖个人信息

为了方便与经纪人保持沟通顺畅,有房出售的房东与潜在的购房者在挂牌或者联系看房的过程中,向中介透露自己的个人信息在所难免。而部分经纪服务机构为了提高经营效率、促成交易,将这些客户信息在企业内部的经纪人之间共享,可能导致大量个人信息落入个别不法经纪人之手,然后被出售以牟利。根据调查发现,很多人都有一旦向个别经纪人透露个人联络信息,就会在短时间内接到多个其他经纪人电话轮番轰炸的经历。由于业主在房源挂牌时须同时透露个人联络信息及居住地址信息,非法售卖客户个人信息的行为对业主造成的潜在伤害尤其大,甚至可能造成安全隐患。这样的不规范行为可部分归咎于经纪人备案及监管制度的不完善。经纪人个人的职业声誉好坏并不会对其预期的实际业绩水平造成影响。

5. 交易双方避税的法律风险

上海的二手房交易面临着极高的交易税率,其中高达交易差额 5% 的增值税给二手房交易的买卖双方造成了极大的纳税负担。由于交易税的纳税税基是在二手房交易合同备案价格的基础上计算的,而备案价格由交易双方自由协定,这就给了交易双方通过刻意做低备案合同价以达到避税目的极大的经济利益动机。具体而言,买卖双方达成交易意向之后,通过签订一份不备案的合同协定交易价格,即买方向卖方实际支付的价格。同时,双方约定另签订一份价格低于买方实际支付价格的合同用于备案,以达到避税的目的。在两份合同之中,前者为"阴合同",后者为"阳合同"。"阴阳合同"的做法虽被住建部的多项政策明令禁止,但在巨大的经济利益面前无法根除。

我们的调查数据显示,近年来,上海二手房交易中有近 50% 的交易签订了"阴阳合同"。2016—2018 年,有"阴阳合同"的交易中,房产平均真实价格为 417 万,未签订阴阳合同的交易中的房产均价为 320 万。也就是说,相对富有的、有能力支付较大比例首付的购房者利用"阴阳合同"避税的可能性更高。对于签订"阴阳合同"的交易,"阳合同"备案价格平均比"阴合同"真实交易价格低 20%。市场上行时,"阴阳合同"的价差拉大,避税的动机更强。

"阴阳合同"的做法对二手房交易市场的有序发展造成了至少两个方面的不良后果。其一,"阴合同"不具备法律效应,可能引起双方产权纠纷,造成巨大的经济损失。其二,"阴阳合同"避税是违法行为,其给交易双方均带来了巨大的法律风险。此外,二手房交易中"阴阳合同"的行为也给政府财政收入带来了损失。究其原因,一方面,依附于房地产资产上的税负主要集中在土地出让阶段和二手房交易阶段。其中,后者的税基为交易价格而非评估价格,给了交易双方避税的操作空间。另一方面,监管部门所制定的二手房交易指导价格偏低,针对不同物业特征的细化程度不足,随市场波动的更新不及时,指导价的粗糙和不透明同样给了二手房交易双方避税的空间。

1.4.2　二手房交易的国际经验

相对于中国内地二手房交易市场而言,发达国家和地区已较早地从住房增量时代进入住房存量时代,其二手房的交易制度建设较为完善,形成了许多值得我们借鉴的经验做法。

1. 美国的经验

美国的二手房交易多数基于多重上市服务(multiple listing service,MLS)系统达成。以此系统为依托,美国的二手房交易市场实现了行业产业链的整合,不仅推动了信息的高效流通、市场环境的高度透明化,而且同时使经纪人之间达成了互利共赢的关系,缓解了经纪人之间恶性竞争所导致的市场无效率。MLS 系统在美国发展成功的经验已经使得该系统被推广至包括英国在内的十几个国家。

(1) MLS 系统的运营模式。

MLS 系统的发展发源于 20 世纪 30 年代。它是一个房地产交易的平台,也是一种交易方式。具体而言,MLS 系统是一个公共的房源整合集中发布标准化系统,其房源的发布依托于一个共享的数据库,一般由独立于经纪公司的第三方机构运营,供当地市场所有的经纪公司及经纪人共同使用。它以会员联盟的形式,将不同的房地产经纪公司纳入一个加盟体系,体系中成员的房源和求购信息集合在一个共享的数据库中,加盟 MLS 系统的每一位成员与客户签订委托销售或委托购买合同后,需将此信息输入系统,并公开给系统成员,由全体成员共同帮助寻找买家或卖家。在此系统中实现交易后,参与交易的各成员按一定比例分享佣金。MLS 系统不仅是一种房地产的销售模式,更是一种先进的流通管理系统。

美国并没有统一的 MLS 系统,每一个地区都有各自的 MLS 系统供当地所有的经纪人共享。MLS 联盟已成为美国第一大行业组织。全美约 90% 的房地产经纪人都是 MLS 系统的成员,95% 以上的房产交易通过 MLS 系统完成。全美共有约 1 000 个地方性 MLS 系统。其中由美国房地产经纪人协会投资主办的 Realtor. com 是目前最大的 MLS 系统,拥有共 120 万名经纪人会员,约 200 万套房源信息。每一个 MLS 系统的服务都包括两方面的核心内容:制度设计及计算机网络技术支持。

MLS 系统的制度、规章和相关协议的设计由美国房地产经纪人协会完成。经纪机构按照既定的规章,与房地产经纪人协会签署协议,成为 MLS 系统的会员。所有通过系统进行交易的经纪人都必须同时是美国房地产经纪人协会注册的经纪人和当地 MLS 系统的成员。按照规章制度统一确定的模式,会员中介机构与其他会员必须共享房地产供求信息、共同完成房屋买卖并分享佣金。

MLS 系统的会员机构需要安装专用的硬件和软件以便连入系统。美国房地产经纪人协会成立了专门的技术服务部门,专职于 MLS 系统技术的实施和研发。该部门可为会员机构提供软硬件服务,定期进行维护并提供信息安全保障。这些网络技术支持也可由第三方机构承担。

（2）MLS 系统的优点及问题。

MLS 系统在房地产交易行业的大规模运用给行业的发展带来了诸多裨益。第一,MLS 系统使得房屋的销售流程更加合理,极大加快了二手房出售的速度,提高了二手房交易的效率。第二,该系统实现了经纪人之间的资源共享,互利共赢,有效降低了经纪服务的成本、提升了经纪人的收益。第三,该系统使得消费者能够在短时间内接触到更多房源,节约了消费者在购房过程中承担的信息成本。第四,MLS 系统很好地规范了房地产经济行业的运作模式,实现了信息透明化、畅通化,而市场的信息透明度能够有效地降低市场波动性,最大程度地保持市场发展的平稳性。

MLS 系统经过近一个世纪的发展,已对全美的房地产销售行业基本形成了控制性的垄断地位,而这一地位也给 MLS 系统引来了批评。第一,在互联网时代,信息在公众之中的共享与公开的诉求越来越多。然而,MLS 系统中的信息和服务至今依然只对会员经纪人完全公开共享，并不完全向公众公开，只为公众提供部分可比房源的基础信息。这一信息门槛在一定程度上阻碍了信息的全流通。第二，对于希望不通过经纪人而自行完成交易的售房业主，部分经纪人或当地的在线售房服务商提供收费相对较低的房源挂牌服务。MLS 系统为维护自身利益，通过制度和系统设计禁止经纪人通过 MLS 系统提供费用折扣，因而在美国和加拿大招致了反垄断诉讼。

（3）MLS 系统的经验借鉴。

尽管在可能形成市场垄断等方面并不完美，但美国 MLS 系统的经验在很大程度上提供了一个针对中国二手房交易市场中信息不对称、交易效率低下等诸多问题的解决路径，非常值得借鉴。我们也应当认识到，MLS 系统的推广需要借助强有力的行业协会或其他非营利性机构。该机构不仅要有足够的专业水平以制定合理的市场交易制度，同时也需要有足够的权利规范房地产经济行业的从业者。此外，在经验借鉴中，我们也需要谨防一家独大的机构，形成房源或客源信息垄断的局面。

2. 中国香港的经验

中国香港作为重要的国际金融中心，历来以其完善的制度建设和高度透明的市场环境著称。

（1）香港二手房交易的一般流程。

相对上海而言，香港的二手房交易有着更为复杂的流程和人员参与。二手房的交易过程及经纪人的责任和义务主要由香港《地产代理条例》（Estate Agents Ordinance）规范。图 1.24 以买家视角描绘了住宅二手交易的一般流程，大致的基本步骤与内地市场的操作一致。买家指定经纪人并带领看房，选中合适的房源后，买卖双方议价。若达成一致，则买房支付定金，约定筹款时间。最后，在约定的付款时期内支付剩余房款，并转移房屋产权，完成交易。但香港的二手房交易流程在以下几个方面与内地有所差异。

（2）多方专业人士参与。

首先是律师的深度介入。

香港二手房交易过程与内地最大的不同在于律师在交易过程中的深度介入。一般而言，在买卖双方经过看房与议价初步达成交易意向时，双方便会聘请律师协助交易，律师费用大约为房屋交易价格的 0.1%。买方律师的服务主要体现在三个方面：第一，在整个交易过程中，律师负责在不同交易阶段多次向政府主管部门（土地注册处）查询标的房屋的产权状况。第一次产权查询发生在临时买卖合约签署

图 1.24 中国香港二手房交易基本流程——买家视角

资料来源：作者根据公开信息绘制。

之前，最后一次查询发生在签署正式买卖合同之后，两者时间相差超过一个月，以确保在交易过程中未出现卖方一房多卖的情况。在产权过户之前，律师将对卖方提供的房契等有关房屋产权的文书加以审查。第二，律师负责根据买卖双方的议价协调情况起草临时买卖合约及正式买卖合约。作为高度专业的法律从业人员，律师能够根据每一宗交易中买卖双方的特殊状况量体裁衣,同时较好地避免交易中及交易后出现产权纠纷。第三,律师在签署临时买卖合同后,一般会致信标的房屋的物业管理公司,查询房屋是否有拖欠费用、违规搭建、是否为凶宅等情况,尽量确保卖方无法通过隐藏与标的房屋权属相关的负面信息给买方造成损失。同时,律师也会调查卖方的基本财务状况和征信状况,确保卖方无个人破产等可能影响房屋产权交易进程的情况。

二手房交易过程复杂,与房屋产权相关的法律知识并不为大多数非专业的二手房交易买卖双方所熟知。但由于房屋交易流程标准化程度较高,对于专业的法律人士而言处理难度不高,因此律师对二手房交易所收取的费用并不高,约为单方经纪人佣金的 10%。由于房屋交易涉及价值巨大,稍有不慎便可对交易中的一方造成巨额经济损失。香港二手房交易中律师的介入使得买卖双方能够在支付较低费用的同时,在很大程度上避免由于专业知识缺乏造成的权属纠纷,是值得借鉴的经验。

其次是买家经纪人的独家代理权。

在二手房交易中,买卖双方一般各自指定经纪人。其中,买方经纪人根据买方对于目标房屋的描述筛选合适的房屋并带看。根据香港《地产代理条例》,对于每一套带看房源,经纪人都必须与买方签订针对该特定房源的代理协议,否则经纪人不能向买方提供经纪服务。该代理协议约定,买方若在一定时期内(如三个月内)购买标的房屋,无论交易中的实际代理经纪人是否为该带看经纪人,买方均须向该带看经纪人支付协定的佣金。

对于买方而言,在二手房交易中聘请经纪人的价值在于经纪人所掌握的大量可供选购的房源。经纪人带看房屋之后,其在二手房交易中对于买方的主要价值已经得以体现。但由于房屋交易尚未完成,买方尚未向经纪人支付佣金。看房之后,买方与经纪人之间即处于不对等地位。理论上,买方可以在获取房源信息之后更换经纪人或直接与卖方协商后续的交易事项,剥夺经纪人将其价值转换为收益的权利。这也可能导致经纪人之间恶性竞争,彼此抢夺客户,隐瞒房源信息,并尽可能避免买卖双方之间直接沟通的情况,给交易过程带来不必要的沟通成本。其后果是提高二手房市场信息流通的成本,降低二手房市场交易的效率,造成不必要的社会资源浪费。香港二手房交易中买方与经纪人之间强制性签订的代理协议则很好地解决了上述问题,让经纪人无后顾之忧地促成买卖双方个人及房源相关信息的交换,促进信息的自由流通,改善交易环境中的信息透明度,从而提高交易效率。

（3）二手房市场信息披露中的政府和市场角色。

在香港的二手房市场交易中，政府不仅通过上述制度建设规范交易流程，而且及时全面的市场交易信息和制度信息的发布亦能够进一步提高市场的透明度，增强非专业的二手房市场交易者对市场的了解。

香港特区政府及相关民间机构均在信息披露方面促进了二手房市场交易信息的公开和流通。香港差饷物业估价署及时发布物业市场行情信息，其定时发布的月报中公开披露上月市场的交易量、新增供给量、未来预期的供给量、平均价格、平均租金、价格指数以及市场回报率，囊括了不同物业类型及不同区域的子市场。完善的信息披露机制让市场参与者能够很好地通过较低的信息搜寻成本，从宏观层面把握市场动向。此外，香港业主需要每年依据政府对每一宗存量物业的估价结果缴纳差饷。因此，在微观层面上，业主对于特定物业的价值也有着相对清晰的掌握。

除政府之外，包括香港大学在内的多家机构，每月会发布利用不同的交易样本且基于不同方法测算的房地产价格指数，彼此形成参照，因此，难以被个别机构出于盈利或其他目的操控市场情绪，使市场参与者能够及时获取客观公正的市场信息。其中，作为香港最大的房地产经纪机构——中原地产利用其经手的二手房交易中大量的临时交易合约信息，编制中原城市领先指数，在买卖双方签订正式交易合同之前整合的市场行情信息，每周更新，公开免费发布，供市民及时了解市场最新行情。[①]

充分的信息披露使得市场非专业参与者也能够较好地掌握市场行情，对标的物业有较为客观准确的估值，在交易过程中避免由于信息不对称而产生经济损失。譬如，在市场信息及房屋价值信息得到较完善的公开的情况下，经纪服务人员利用买卖双方之间报价信息的不对称来非法赚取差价的可能性就会大幅地降低。

（4）经验借鉴。

从上述分析中，可以梳理出香港的二手房交易制度中三点可供借鉴的经验。第一，从二手房交易流程的制度建设上，引入专业律师，处理二手房交易中的法律权属及合同相关问题，解决二手房交易市场中经纪服务人员专业素养不足带来的法律风险和冲突。第二，利用制度设计尽量缓解经纪服务人员之间的恶性竞争关系，鼓励建立合作共赢的关系，疏导房源信息及客户信息在从业人员之间的流动，提高二手房交易效率。第三，政府主管部门应当加强对二手房交易市场的宏观信

---

① 资料来源：http://www1.centadata.com/cci/cci_e.htm。

息及时和全方位的披露,改善市场的信息透明度,压缩市场交易相关方利用信息不对称牟利的空间。

3. 新加坡的经验

(1) 经纪人执业资质信息公开。

与大多数成熟的二手房交易市场制度设计相似,新加坡的所有二手房经纪服务人员必须通过国家设定的执业资质审查,方可从业提供经纪服务。但新加坡的经纪服务人员监管系统在经纪人资质注册的基础上,往市场信息透明的方向更近了一步。目前,新加坡所有注册经纪人的注册信息均可供公众在政府官方网站上查询(https://www.cea.gov.sg/public-register)。[①]可供查询的注册信息包括经纪人的姓名、注册号以及执业资质的有效期,客户可以非常简单地查询到经纪人的资质是否过期。这个系统通过政府信息公开鼓励公众监管,从而对职业的经纪人形成有效制约,对合法从业的经纪人形成正面鼓励,对非法从业的经纪人形成约束。将监管角色交给客户和市场,不仅降低了政府的监管成本,同时也提高了监管的效用。

(2) 第三方经纪人点评系统。

得益于互联网时代的技术发展,以餐饮业与酒店业为典型代表的很多服务行业都已经充分运用互联网技术,推动消费者对产品或服务进行点评打分,并在互联网平台上公开消费者评分,以消费者满意度为基本出发点,提高产品服务质量。中国的第三产业在互联网领域取得的成绩在全球首屈一指。然而,房地产经纪行业作为一个典型的服务行业,尚未对这些成熟的技术加以大规模运用。房地产经纪服务行业发起消费者评分的难度在于,不同于餐饮、旅游等行业,房地产经纪服务行业中没有统一的第三方平台供所有的经纪公司共享发布房源信息。一般而言,各个经纪公司设置了严格的信息壁垒,即使有些经纪公司自发为旗下经纪人发布客户评价信息,但由于信息来源于非中立的第三方,对消费者而言存在利益导向性的引导问题。

新加坡二手房交易市场在这方面的最新发展能为我们提供很好的借鉴。新加坡的经纪人公开点评系统起始于市场的第三方机构发起的经纪人点评。在发展的初步阶段,经纪人自主选择是否采用该第三方平台的评分系统。[②]研究表明,该系

---

① 类似地,中国香港也提供经纪人职业资格供公众免费查询,但公众必须前往地产代理监管局办公室现场查询,相较之下稍有不便(https://www.eaa.org.hk/en-us/Licensing/Licence-register)。

② 评分系统网址:https://www.propertyagentsreview.com/。

统能够筛选出服务质量高、业务能力强的经纪人,同时系统评分的公开也能为优质的经纪人带来更多客户,形成正向激励的良性循环。

鉴于该评分系统实施之后的积极作用,在新加坡政府近些年发起的房地产业转型蓝图(real estate industry transformation map)中,政府决定自 2018 年起,与业界企业合作,收集全国总共约 3 万名经纪人的客户评分,预期在未来全面推进客户评分系统信息的公开,让客户能够查询到每一位经纪人经手的二手房交易记录及过往客户的满意度,以建立更为完善的经纪人问责机制。

(3)二手房交易记录公开。

在此次房地产行业的技术革新运动中,与经纪人点评系统同时上线的还有二手房交易记录信息的公开。新加坡政府已于 2018 年开始,在其城市发展署的官方网站上公布所有近期住房交易,其中记录着每一宗交易的标的房屋的详细地址、面积、产权情况及交易价格。[①]如此详尽的信息公开系统能够让潜在的交易双方,更全面客观地掌握市场信息,从而更准确地估计房屋的价值。对比之下,中国的二手房交易市场中,可供买卖双方参考的交易信息单方面来自房地产经纪公司发布的信息,而其中可能存在经纪公司为自身利益操控市场信息等方面的道德风险。新加坡政府在交易信息公开上所作的努力,能够尽量避免买卖双方在交易过程中因信息不对称而遭受诸如中介赚差价这样的经济损失。

(4)经验借鉴。

新加坡二手房交易市场在信息公开方面值得我们学习和借鉴。信息系统的建立能够通过较低的成本大幅改善市场的信息透明度,提高交易的效率和合法性。其中,二手房交易中经纪人评分记录和交易记录细节信息的公开须借助信息系统的开发。同时,新加坡政府在二手房交易信息公开方面的市场监管和干预,也同样值得我们借鉴。

1.4.3　上海二手房销售市场管理的对策建议

自 20 世纪 90 年代初期住房制度改革以来,上海商品房市场经过二十余年的快速发展已经从以新房销售为主导的城市快速扩张时代,进入了以二手房交易为主导的二手房时代。然而,尽管市场的发展进程已进入了居民家庭在存量房市场

---

① 住房交易记录信息公开系统:https://www.ura.gov.sg/realEstateIIWeb/transaction/search.action。

上进行住房迭代升级的相对平稳的成熟时期,但中国过去的制度设计、市场管理调控皆主要针对新房市场,而作为对住房需求形成更强大支撑的二手房交易市场,尚处于监管相对不足、制度设计落后于时代、市场交易效率低下、市场主体行为不规范的境地,有必要进一步规范二手房交易市场秩序。尽管近年来相关部门已经连续多次出台了相关规范政策文件,但由于二手房交易市场的交易主体及交易标的均存在多元化和分散的特征,政策实施难度大,实际效果并不理想。

自 2017 年以来,二手房交易市场趋势较为平稳,市场预期较为合理,为进一步规范市场秩序、改善制度设计提供了理想的宏观市场环境。通过前文分析,我们发现,目前上海二手房交易市场秩序中的不规范主要存在经纪人整体专业素养不高、市场信息透明度低这两个核心问题。同时,随着行业集中度上升,行业垄断的趋势日渐凸显。针对这些问题,参照国际经验,我们认为可以通过采取以下几个方面的措施,进一步规范二手房交易市场秩序。

1. 加强经纪人注册制度管理

房地产经纪人是二手房交易中的核心枢纽。二手房交易过程是否规范,在很大程度上取决于经纪人的专业素养及职业操守。目前,上海二手房交易市场上的诸多不规范问题均与经纪人的经纪服务不规范直接相关。因此,进一步规范经纪人行为是规范二手房交易的必经之路。参照发达国家和地区的经验,我们建议进一步完善经纪人的注册管理制度。

一方面,应当规定所有从事房地产经纪服务的人员必须持有房地产经纪人职业资质。可适当降低发放职业资质的门槛,保证经纪服务从业人员质量,但相应地,应加强经纪人从业期间的持续资质管理。另一方面,加强经纪人注册备案信息公开,让客户能随时通过监管部门官方网站,查询到为其服务的经纪人的职业资格、过往业绩情况以及是否存在交易不规范行为、资格吊销等信息,利用市场对经纪人实施监管。

2. 建立第三方经纪人评分系统

目前,上海二手房市场服务经纪人的评分体系仅限于部分经纪服务机构的主动信息公开,尚无政府监管部门或行业协会运营的第三方平台作为更全面、客观、公正的信息发布渠道。事实上,客户的经纪人评分能够给予专业素养好、服务质量高的经纪人以积累和建立个人声誉的途径,鼓励经纪人长期从业,为经纪人的服务提供正向的反馈效应,有利于经纪人劳动力市场的健康发展,能够有效地解决因经纪人普遍从业时间短而造成的问题。我们建议,参考国内餐饮业和旅游业积极融入互联网时代的发展队伍,学习新加坡房地产经纪服务市场的经验,为上海的房地产经纪服务行业搭建类似的第三方评分系统。

3. 加大监管部门交易信息披露力度

在二手房交易中,个别经纪人利用信息优势吃差价、损害客户利益的问题,可部分归咎于非专业的二手房交易双方对市场价格信息缺乏充分了解。针对此类问题,我们建议政府监管部门积极主动披露二手房交易信息,让二手交易双方能够实时查询到宏观层面上最新的市场价格波动、交易活跃度以及微观层面上可比房屋的交易信息,从而更准确地估算标的房屋的价值。政府监管部门的信息披露能够通过降低非专业交易双方的信息成本,减少专业经纪服务人员的信息优势,与行业巨头争夺信息披露的权威地位,削弱大型经纪服务企业的信息垄断地位及操控市场情绪的能力,以确保市场预期的平稳。

4. 鼓励发展房源统一挂牌平台

美国MLS系统的启示是,如果能通过一个统一的房源发布和交易平台建立经纪人之间互利共赢的交易逻辑,那么诸如假房源、房源垄断、房源囤积等上海二手房交易市场面临的问题都可以得到切实解决。通过统一的交易平台,在优化交易流程、大幅提高二手房交易市场整体运行效率的同时,还可避免经纪人的恶意竞争给用户带来的不便和低效劣质交易。构建此系统的核心基础是公平公正的第三方权威机构主动服务市场。该机构需要至少满足以下三个条件:第一,对目前行业中活跃的主要经纪服务机构有强大的号召力,能够在房源共享上达成合作。第二,该机构需要在制度构建的初期与二手房交易市场的相关监管部门达成一致,搭建符合监管要求和相关规范的交易流程。第三,该机构需要有足够的财力及技术在信息系统开发上作出巨大的投入。系统开发和推广的难度不言而喻,但一旦成功,会给二手房交易市场的运行效率和规范带来质的飞跃。

5. 细化政府指导价,同时降低交易环节税

随着房产税立法的推进,二手房交易环节税将逐渐向持有环节税转型。国际经验表明,房地产持有环节税一般以评估价而非交易价格计税,一旦税制调整,那么二手房交易中通过做低交易价格避税的不规范问题将会迎刃而解。目前正处于从交易环节征税向持有环节征税的过渡时期,相关主管部门可通过进一步细化政府指导价的方式,解决二手房交易中利用"阴阳合同"避税的问题。具体而言,可依据更细化的房产区位条件、基本特征等制定差异化的政府指导价,拉开不同房产的指导价格差距。同时,指导价也应当随着市场宏观环境的变动及时更新,以挤压"阴阳合同"的操作空间。由于政府指导价的细化过程需要依赖住房价格的评估,与住房批量评估的技术相似,可为将来开征持有环节税打下基础。

第2章
上海住房租赁市场发展现状、问题与制度安排

根据《上海市住房发展"十四五"规划》,上海旨在建立"以住有宜居为目标,不断完善多主体供给、多渠道保障、租购并举的住房制度",筑牢住房民生保障底线,加强住房的精准供给、制度供给、服务供给和品质供给,进一步满足多层次、功能性、品质化的居住需求。

2.1 上海住房租赁市场发展概况

2.1.1 上海住房租赁市场发展背景

随着中国住房市场的完善和住房制度的深化改革,国内很多城市逐渐进入存量房时代。改革开放以来,城镇居民收入不断提高,对改善住房的需求和偏好不断发生改变,进一步使国内住房市场和住房租赁市场繁荣发展。2016 年国务院政府工作报告中首次提出"因城施策去库存,建立租购并举的住房制度",这意味着政府开始关注培育和发展住房租赁市场。随后,2018 年国务院政府工作报告提出要"培育住房租赁市场,发展共有产权住房",其目的在于解决部分想买房但没有购房能力的城镇居民的居住需求。

近年来,大量流动人口流入一线城市,导致一线城市的租房成本过高。租金高、租房难成为大城市房地产市场亟须解决的难题。为此,2021 年国务院政府工作报告中提出,坚持"房住不炒定位,解决好大城市住房问题,增加土地供应,规范长租房市场"。随后,2022 年国务院政府工作报告中提及"坚持租购并举",进一步说明国家重视培育和发展住房租赁市场。以上一系列政策文件都反映了中国对于培育和发展住房租赁市场的重视程度不断加深。

上海是较早注重培育和发展住房租赁市场的城市，随着房地产市场的完善和外来人口的流入，上海住房租赁市场也取得了迅速发展。

总体来看，上海在全国住房租赁市场培育中保持领先水平，住房租赁市场呈现繁荣稳定发展。上海住房租赁市场的繁荣主要归因于以下两个方面。

一方面，上海长期面临较为旺盛的住房租赁需求。作为特大人口城市，近年来，上海的人口长期处于净增长状态，城市居民租房需求不断增加。庞大的就业市场和较高的就业薪资使上海成为长期人口净流入城市。据统计，上海常住人口中，满足约 40.3%①的人口居住需求的方式是租房。此外，每年上海都有大量的大学毕业生留沪工作，住房租赁需求非常旺盛。据自如研究院数据显示：2020—2022年上海毕业生留沪率均超过 80%②，而 2022 年毕业生大约为 22.7 万人③。除了本市大学的毕业生之外，每年也有大量的外省毕业生来沪就业。

另一方面，上海较早重视改善低收入家庭住房困难问题，并实行持续性的扶持政策。早在 2007 年，为解决有购房意愿但无购房能力且符合条件的家庭的住房困难问题，上海发布了《上海市人民政府贯彻国务院关于解决城市低收入家庭住房困难若干意见的实施意见》，该意见进一步明确了城市低收入家庭的认定标准。此外，上海通过新建和改建集体宿舍、集体公寓，改善进沪务工人员的居住条件。上海较早地注重发展保障性住房，较早地提出有利于租赁住房市场发展的政策，为住房租赁市场提供了有利的市场环境。

另外，上海不仅较早地支持公共租赁性、保障性租赁住房，还多次进行政策扶持。例如，2021 年 8 月上海发文表示，在"十四五"规划期间要"重点发展租赁住房，坚持租购并举"。依照上海市住房发展"十四五"规划，预计租赁性住房的占比将增加至新增住房供应量的 40%，租赁住房超过 42 万套（间、宿舍床位），并协调发展保障性住房，在"十四五"期间新增供应保障性产权住房约 23 万套。从上海市住房发展"十四五"规划的内容来看，上海致力于快速发展住房租赁市场，改善城市居民的居住条件。

事实上，尽管上海住房租赁市场得到了快速发展，但面对流动人口和新增常住人口，供给不足、租金高依旧是上海住房租赁市场亟须解决的难题。为此，2021 年 8 月，上海在住房发展"十四五"规划，建立"以住有宜居为目标，不断完善多主体供

---

① 资料来源：前瞻产业研究院整理。
② 资料来源：中国新闻网，http://www.sh.chinanews.com.cn/loushi/2022-07-23/101555.shtml。
③ 资料来源：生活日报。

给、多渠道保障、租购并举的住房制度",同时,筑牢住房民生保障底线,加强住房的精准供给、制度供给、服务供给和品质供给,进一步满足居民的多层次、功能性和品质化居住需求。该规划的目标重点在于促进住房租赁市场的发展,进一步保障和改善民生,提高城市居民的幸福感。

2.1.2 上海住房租赁市场发展阶段和现状

1. 上海住房租赁市场的发展阶段

长期以来,上海房地产市场的发展一直处于"重售轻租"的状态,导致住房租赁市场一直发展缓慢。与国内住房租赁市场的发展阶段相似,上海的住房租赁市场也主要经历了三个阶段。[①]

(1)住房租赁市场发展雏形期(2009年之前)。该阶段造成住房租赁市场发展缓慢的原因主要在于经济发展水平有限、人口流动性较低及主要实行的住房分配制度。该阶段的政策侧重于培育和发展廉租房,旨在解决低收入家庭的住房问题。

(2)住房租赁市场发展推进期(2010—2015年)。该阶段人口规模达到两千万以上,住房租赁市场逐渐兴起。与此同时,该阶段出现了部分长租公寓品牌,但机构出租人的市场规模占比较低,市场中以个人房东、公租房为主。

(3)租房市场快速发展期(2016年至今)。住建部在该时期提出"租购并举",旨在加快租赁住房市场发展。在该阶段,企业纷纷进入住房租赁市场,逐渐开始培育和发展长租公寓业务,万科泊寓、CCB、龙湖冠寓等品牌也于该阶段创立。

2. 上海住房租赁市场发展现状

中国第七次人口普查数据显示,上海市常住人口为 24 870 895 人,其中外省市常住人口约为 10 479 652 人,占比 42.1%,因此租赁市场存在较大的发展空间和潜在的租金支出规模。据统计,截至 2020 年 5 月,约 10% 的上海市户籍人口和 85% 的非沪籍常住人口具有租房居住需求。总体来看,约一千万人具有租房需求。

从租房的房源情况来看,中小户型是 2020 年上海租赁住房的主要成交户型,其中一室户型、两室户型占比分别约为 52.65% 和 38%[②]。从数据上可以看出,租房者更偏好租赁小户型住房。

---

① 资料来源:作者参考了全国住房租赁市场的发展情况,归纳了上海的租赁住房的发展情况。

② 数据来源:联城行 RICS,前瞻产业研究院整理。

从租金方面来看,近年来上海住房租赁租金不断上涨,亟须监管部门进行规范和制度约束。图 2.1 是 2020 年 11 月—2021 年 8 月上海住房租赁房源租金指数及涨幅,可以看出租金呈现持续性上涨。由于住房租赁市场发展较晚,相关法律体系尚不完善,因此缺乏对相关品牌及个人涨价的约束,导致租金不断上涨,监管的缺失也导致租房者的利益受损。

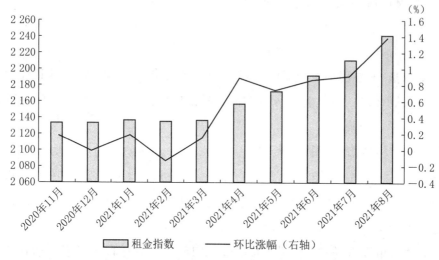

图 2.1　上海住房租赁房源租金指数及涨幅

资料来源:CRIC 城市租售系统,前瞻产业研究院整理。

从住房供给的占比来看,与住房销售市场相比,上海租赁住房供给占比一直较低,发展缓慢。住房租赁市场之所以发展缓慢,归根结底在于住房租赁盈利较难,且回本周期较长。当前,很多房地产企业开始重视住房租赁市场,然而融资成本高、投资回本周期长及运营成本高成为阻碍房地产企业投资住房租赁市场的三大困难。

从住房租赁主体占比来看,住房租赁市场以私有房东住房为主,机构租赁住房占比较低。当前,随着中国城镇化的不断推进,人口流动性日益加大,人们对于租房的需求不断增长。据相关数据显示,国内住房市场的供给仍然是零散化的,可出租房屋中来自个人出租住宅的占比接近 90%[①]。与全国数据类似,截至 2016 年,上海住房租赁市场供给主体中 90% 以上是个人房东,而机构占比不到 10%,且在机构出租的房屋中仅有三成是市场化租赁住房。这进一步说明,上海住房租赁市场专业化程度较低。

---

① 数据来源:2010 年的第六次全国人口普查数据。

　　机构租赁住房占比低导致了住房租赁市场的租房主体零散化问题突出、缺乏规范中介服务的问题。与全国一样,上海的房屋供给方多以个人为主,因此缺乏专业化和高品质的服务。从房屋档次来看,私人出租的住房类型多种多样,中、低、高端公寓及别墅并存,甚至还包括集体土地上的农民住房等多种类型,而机构出租人出租的住房主要集中在别墅、高档公寓等高端住房方面。除此之外,由于零散化出租,大量存在于城中村、城郊接合部及农村住房存在违法违章,挤占了合法租赁住房的市场空间。零散化和长期自发性的状态,导致住房租赁企业发展缓慢,市场占有率较低。近年来,虽然专业化住房租赁机构得到快速发展,但对市场的影响却仍较小。

　　此外,由于租房市场缺乏相关立法,承租人权益无法得到保障。近年来,随着住房供给市场的完善和人口流动的增加,越来越多的中国城市居民家庭通过租赁解决住房问题,但国内相关法律法规有待完善,涉及房地产管理、土地、租赁、住房、税收等方面的法律体系尚不健全,承租人在权益受到损害时无法得到法律保护。

　　另外,值得关注的是,中国住房租赁市场虽然存在准入条例,但是其对市场的影响微乎其微。在现实中,出租房屋的个人及企业并不会参照相应条例进行租房、缴税等,绝大部分住房进入住房租赁市场时,都未遵循相关管理办法的规定,政策和法规的落地性不够理想,导致住房租赁市场缺乏有效的管理。近年来,房东、房产中介出现了各种推诿和违约现象,如随意涨价、“黑中介”、不良二房东、维修问题、不退还押金等问题,甚至有的出租方以各种理由进行毁约,这都导致承租人权益得不到保障。

2.1.3　上海短租公寓发展情况

　　短租,顾名思义即短期租赁。当前,市场上用于短期租赁的住房形态,主要包括两种形式:第一种是民宿,该类型租赁是由单个房东提供租房房源而形成的住房租赁市场群体;第二种是短租公寓,该类型的房屋租赁多是由品牌企业租赁房源后再进行转租经营,或者是由房地产商开发后再进行运营租赁。

　　相较商业酒店不同的是,短租的标的更多的是普通住宅和酒店式公寓。近年来,随着旅游业的兴起,市场上出现了大量短租平台,如蚂蚁短租、小猪民宿、木鸟、美团民宿、游天下、一家民宿等。

　　近年来,很多二手房租赁平台通过与房东签订委托代理合同,对房东的房子进行转租,租房者则通过这些平台实现短期租赁。与此同时,上海酒店式公寓短期租赁业务也迅速发展起来,如斯维登公寓、格林公寓、第六感、城家公寓等。

此外,为引进海外人才,上海出台了一系列人才住房优惠政策,这些政策多是针对短租人才公寓。例如,2022年长宁区推出了短租人才公寓,用于缓解海归人才创新创业初期的住房需求;还制定了《留学人员回国(境)过渡期内租住人才公寓专项支持政策》,对人才政策和单位绑定进行解锁,借助市场化运作的人才公寓来提供房源。

2.1.4 上海长租公寓发展情况

1. 上海长租公寓的发展阶段

从时间维度来看,与国内长租公寓发展阶段类似,上海的长租公寓自2013年起萌芽,于2017年快速发展,再到2018年爆发式发展。2015年,国家提出大力发展住房租赁市场,住建部首次提出建立"租购并举"的住房制度,推动住房租赁规模化、专业化发展。很多企业纷纷进入住房租赁市场,据仲量联行2021年9月发布的《中国长租公寓市场白皮书》,截至2021年第二季度,上海存量长租公寓项目约290个,长租房源套数大约7.1万套,相较2018年增长大约103%。[①]然而,长租公寓快速发展的同时也暴露出一些问题,例如,2018年底,受"甲醛房""租金贷"等影响,长租公寓出现资金链断裂现象,很多企业纷纷"跑路";受新冠疫情影响,个别品牌企业拖欠房东房租,租客退租,导致企业资金链断裂,企业"爆雷",承租人维权困难。事实上,长租公寓的发展面临较大的资金链断裂风险,政策支持和资本介入是长租公寓繁荣发展的必要途径。

长租公寓的发展本质上是由供需双方的力量决定,城镇居民对安全、高品质住房的需求及稳定的住房投入,促进了长租公寓市场的繁荣。近年来,大学毕业生等流动人口是国内租房市场的主要组成部分,尽管随着城镇化进程的演进,流动人口增量逐渐放缓,但越来越多的年轻人因房价太高而选择租房。据统计,租房群体中有75%是90后群体。[②]与"不买房不结婚"的传统观念不同的是,年轻人开始在租赁住房里结婚。价值观的变化、旺盛的市场需求及"租购并举"制度的推进,使得长

① 仲量联行:2021年《中国长租公寓市场白皮书》。
② 前瞻产业研究院:《2020年中国住房租赁行业发展现状分析 租客年轻化高质量发展》,2020年12月14日,https://www.qianzhan.com/analyst/detail/220/201214-5609af4e.html。

租公寓的发展前景广阔。

2. 上海长租公寓的发展特点

仲量联行在 2021 年 9 月发布的《中国长租公寓市场白皮书》显示,上海长租公寓的存量项目主要分布在地铁沿线,大部分存量项目的选址满足了主要客户群的日常通勤需求,按照环线来看,上海 50% 的长租公寓存量(套数)位于外环外,内环仅占总房源套数的 10%。

截至 2021 年上半年,上海长租公寓市场租赁需求旺盛,平均出租率为 90.9%,每月平均租金为 158.6 元/平方米,其中,中高端长租公寓每月平均租金为 185 元/平方米,高于普通长租公寓的 148 元/平方米,但与传统高级服务式公寓每月 231 元/平方米的租金相比仍有一定上升空间。可以看出,上海长租公寓经过早期同质化扩张阶段后,长租公寓市场迈入精耕阶段,产品及租金呈现差异化。

长租公寓未来供应的土地来源主要有:租赁住宅用地(即 R4 用地)、普通商品住宅用地自持部分,以及存量改造。截至 2021 年中,上海共计出让 137 幅 R4 土地,可供建设 17.6 万套长租公寓。在已出让的 R4 用地中,90% 以上的地块竞得人为国有企业,其中上海地产、张江集团、上海城投等持有 R4 地块数量最多(见图 2.2)。同时,在已出让的 137 幅 R4 地块中,有五个地块项目合计约 5 000 套租赁住宅已经竣工并开始运营,预计其余将在未来几年陆续推向市场(见图 2.3)。①

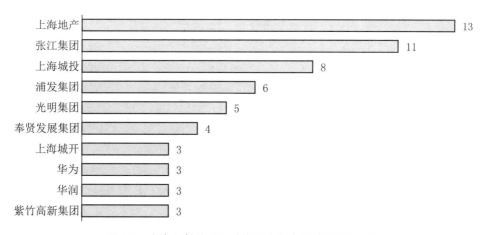

图 2.2　上海租赁住宅用地主要竞得人及持有地块数量

资料来源:CREIS,仲量联行(数据截至 2021 年第二季度)。

---

① 仲量联行:2021 年《中国长租公寓市场白皮书》。

图 2.3　已入市 R4 地块长租公寓项目

资料来源:仲量联行,2021 年《中国长租公寓市场白皮书》。

从已出让的 R4 用地中可以看出,外环以外的未来新建长租公寓套数占总新建套数的 60.2%,是未来供应的主要方向;其次为内中环间(22.4%)和中外环间(16.1%),而内环以内的供应套数极为有限,仅占总新建套数的 0.8%。此外,未来项目明显向大型租赁社区方向发展,尤其是外环外的未来项目平均单体体量高达1 463 套。

此外,根据仲量联行发布的 2021 年《中国长租公寓市场白皮书》预测,未来浦东新区和闵行区将成为存量最大的两个区,占全市总长租公寓房源的 42.4%。上海各区 2025 年长租公寓存量预测如图 2.4 所示。

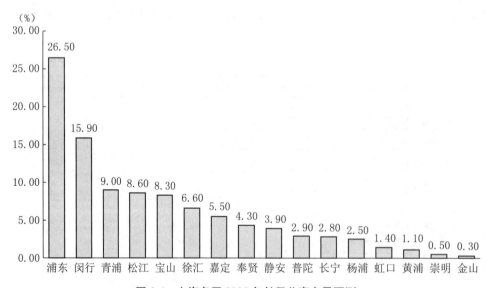

图 2.4　上海各区 2025 年长租公寓存量预测

资料来源:仲量联行,2021 年《中国长租公寓市场白皮书》。

2.1.5　上海新城住房租赁市场发展情况

1. 新城住房租赁市场的发展现状

解决大城市住房难问题和积极发挥大城市的带动作用,新城的发展和建设对于发挥上海的辐射作用具有现实意义。近年来,在省外流入人口以及毕业生数量持续增加的背景下,上海不断培育和发展新城,以应对外来就业压力和住房压力,而建立"多样化、高品质、强保障"的住房租赁体系也是超大城市新城发展的重要路径之一。

近年来,上海不断加强新城租赁住房的供应,大力推动规模化租赁社区建设。嘉定、浦东等区拍出的纯租赁住房地块和 15% 的自持租赁住宅地块绝大部分位于五个新城,并建设了一批较高品质的租赁住房。根据《上海市新城规划建设导则》内容,加大新城租赁住房供给,并且实现轨道交通站点周边 600 米范围内的新增住房以租赁房为主,可以较好地解决优质租赁住房总量不足问题。

此外,新城所在地多为区政府驻地,城市功能和人口基数较为理想,职住平衡程度较高,据调查显示约 70% 的就业人口在新城范围内居住。这一数据表明,职住融合是新城产城关系的重要特征。根据上海发展规划,截至 2025 年,五个新城常住总人口规模将达到 360 万人左右,到 2035 年将各聚集 100 万常住人口。按照发达国家人口租房比例 30%—60% 来看,五个新城将需要大约 50 万—100 万套住房。事实上,由于五大新城租金较低,很多人口倾向于在新城租房,因此将需要更多的租赁住房,新城理应具备更多的土地供给和租赁住房供给。

2. 新城住房租赁市场亟须解决的问题

上海致力于打造"租购并举、住有宜居"的新城,然而从新城住房租赁市场的发展情况和未来建设综合性节点城市需求来看,新城的租赁住房供给市场培育和发展中存在结构方面的匹配问题,不利于新城产业融合和综合性节点城市的建成。一方面,据 CRIC 城市租售数据统计显示,上海租赁住房供求比约为 1.4∶1,新城供求比更高,大约为 2.2∶1,然而高端品质的住房普遍缺乏。另一方面,优质住房租金较高,高端人才获得困难。据上海研究院统计,2020 年上海市中心城区、近郊区、远郊区的每月租赁住房均价分别为 90 元/平方米、60 元/平方米和 36 元/平方米,房屋整租价格(以 55 平方米测算)分别为 4 950 元/月、3 300 元/月和 1 980 元/月。同时,经过推算,靠近城市中心且交通便利的松江新城,整租价格已达到约 4 000 元/月。如果按照房租收入比 30% 来计算,承租人或家庭月收入需要超过

11 000 元,才可以相对轻松地承担在郊区整租住房的开支。租赁住房负担显然构成了很多新市民群体在新城居住的"隐性门槛"。过高的房租成本,与新城打造产权融合及综合性节点城市的发展规划相冲突,进而影响新城对企业和居民的吸引力。

此外,新城住房租赁市场作用的更好发挥,在建设和运营上依旧面临三个主要制约因素(顾玲玲,2021)。

(1)多元化与可负担性并存的租赁住房产品有待丰富。五大新城发展的定位在于构造综合性节点城市,然而综合性节点城市的发展势必要解决多样化的城镇居民需求,这主要是因为五大新城承载的群体更多是大学毕业生、蓝领工人及其他新市民群体,住房价格、住房位置和房型等需求存在差异,且缺乏具有可负担性的高品质租赁住房。例如,当前部分新建的租赁住房,具备较高的设计水平和品质,导致建成的租赁住房单位成本增加,继而增加租房者的负担。所以,在发展的下一阶段,新开发的租赁住房必须满足不同群体之间多元化、差异化的需求,同时注重可负担性,进而提高保障性租赁住房对中低收入群体的吸引力和保障。

(2)租赁住房建设运营主体发展的可持续性亟须加强。住房租赁市场是一项前期投资巨大、长期回本的过程,因此,住房租赁的盈利能力和运营能力,不仅对企业、政府当期项目成本的回收具有重要意义,还对未来项目的开发具有示范效应和现实意义。除此之外,新城新增了规模化社区,交付了大规模的租赁住房,提升项目运营能力和住房租赁市场的持续性迫在眉睫。

(3)"租售同权"等关键配套政策尚未突破。当前,部分城市开始推行"租售"同权政策,即租房和购房同等享受基本的公共服务权利,该政策的实行无疑会对住房租赁市场产生巨大的影响。而"租售同权"政策很难落实的一点在于,它虽然赋予了租房者和购房者同等享有受教育的权利,但在很多城市,特别是大城市,该政策的实施仍处于研究探索阶段,关键点在于难以突破公共服务资源的稀缺性,尤其是难以实现租房者和购房者子女受教育的平等性。

3. 新城发展住房租赁市场的政策利好

正如前文所述,上海为发展新城及住房租赁市场出台了一系列政策,推动了新城的不断发展。为更好促进新城发展和配合上海"十四五"规划发展,上海于2021年8月提出在嘉定、青浦、松江、奉贤及南汇五大新城的重要区域廊道上进行组团式发展,同时提出完善租售衔接、租购并举的制度,以及进一步发展中心城区的差异化购房、租房政策。事实上,为了发展五大新城,上海已经从人口扶持、人才引进、城市交通、租房及住房方面提供了相应政策支持。

依据《上海市城市总体规划（2017—2035 年）》规划,上海要在重要区域廊道上、发展基础较好的松江、嘉定、青浦、奉贤及南汇等五个新城,形成多中心、多层级、多节点的网络型城市群结构,争取培育成在长三角城市群中具有辐射带动作用的综合性节点城市和推动五大新城组团式发展。根据规划内容可以看出几点有助于新城住房租赁市场发展的政策利好,如表 2.1 所示。

表 2.1　五大新城住房租赁市场发展的政策利好

利好方面	具体政策内容
更旺盛的租赁住房需求	提高人口密度到 1.2 万人每平方千米; 新城常住人口由 228 万人增加到 385 万人
更便利的轨道交通	进一步加强主城区与新城联系,增强向外辐射能力,发展 9 条射线; 新城与主城区公交出行比例达到 80%; 枢纽之间时间缩短至 40 分钟以内
住房、租赁住房方面	建立租购并举、多渠道保障、多主体供给制度; 进一步推进人才安居,利用集体建设用地建设租赁住房; 提升政府、企业持有租赁住房比例,在轨道交通附近建立更多的公租房
新城具有更加便利的人才导入和人才引进政策	新城完善居住积分、落户政策,差异化吸收人才的政策; 进一步加大优秀青年人才和紧缺急需人才的引进,拓宽海外人才引进渠道; 探索中心城区差异化租赁政策,加强租售衔接、租购并举政策的落实

资料来源:作者根据《上海市城市总体规划（2017—2035 年）》整理。

2.2　上海住房租赁市场发展的问题及障碍

2.2.1　住房租赁市场管理体系有待完善

1. 相关法律法规不健全

从国家层面而言,住房租赁市场发展比较晚,因此相关法律法规不健全,承租人的权益无法得到保障。正如前文所述,国内住房租赁市场的准入管理形同虚设。尽管《商品房屋租赁管理办法》对租赁市场的准入作了规定,但绝大部分住房进入租赁市场时,都未遵循该管理办法的规定,政策和法规的落地性不够理想,导致市场缺乏有效的监督管理。在住房租赁住房市场中,存在大量"黑中介"、不良二房东问题,导致承租人的权益得不到有效保障。同时,涉及住房租赁市场的法律法规尚待完善。

　　总体来看,中国有关房地产市场的法律对住房租赁市场的约束不明确。《中华人民共和国民法典》(以下简称《民法典》)、《中华人民共和国城市房地产管理法》(以下简称《城市房地产管理法》)、《商品房屋租赁管理办法》(以下简称《租赁办法》)是中国涉及住房租赁管理的相关法律法规。《民法典》第三编第十四章"租赁合同"对住房租赁合同的成立和生效作了一般规定。《城市房地产管理法》第五十三至五十六条对出租人和承租人的权利义务及租赁登记备案作了规定。但现行法律对于住房租赁的规定多是原则性规定,内容较为概括、缺少可操作的具体规定,难以为住房租赁市场的管理提供有力支撑。例如,《城市房地产管理法》规定了租赁登记备案制度,但对于租赁当事人而言,租赁登记备案与否,并不影响合同效力。登记备案的效力在相关法律法规中没有明确,这直接影响了政策实施效果,使得登记备案制度"形同虚设"。

　　目前,住房和城乡建设部门主要通过《租赁办法》管理租赁市场。《租赁办法》作为住房租赁领域的专门立法,确定了房屋租赁登记备案、房屋出租标准、承租人优先购买权、买卖不破租赁等住房租赁市场基础制度。《租赁办法》在规范发展住房租赁市场方面具有一定意义。然而,在住房租赁市场迅速发展的过程中,不断有新的问题产生:部分住房租赁企业采取"高进低出""长收短付"等方式,资金链断裂导致企业"爆雷",严重损害承租人权益;出租人随意上涨租金、解除租赁合同、驱赶租客等问题不断涌现;租赁住房环境质量、消防安全等问题频发。这都严重侵害了承租人的人身健康和财产安全。事实上,《租赁办法》作为部门规章,依旧存在管理范围狭窄、法律约束力不够、管理手段有限的问题,很难真正适应住房租赁市场发展的需要。

　　尽管住房和城乡建设部就《住房租赁条例(征求意见稿)》于2020年9月向社会公开征求意见,试图从明确租赁双方权利义务、加强住房租赁服务与监督、推动形成稳定租赁关系、促进发展住房租赁市场等方面推动住房租赁市场的法治化进程。但由于诸多原因,《住房租赁条例》尚未出台。因此,目前国家住房租赁立法进程相对滞后,住房租赁市场法律体系的顶层设计尚未形成。

　　2. 地方立法不足且滞后

　　地方有效立法不足是各城市住房租赁市场面临的共性问题。2016年,国务院出台《关于加快培育和发展住房租赁市场的若干意见》(以下简称"39号文")。2019年,北京、上海等24个城市先后开展中央财政支持住房租赁试点,中央计划三年下发600亿元资金支持住房租赁市场发展。各城市在土地、财税、金融等方面加快住房租赁市场发展,但在立法层面仍然相对滞后。地方城市的住房租赁市场立法普遍存在以下两点问题：

（1）立法不够完善。仅北京、上海、深圳和郑州这4个城市出台了住房租赁的条例，北京和上海等12个城市出台了住房租赁管理办法或者管理规定。

（2）立法进程滞后。39号文出台后，目前只有北京、南京、广州三地修订或出台了住房租赁市场的专门立法。与此同时，自2020年至2022年，广州、南京、北京颁布了《广州市房屋租赁管理规定》《南京市房屋租赁管理办法》和《北京市住房租赁条例》，颁布的多为条例及规范，而不是法律。

3. 住房租赁市场管理混乱

第一，当前住房租赁市场存在管理混乱和权力责任不清的问题。仅依靠住房管理部门监管，可能存在监管不到位等问题。因此，将租赁纳入综合治理、完善基层治理体系有助于落实住房租赁市场的主体责任，以便更好地监管市场。事实上，在城市的城中村、城市郊区交界处存在大量的违法违章建筑，该类建筑常被用于租赁，而这种不合法的住房阻碍了合法住房租赁市场的发展。

第二，住房租赁市场缺乏闭环管理。除了完善住房租赁市场的责任主体之外，还应明确各级部门在租赁市场的管理职责，这样做的目的在于完善住房租赁市场治理网，有助于形成该市场的闭环管理。

第三，住房租赁市场的管理手段有待进一步完善，特别是信息平台、租赁企业、租赁住房合同方面缺乏监管。当前信息发布平台普遍存在虚假房源的问题，尽管上海市出台了一系列法规条例，但依然需要规范房源信息发布、明确信息报送义务。同时，应加强对租赁企业的管理，目前市场主体登记、信息查验、安全保障、信息发布、押金监管等都存在不规范的问题。除此之外，租赁住房缺乏明确的出租条件和管理运营标准，租赁合同也存在不规范的问题，因此需要明确出租条件和加强网签备案。

第四，承租人的权益也难以得到保障。2020年长租公寓"爆雷"事件发生，很多房东越过中介，直接赶走承租人，但承租人已经通过合同签订的形式把房租款项汇入中介账户。由于资金链断裂，承租人权益得不到保护。因此，理应完善保护承租人权益的相关法律法规，避免承租人权益受到损害。同时，当承租人的权益受到损害时，相关部门理应在法律途径之外开通更为有效的途径和解决渠道，如开通诸如承租人权益保护热线，以便更好地保护承租人的权益。

第五，对住房租赁企业的监管有待进一步完善。当前住房租赁市场缺乏专业、规范的中介服务体系。与国内住房租赁市场一样，上海住房租赁市场普遍存在可供出租的房屋质量参差不齐、政府监管缺失、中介违反规定、承租人权益受损等问题。近年来,住房租赁市场频繁出现"爆雷"事件,除了企业自身资金链断裂、管理润盈、抗风险能力弱等原因之外,更重要的是市场缺乏监管。因此,可以要求严格登记注册,从事转租业务或者租售业务的企业必须严格履行登记注册业务等。同时,进一步加强对租金和押金的监管,以降低资金池风险。事实上,押金超过一个月,或者租金超过三个月的,理应纳入相应监管。对于存在的租金贷问题,也需要加强审核监管。

4. 住房租赁主体管理制度有待完善

《上海市居住房屋租赁管理办法》规定,出租人出租房屋供他人居住,居住使用人达15人以上或者出租房间超过10间的,房屋出租人应落实安全管理职责,建立信息登记簿或登记系统,向公安机关部门备案。此办法要求加强管理,将人员信息在公安部门备案,却未要求二房东进行工商登记。与个人出租投资住房的行为不同,二房东的租赁行为是一种经营行为。在住房租赁市场上,一些小规模的二手房东存在恶劣的租赁行为。应修订相关法规,要求具备一定规模的二房东进行工商注册登记,缴纳税金,并接受监管。

5. 住房租赁机构信誉体系有待建立

由于住房租赁牵涉主体较多,对社会影响较大,应进一步加强住房租赁行业的自律,建立更加完善的住房租赁机构信誉体系。同时,对违反相关法律、法规和行业自律规范的行为,应予以公示,同时进行惩罚。此外,住房租赁机构信誉理应与信贷机构挂钩,以便进一步加强政府和金融机构对住房租赁机构的监管,并及时向社会公众发布风险提示。

6. 租赁住房装修和环保标准依然缺乏

随着租房人群的年轻化,90后、00后成为租房的主要群体,其对租赁住房的要求越来越高。但供给层面上,私人供给的租赁住房往往存在装修差、缺乏装修、设施老化、配套差、维护欠缺的问题。这使得租客不仅面临高昂的租房成本,而且还面临低劣的住宿环境,不利于租客的身心健康和生活品质。机构化供应的租赁住房大多是先装修再出租,但这些租赁住房的装修品质不高,普遍存在使用非环保装修材料的情况。

租赁住房装修标准的建立有利于提高租户生活品质,租赁住房环保标准的建立有利于租户的身心健康。因此,上海需要进一步加快上述标准的制定,引导房东及住房租赁机构进行装配式装修。

装配式装修给房东及住房租赁机构带来好处主要包括:环保、统一标准、装配精细、成本节约和施工迅速。一般情况下,装配式装修会提前在工厂按照房屋结构标准生产好装修部件,房东及住房租赁机构只需在现场进行组装即可。近年来,在国家政策的支持下,国内装配式装修行业也得到了快速发展。引导装配式装修不仅可以较好地解决装修时间与环保质量之间的矛盾,还可以为住房租赁机构节约经济成本。

目前,少数长租公寓企业已开始尝试装配式装修,甚至组建了自己的装配式装修企业。上海应加大对采用装配式装修的住房租赁机构的财税政策支持力度,引导住房租赁机构积极采用装配式装修,推进租赁住房的节能化和环保化(祝雨,2022)。

2.2.2　住房租赁市场服务机构占比低

住房租赁市场普遍存在零散化供给问题,缺乏专业、规范的中介服务。据首钢基金万物研究院的调查数据显示,上海住房租赁房源供给主体中以个人房源为主,机构品牌房源占比约为10%。事实上,上海提供租房服务的机构主要是自如、链家等,该类企业通过与房东签订契约,对住房进行装修,然后以较高的价格租给承租人。该类机构相比个人房东更加专业,服务更加完备,但存在比例一直较低。在住房租赁市场中,品牌机构不仅能够保证租客享有稳定的租赁服务,还能提供配套的增值服务。

总体来看,住房租赁市场发展较晚,相关法律不健全、企业机构经营占比较低,因此房东自发性的租房状态是住房租赁市场的常态。近些年,尽管专业化住房租赁机构不断兴起,但其支配的房源极其有限,导致住房租赁市场的整体服务水平较低。

与此同时,住房租赁市场上存在大量的二房东和规模较小的机构,服务简单、基础,租客的租赁体验较差。六成以上的分散式公寓为机构或个人二房东代理的散租房源,未经注册的个人二房东成为房源供给的重要力量。个人二房东追求单个房源的利益最大化,随意改变房屋结构进行群租,私拉电线,埋下各种安全隐患。小微机构为提高房源周转效率,压低空置成本,往往缩短装修入住周期,让租客租住"甲醛房"。另外,相较于品牌机构的运营成本,个人二房东和小微机构经营成本低,普遍存在偷税漏税行为,还经常以低于市场价的价格吸引租客,引发不正当竞争,影响行业的健康发展(祝雨,2022)。

除此之外,市场上的住房租赁机构主要分为两类:一类是独立创造品牌的企业,企业看准市场时机,依靠经验及能力,吸引资本注入;另一类是具有行业相关背景的企业创造的品牌衍生企业,如房地产开发商、房产中介以及酒店,这一类企业资金实力较强,拥有丰富资源。在这两类机构经营过程中普遍面临以下两点问题。

(1)融资成本偏高且融资困难。随着政策利好及超大城市的人口红利,上海住房租赁市场得到迅速发展。对于借助与个人房东签订协议进行转租的企业而言,轻资产运营是该类企业运营的主要模式。然而,与传统的房地产开发商进行租赁业务相比,轻资产经营发展模式不利于该类企业进行贷款抵押融资等,由于房屋的使用权和所有权分离,难以获得抵押贷款,导致融资渠道狭窄。

(2)租赁住房项目建设面临较大资金链断裂风险。近年来,公寓的发展资金来源主要是私募和风投,但是基金等通常要求回报收益高、投资周期短,这使得部分机构融资成本加大,且行业一旦出现不稳定因素,资金就会被快速撤回,使租赁企业面临较大的风险。近三年受疫情的影响,公寓不能够正常运营,也直接降低了行业的市场价值。

事实上,住房租赁市场发展方式粗犷,每个品牌企业都希望通过扩大市场规模的方式实现垄断。然而,不计成本的扩大规模的代价就是资金链可能出现断裂。要想发展好住房租赁市场,一方面需要加强政策监管,另一方面还需要多渠道支持。

2.2.3 "租售同权"等政策落实不足

1. "租售同权"未真正落实

"租售同权"的本质是赋予住房持有者和租客相同的基础公共服务,尤其是子女平等享有就近上学的资格。然而,政策设计的初衷较为理想化,需要各个部门积极配合。如果部门之间缺乏配合,那么"租售同权"就难以落地。显然实现"租售同权"不仅事关住建部门,还涉及教育部门、民政部门、公安部门等综合部门,需要众多部门之间的协调与配合。

事实上,在"租售同权"这个概念里最重要的事情是获得教育的机会平等。虽然国内很多城市开始实行"租售同权"政策,但在很多优质学区,该政策的实现难度较大。因为好的学区人口密集,适龄上学儿童较多,租房者子女难以进入该类学校上学,子女的受教育权利无法保证。因此,解决"租售同权"问题,首先要解决租房者子女可以平等获得的教育机会的权利。

2. 租赁期限存在过短问题

据统计，上海由住房租赁机构出租的房源占比约为 10%，这与美国 54.7%、英国 66%、德国 48%、日本 83%、法国 71.2% 的比例相比，明显偏低。上海更多的房源出租是由房东个人进行出租的，相比机构出租，其合同规范性和租赁期限很难得到保障，存在房东不遵守合同规定等问题。更重要的问题在于，房东或者机构经常提高价格，或者缩短租期，导致租房者的利益受损。此外，应该在房东和租房者之间建立更加长期的关系。家庭出租住房平均租期不足 1 年，与德国 11 年、日本 5.2 年、英国 2.5 年的租期相比，明显偏短。租赁关系不稳定性的增加使得许多青年人和新市民的长期租赁需求得不到满足。

3. "租售同权"应体现在法律中

正如前文所述，实现"租售同权"政策最难的地方在于保障租房者子女受教育的平等权利。因此，实现"租售同权"的前提和必要途径是通过立法的形式加以明确。首先，立法的内容需要明确租赁双方相关的权利及义务，建立租期和租期更加稳定的关系，进一步保护租房者及房东的权益，逐步使租房居民在基本公共服务方面与买房居民享有同等待遇。其次，通过立法实现基础资源平权，租房者也可以获得与住房相关的户籍、学籍等权利，进一步实现租赁双方平等，取消不必要的条件限制。从这层意义上来看，"租售同权"也是让房子回归居住本质、实现资源平等的根本措施。

2.2.4　"职住不平衡"问题突出

依据 2015 年 1% 人口抽样调查数据，吴瑞君等（2017）测算出上海"职住不平衡"问题突出。从表 2.2 的通勤流动率来看，全市跨区通勤流动率分别为中心城南区 168.10%、中心城北区 99.96%、近郊区 45.61%、浦东新区 33.8%、远郊区 19.82%。整体来看，呈现出城市中心到边缘梯度下降的情况。通过表 2.3 可以看出，上海净流入人口最多的区域是中心城南区，存在较为严重的"职住不平衡"问题。其中 LR_i（住在人员分离率）是指居住在 i 区域的就业人员中职住分离（通勤流出）人员的占比，WR_i（职在人员分离率）指就业于 i 区域的人员中职住分离（通勤流入）人员的占比。PC_i（净流入率）和 TC_i（总流动率）在计算时均以居住在 i 区域的就业人员为分母，分别反映区域 i 的通勤净流入（净流出）强度的大小，以及区域 i 的总通勤流动强度（通勤流入与流出强度之和）。

表 2.2　2015 年上海全市跨区县职住分离情况

区　　域	职住比	职住分离率（%）		通勤流动率（%）	
		LR_i	WR_i	PC_i	TC_i
中心城南区	1.70	49.3	70.09	69.50	168.10
中心城北区	0.86	56.75	49.98	−13.55	99.96
近郊区	0.89	28.44	19.35	−11.27	45.61
浦东新区	·0.99	17.19	16.70	−0.59	33.80
远郊区	0.95	12.22	7.97	−4.62	19.82

资料来源：吴瑞君、朱宝树、古芷欢：《上海市就业人口的职住分离和结构分异》，《中国人口科学》2017 年第 3 期。

表 2.3　2015 年上海全市跨区县通勤流动人员流向矩阵　　　　（单位：万人）

	中心城南区	中心城北区	近郊区	浦东新区	远郊区	区内就业
中心城南区	22.50	10.26	8.96	11.01	2.81	57.52
中心城北区	39.82	24.93	15.00	18.61	2.97	77.03
近郊区	37.10	26.55	8.27	14.03	8.50	237.84
浦东新区	25.91	12.33	7.74	0.00	4.17	241.58
远郊区	8.52	3.07	17.06	4.79	6.19	284.11

资料来源：吴瑞君、朱宝树、古芷欢：《上海市就业人口的职住分离和结构分异》，《中国人口科学》2017 年第 3 期。

2.2.5　长租公寓运营模式仍需探索

2016 年以来，在政府鼓励"规模化、专业化住房租赁企业"发展的背景下，多家长租公寓企业成立并快速发展，对住房租赁市场形成了较大影响。在"隔断间"乱象和"甲醛超标"等巨大争议声中，长租公寓在 2018 年迎来了发展高峰期。然而，2019 年起，长租公寓频频"爆雷"，出现资金链断裂、无法继续经营的问题，可见其运营模式仍需探索。

北京、上海、杭州、深圳等多地发生了房东断水、断电、换锁、驱赶租客等情况，甚至出现一些社会不稳定的风险。回顾 2020 年"爆雷"事件，很容易看出长租公寓出现问题的主要原因在于以下几点：首先，公寓运营方提供的月付或季付租金的选项，实际上是让租客和金融机构签订租金贷协议，金融机构把年租金一次性给予公寓运营方，租客再分期给金融机构还款，即"长租短付"。其次，为了快速扩大市场、形成垄断，公寓运营方借助大量从私募基金融资和上市融资获得的资金，以及金融机构基于租客信用提供的租金贷，采取"高进低出"的策略。再次，公寓运营方为了打造品牌,给租户很多补贴,实际上成本很高,利润微薄。最后,2020 年初,新冠肺炎疫情暴发,租客数量骤减,公寓运营方资金回笼出现了困难,这种模式潜在的风险陆续被触发。

2.2.6　公共租赁住房相关问题

公共租赁住房(以下简称"公租房")主要在"十二五"期间发展起来,是国内"四位一体"住房保障体系中的重要组成部分。上海市住房"十四五"规划旨在不断完善住房市场体系和住房保障体系,加快培育和发展住房租赁市场,有效盘活存量住房资源,进一步扩大城市租赁住房供给。近几年来,各个城市响应国家号召,加快建设公租房,上海也作为第一批发展公租房的重要城市,对公租房建设进行了很多尝试和探索。上海出台了《上海市发展公共租赁住房的实施意见》和《市筹公共租赁住房准入资格申请审核实施办法》。公租房建设目的在于切实满足保障群体的居住需求,提供保障群体宜居的住房环境,实现及促进社会包容与和谐发展。因此,住户作为公租房使用和保障的对象,其对公租房建设的评价是公租房相关研究的重要环节。该部分根据对上海公租房的情况进行梳理,发现关于公租房的发展问题主要集中在以下几个方面。

1. 总供给占比较低

截至 2020 年底,据 CRIC 城市租赁系统统计,上海累计供给公租房大约为 15.2 万套,目前有 21.1 万户家庭正在使用,但是上海轮候排队的依然有上万人。事实上,还有很多没有排队但需要保障的家庭,可见,上海公租房供给是不足的。

2. 地区发展不平衡

与此同时,据 CRIC 城市租赁系统数据显示,上海公租房呈现各地区发展不均衡现象,从数据来看,上海市公租房房源供给总数差别大,浦东新区、长宁区房源超过 5 000 套,分别排列第一、第二位;静安区、崇明区、金山区筹建公租房仅约 1 000 套。总体来看,存在区域间的供给与需求之间匹配不平衡的问题,表现在人口稠密、租房需求旺盛的主城区公租房相对较少,难以满足需求,主城区存在排队等号的问题,而在宝山区、松江区、崇明等郊区的很多公租房却被空置,不需要排队。与此同时,从市筹公租房项目来看,徐汇区、普陀区、浦东新区、杨浦区和闵行区的公租房项目集中为只租不售,各个行政区房源平均为 2 000—5 000 套。近几年,为了发展临港新片区,市筹公租项目多为"先租后售",主要分布在临港松江科技城、南桥科技城以及临港浦江国际科技城等产业区,体量较大。

3. 进入门槛比较高

公租房设计的初衷是解决城市低等收入群体的住房问题,在实行过程中,却较多地面向特定单位群体,这导致很多个人,或者真正有需求的人申请难度较大。这主要是因为公租房更多地倾向于向符合条件的单位开放,因此单位租房比例较高,针对个人开放的房源较少。从租赁的单位集中程度来看,主要是事业单位、政府部门和国企。

4. 供给需求存在矛盾

租房者需求与公租房设计初衷可能存在冲突。首先,公租房设计的目的在于保障低等收入群体的租赁住房需求,房屋质量可能较差。同时据调查显示,租户主要是中高收入和高学历的 80 后群体,并且人员结构更多以上海户籍为主,占比约为 65.6%。其次,尽管从整体来看,租户对住房比较满意,认为住宅空间面积分配合适、布局合理,整体通风、采光、保温隔热物理性能良好,适合三口之家居住,但仍然存在提供户型可能与主要家庭结构不符的情况。当前户型多为一室户等,然而在调查中发现,租房者的家庭结构主要为三室同堂,其次才是核心家庭、单身青年、年轻夫妻等人员构成,公租房难以满足租房者的需求特征(诸梦杰等,2022)。

5. 运营管理存在差距

根据相关调查,各项目运营管理水平存在差距。运营期是公租房盈利产出的重要阶段,该阶段最能反映各个公租房项目的管理水平。根据项目案例梳理发现:第一,不同项目运营成本差距较大,甚至相差近七倍,数据显示最高运营成本和最低运营成本分别为 563.23 元/平方米和 81.65 元/平方米。第二,不同项目之间商业、停车及其他收入占总收入比例差距较大,有的项目高达 17.01%,有的则没有商业收入。第三,租赁收入+综合收入分摊到单位面积,最高和最低单位面积收入分别为 623.21 元/平方米和 206.58 元/平方米。第四,从年收入占总建设投资占比来看,公租房项目初始投资回本周期较长。所有搜集案例这一指标在 2.73%—4.69%之间,也就意味着初始投资回收期在 21.3—36.6 年之间。从以上指标比较情况来看,各案例差异明显,投入产出的绩效各不相同,这说明各个公租房项目在经营管理水平上存在不小差距,有很大的提升空间(周金龙等,2021)。

6. 评价指标体系缺乏

上海公租房建设、运营、供给整个生命周期,目前仍然缺乏较为合理、统一的考核体系,这导致公租房项目、运营机构,无法采用相同的会计核算方式、经济评价标准,会出现相反的评价结果,较难真实反映企业经营状况,阻碍了公租房的良好可持续发展。因此,政府应该组织相关机构,制定一个统一、合理的产出评价考核指标体系,以便对各个公租房项目进行评价考核,反映其实际运营情况,指导公租房企业实现投入产出平衡,推动公租房项目健康持续发展。

2.2.7　保障性租赁住房发展困境

1.供给需求存在矛盾

保障性租赁住房供给设计的目的是解决青年、新市民住房困难的问题。如果保障性租赁住房的设计依旧参考公租房的设计标准,那么显然不符合青年人和新市民住房的差异化需求。目前,上海保障性租赁住房与青年人的需求可能在以下几个方面存在矛盾:第一,难以达到拎包入住要求,保障性租赁住房居住环境差,项目设备老旧,少有项目配备冰箱、洗衣机等基础家电。第二,保障性租赁住房难以满足青年人的居住需求,例如,青年人希望保障性租赁住房拥有三个基础设施:公共洗衣房/晾晒区、健身房和 24 小时便利店,但目前却无法被满足。第三,当前的保障性租赁住房配套设施中缺乏类似星巴克等设施的配置,无法满足租户对品质生活的追求(冯文心、诸翰飞,2022)。第四,许多新建的租赁住房尺寸标准参差不齐,公共区域缺乏模块化设计,建筑耗能较高且电动车等充电设施配给不足(邱田等,2022)。

2.新增供给难度较大

保障性租赁住房供给新增难度大,主要原因是其盈利模式导致保障性租赁住房回本周期较长,因此保障性租赁住房建设进展较为缓慢。在现实中,保障性租赁住房的供给主体虽然是由政府主导,但是主要供给群体还是开发商。然而,保障性租赁住房盈利的方式就是收取廉价的房租,不管是政府还是开发商都面临着回收本金问题,这一问题进一步为保障性租赁住房的供给增加带来了难度。因此,保障性租赁住房的发展必须发挥政府的主导作用,主要包括政府在资金支持、土地规划、土地出让、税收及其他方面的政策优惠。

3.质量管理亟须加强

近年来,政府建设了大量的保障性租赁住房,并投入了大量资金。尽管政府出台了相关监管工程质量的文件,但"缺监理""瘦钢筋"和"低标号"等问题普遍存在。同时,根据相关调查,入住人群普遍反映存在层高低、隔音差、内部装修用料差、墙体易渗漏、外墙易脱落等问题。保障性租赁住房建筑品质普遍低于普通商品房住宅项目。

4.服务水平仍然较低

与普通商品房相比,保障性租赁住房面临更集中的住户,小区存在更高的流动性、密集性,需要更多的人员进行管理服务工作。同时,在居住阶段维修、住户信息登记等方面也需要更多的工作人员,因此保障性租赁住房应该投入更多的物业管理人员、设备及物业管理资金。然而,目前保障性租赁住房服务与租房规模、租客服务需求增长不匹配。一方面,物业人员配备不足、管理水平低、管理机制比较滞后问题长期存在。另一方面,"90后""00后"等新青年群体对租房服务、物业服务等的需求层级也进一步提升,因而难以满足保障性租赁住房的当期需求和新的服务需求。

借鉴国外和其他城市的经验,上海在促进保障性租赁住房发展时理应考虑以下几点重要问题及障碍。

(1)融资问题。保障性租赁住房回本的方式主要是依靠租金,回本周期较长。不管是政府主导保障性租赁住房还是房地产开发商主导保障性租赁住房的开发,都需要首先考虑融资问题,在项目执行过程中,政府及房地产开发商应尽量保证资金来源的持久性和稳定性。

(2)邻里互动问题。邻里互动是保障性租赁住房发展向高质量转变的重要标志和基本要求。保障性租赁住房在设计之初,不仅要解决城镇居民的保障问题,还要关心入住群体的可持续发展。在国际上,保障性租赁住房邻里互动设计较好的案例是纽约市,其保障性租赁住房发展的策略设计从制度、法律、政策和税收等方面全方位保障住户的权益。为促进邻里互动,保障性租赁住房居民区应注重改善居住区环境及步行区设施。同时,保障性租赁住房在设计之初,应该充分考虑城市规划、就业培训、产业发展及公交配置问题。

(3)职住平衡问题。由于很多办公写字楼、CBD等很多都集中在市中心,保障性租赁住房的选址不可能完全解决职住失衡问题,所以保障性租赁住房在建立的时候,应该更多地靠近地铁站。另一方面,保障性租赁住房和公租房在建设的过程中或者在产业区规划的过程中,更应该重点考虑与周边产业区的距离。同时,在空间规划、土地政策支持方面,上海应该将保障性租赁住房布局在商业商务功能发达区域、产业集聚区域和交通及生活便利的位置。因此,在对保障性租赁住房的位置选择上,应该充分考虑交通的通达性、空间的布局,以更好地促进职住平衡,进而为新市民和青年人创造良好的生活环境,向"生态之城""幸福之城"迈进。

(4)专业性服务及居住品质需求问题。保障性租赁住房、公租房缺乏专业性服务和居住条件低质量的问题,因此在运营过程中,应更加注重租赁住房的品质和服务过程的专业性,以满足"90后""00后"的品质需求,进而提高租房者的幸福感。

(5)市场房源供需结构矛盾问题。住房租赁市场和住房销售市场的受众群体存在较大差异,很多城镇居民租房的目的通常是一种过渡性安排。因此,租房者更偏好一室户、两室户等小户型房屋,这与住房市场供给的三室户等房源不匹配。当前,市场上多是两室、三室户,房源供给过剩且价格过高;现有的一居室等小户型房源老旧不堪,缺少装修的必要准备。因此,市场应加快装修品质较好的中小户型的供应。

　　公租房、保障性租赁住房建设的目的在于改善低收入群体的居住条件,而低等收入群体也普遍把公租房及保障性租赁住房作为过渡期的选择。因此,公租房、保障性租赁住房的建设品质等应该低于普通商业房,以免被非目标群体套利式承租。目前市场上很多公租房、新建市场化的租赁住房,建设及设计品格高,出现对象错配。很多公租房普遍出现中产化倾向,失去了保障低收入群体的目的。

2.3　上海住房租赁市场培育和发展的政策梳理和重大举措

2.3.1　上海有关住房租赁市场培育和发展的政策

　　住房租赁市场作为房地产市场的重要组成部分,由于起步晚,发展相对滞后,长期处于被忽视的地位。近年来,为顺应国际大都市住房发展规律和保障居民住房需求,上海积极深化"四位一体"的住房保障体系,完善租购并举的住房体系,健全房地产行业健康平稳发展的长效机制,并在住房租赁市场的培育和发展中出台了一系列政策。表 2.4 对这些政策进行了简单梳理。

表 2.4　近年来上海关于住房租赁市场培育和发展的政策

发布时间	政　　策	主要内容
2007 年 12 月	《上海市人民政府贯彻国务院关于解决城市低收入家庭住房困难若干意见的实施意见》	首次提出要"加快健全住房租赁机制","对暂无购房能力或购房意愿、符合规定条件的家庭,鼓励其通过租赁渠道改善居住条件";"改善来沪务工人员的居住条件。要按照'政府主导、统筹规划、单位负责、市场运作'的原则,新建和改建一部分集体宿舍和集体公寓,定向出租给来沪务工人员"
2009 年 8 月	《关于单位租赁房建设和使用管理的试行意见》	对利用单位(园区)自用土地建造人才公寓、职工宿舍以及利用农村集体建设用地建造公租房的行为予以鼓励和规范,即单位租赁房
2010 年 9 月	《关于本市发展公共租赁住房的实施意见》	正式提出要在全市范围内,积极推进公租房工作

（续表）

发布时间	政　策	主要内容
2010 年 10 月	《关于切实推进本市公共租赁住房工作的通知》	要求各区县认真制订公租房的发展规划和实施计划，鼓励有条件的单位（含经济、科技、产业等园区）发展单位租赁房，引导建立公租房先行试点
2010 年 11 月	《关于实施本市保障性租赁住房承租人户口和居住地服务管理的若干意见（试行）》	上海市农业户口承租人可凭保障性租赁住房所在地的区（县）住房保障房屋管理部门出具的保障性租赁住房承租人户口迁入意见书及其他材料，申请将户口迁入保障性租赁住房所在地公安派出所设置的"公共户"
2010 年 12 月	《本市公共租赁住房项目认定的若干规定》	公租房的项目主要包括国有土地上的新建项目、农村集体用地上的新建项目、改建的公租房项目、收储的公租房项目、转化的公租房项目等
2010 年 12 月	关于印发《贯彻本市发展公共租赁住房的实施意见的若干规定》的通知	特别是对申请公租房的承租人准入条件、居住面积等进行了详细规定
2011 年 7 月	《上海市居住房屋租赁管理办法》	对上海市房屋租赁进行了全方位的规制，包括对管理体制、租赁双方当事人权责、租赁合同规范、租赁合同备案登记等进行了详细规定
2012 年 8 月	上海市人民政府转发市规划和国土资源局等七部门《关于积极推进利用农村集体建设用地建设租赁住房的若干意见》	为解决外来务工人员的房屋租赁问题提供了政策依据
2013 年 9 月	《关于本市廉租住房和公共租赁住房统筹建设、并轨运行、分类使用的实施意见》	对上海市的廉租房和公租房进行并轨，统筹建设、并轨运行、分类使用
2014 年 3 月	《关于做好公共租赁住房续租工作的通知》	就上海市公租房在租赁合同期满后的公租房承租人、居住使用人准入资格的重新审核及续租工作进行了规范
2016 年 4 月	《上海市共有产权保障住房管理办法》	上海的共有产权房从经济适用房概念中独立出来，同廉租房、公租房、征收安置房一起构成上海"四位一体"的住房保障体系
2017 年 7 月	《上海市住房发展"十三五"规划》	提出保障租赁住房的规划：预计租赁住房供应套数占新增市场化住房总套数超过 60%；保障性住房 4 500 万平方米，约 55 万套
2017 年 9 月	《关于加快培育和发展本市住房租赁市场的实施意见》	制定了全市加快培育和发展住房租赁市场的土地管理细则
2017 年 11 月	《关于印发〈关于加快培育和发展本市住房租赁市场的规划土地管理细则（试行）〉》	主要内容为规范和指导全市租赁住房的规划、土地、不动产登记等管理工作

（续表）

发布时间	政　策	主要内容
2017 年 11 月	《关于明确本市自持租赁住房建设规范和相关管理要求的通知》	对市场化机构建设自持租赁住房的建设规范进行了详细规定,如户型、配套实施、停车位等
2018 年 1 月	《上海市城市总体规划（2017—2035 年）》	进一步提高租赁住房比例,完善租购并举的住房供应体系
2018 年 3 月	《上海市房屋管理局关于公共租赁住房租赁总年限期满退出相关政策口径的通知》	进一步明确了公租房合约期满后退出的相关事项,特别是过渡性续租、强制退租的相关程序
2019 年 9 月	《关于进一步规范本市住房租赁企业代理经租房屋行为的通知》	进一步加强了住房租赁企业主体管理,严格代理经租房屋标准,规范代理经租交易行为等
2019 年 10 月	《关于加快培育和发展本市住房租赁市场的规划土地管理细则》	进一步明确了住房租赁市场的土地使用细则
2019 年 11 月	《上海市住房租赁合同网签备案操作规定》	明确了住房租赁合同网签备案操作规定
2020 年 9 月	《住房租赁市场风险提示》	提示租客规避高风险的经营行为
2020 年 11 月	《上海市住房租赁合同网签备案办法》	旨在规范住房租赁市场秩序,规范经营主体行为,保障住房租赁当事人合法权益
2021 年 2 月	《关于进一步整顿规范本市住房租赁市场秩序的实施意见》	旨在加强住房租赁市场管理,严格从业人员管理,加强租赁房源信息发布管理
2021 年 3 月	《关于进一步加强本市房地产经纪机构和住房租赁经营机构主体管理的通知》	进一步加强房地产经纪机构备案管理,加强住房租赁经营机构开业报告管理,建立健全行业信用体系,加强从业主体信息化管理等
2021 年 4 月	《上海市关于发展公共租赁住房的实施意见》	进一步明确了发展公共租赁住房的总体要求及相应规范
2021 年 4 月	《上海市租赁住房房源核验业务规则》	上海所有的租赁住房都必须进行房源核验,未取得核验码不得对外发布房源信息。对于存在不按规定展示房源核验二维码、上传发布虚假住房租赁信息等违规情形的机构或平台,市、区房地产交易中心（市、区住房租赁服务中心）可采取约谈、书面警告、租赁平台曝光、纳入诚信记录、暂停租赁合同网签备案资格、停止数据对接服务等措施,督促机构整改
2021 年 5 月	上海市人民政府关于修改《上海市居住房屋租赁管理办法》等 3 件市政府规章的决定	进一步修改了《上海市居住房屋租赁管理办法》,进一步保障了承租人的权益
2021 年 6 月	《市筹公共租赁住房准入资格申请审核实施办法》	进一步明确了公租房的申请人资格等

(续表)

发布时间	政　策	主要内容
2021 年 8 月	《上海市住房发展"十四五"规划》	进一步提出坚持租购并举的发展方向,构建住房租赁体系,具体包括加大租赁住房有效供应、持续规范住房租赁市场秩序、建立健全的住房租赁政策法规体系
2021 年 9 月	《上海市廉租住房保障家庭复核管理办法》	进一步明确了廉租保障房到期的复核管理办法
2021 年 11 月	《关于加快发展本市保障性租赁住房的实施意见》	目的解决青年和新市民的住房难问题,并配套了规划和土地支持、财税支持等政策
2022 年 1 月	《上海市保障性租赁住房项目认定办法(试行)》	提出新实施保障性租赁住房项目,户型 70 平方米以下的比例不低于 70%
2022 年 1 月	《上海市保障性租赁住房租赁管理方法(试行)》	公布了保障性租赁住房的供应和准入管理;申请保障性租赁住房的条件;租金、租期和使用管理
2022 年 3 月	《关于保障性租赁住房免缴城市基础设施配套费的通知》	进一步明确了保障性租赁住房免缴城市基础设施配套费,并且 2021 年 6 月 24 日之后的项目,如果认定为保障性租赁住房,也可免缴城市基础设施配套费

资料来源:根据相关政府网站整理。

从政策的内容和随时间的演变趋势来看,上海早期的住房租赁市场的发展政策主要是进行公租房单位试点,随后政策对廉租房、经济适用房、公共产权房进行界定。2018 年以来,为解决大城市住房困难问题,政策开始倾向于外来务工人员、青年人才等。在扩大保障性租赁住房的同时,逐渐对经纪人行为进行规范并更加注重保护承租者权益。综合而言,上海住房租赁市场的发展,主要依托于住房制度改革、房地产市场发展和住房租赁政策的支撑,是一个逐步放开、逐步拓展、逐步规范的过程。改革开放以来,上海住房租赁政策纵向发展的历程,大致经历了四个演变阶段。

第一阶段,1995 年以前,即《中华人民共和国城市房地产管理法》(以下简称《城市房地产管理法》)施行前。上海住房租赁市场的特征表现为行政管理力度较大,租赁集中在公有制房屋中,注重市民家庭需求,实行福利性住房制度,不提倡私人住房对外租赁。

第二阶段,1995—2000 年,《城市房地产管理法》施行后至《上海市房屋租赁条例》施行前,主要特点在于以搞活房地产二、三级市场为目标,公房租赁关系向民事法律关系转变,提高公有住房流通性,推动市场化租赁规范发展,租售并举,全面启动居民住房消费。

第三阶段,2000—2017 年,即《上海市房屋租赁条例》施行后至《关于加快培育和发展本市住房租赁市场的实施意见》发布前。主要特点是围绕贯彻实施《上海市房屋租赁条例》,适应上海住房租赁市场的发展需要,有针对性地细化完善相关政策,重心放在配合城市安全、人口调控和社会治理工作上,行政干预有所弱化。

第四阶段,2017 年 9 月至今,即《关于加快培育和发展本市住房租赁市场的实施意见》后。主要特点包括明确"房住不炒"的发展定位、"租购并举"的发展方向和"住有所居"的发展目标,遵循市场规则明晰、政府监管有力、权益保障充分的要求,稳步构建住房租赁法规制度体系。

此外,上海还出台了相关政策发展住房租赁市场,如《关于单位租赁房建设和使用管理的试行意见》《关于进一步优化上海人才发展环境的若干意见》《闲置非居住房屋临时改建宿舍的规定(试行)》《关于积极推进来沪务工人员宿舍建设的若干意见》等,以及利用农村集体建设用地建造和营运租赁住房的具体政策、海外高层次引进人才住房资助政策、上海高层次引进人才住房资助政策、人才公寓政策等。这些政策对上海住房租赁市场的培育和发展起到了非常积极的作用。

目前来说,上海对各类人才的需求十分迫切,住房租赁体系建设既要满足关键就业群体的需求,也要满足各类群体对高品质生活的需求。具体体现在以下三个方面。

第一,上海市住房发展"十四五"规划要求从"住有所居"到"住有宜居"促进上海住房租赁体系的健康发展,中共十一届上海市委九次全会则要求落实"人民城市人民建,人民城市为人民"的重要理念,描绘了上海建设新时代人民城市的路线图,并首次提出五个"人人"的城市努力方向。其中,"人人都能享有品质生活的城市、人人都能切实感受温度的城市"等都与住房密不可分,进一步完善住房租赁体系,提高租赁住房品质,在很大程度上关系到人民群众在城市生活中的幸福感、获得感和满意度。随着"十四五"时期越来越多的高品质租赁住房入市,将逐步实现从"住有所居"到"住有宜居"的转变。

第二,依托租赁住房提高对高素质人才的吸纳和承载能力是决定城市命运最重要的要素之一。当前,全国不少城市掀起了"抢人大战",纷纷通过完善住房租赁体系打造高品质、低成本的宜居环境。上海建设社会主义现代化国际大都市,要求大量国内外优秀人才在上海开展创新创业活动,还需要各个层面的高素质群体不断流入,在上海住房平均成本不断上升的背景下,通过完善住房租赁体系,提高对人才的吸引力是至关重要的。

第三,住房租赁体系、发展要与战略承载区域相结合。近年来,上海的城市发展空间格局正在不断优化调整,随着自贸试验区临港新片区、长三角一体化发展示范区等在远郊布局,完善和加强郊区新城的城市功能、在上海西南地区等培育新的发展热点进一步受到重视。可以预见,中心城区受限于开发空间和开发成本限制,仍然很难承载租赁住房供应的要求,未来上海城市发展格局还将以中心城区向外拓展为主导。在此背景下,上海租赁住房的布局应当更紧密地与城市重要战略承载区域和发展热点地区布局相结合,进而稳妥有序地推进布局建设。

2.3.2　上海有关住房租赁市场培育和发展的规划

"十三五"期间,上海市住房发展"十三五"规划重点突出租赁住房供给和用地保障,具体要点包括:新增供应租赁住房4 250万平方米、约70万套,租赁住房供应套数占新增市场化住房总套数超过60%,新增供应保障性住房4 500万平方米、约55万套;新增租赁住房用地1 700公顷,保障性住房用地1 800公顷。①

2017年,《关于加快培育和发展本市住房租赁市场的实施意见》(以下简称《实施意见》)发布,旨在加快培育和发展上海的住房租赁市场,扭转长期以来上海房地产市场"重购轻租"的结构性问题,引导新市民将住房租赁作为重要的居住和生活方式,以此建设超大城市租赁宜居生活。根据该《实施意见》,上海常住居民租房,可享子女义务教育等基本公共服务。同时《实施意见》对住房租赁市场培育和发展作出计划,提出发展目标:增加各类租赁住房供应,促进购租并举住房体系建设,多层次、多品种、多渠道发展住房租赁市场,充分发挥租赁住房高效、精准、灵活的特点,满足不同层次、不同人群住有所居的需求,到2020年,基本形成多主体参与、多品种供应、规范化管理的住房租赁市场体系。

2018年1月,《上海市城市总体规划(2017—2035年)》发布。该规划旨在进一步提高租赁住房比例,完善租购并举的住房供应体系。在上海市住房发展"十四五"规划中,进一步提出坚持租购并举,构建住房租赁体系,具体包括加大租赁住房有效供应、持续规范住房租赁市场秩序、建立健全住房租赁政策法规体系。具体来看,"十四五"规划坚持"民生为本""租购并举""布局优化""精细治理"和"品质发

---

① 资料来源:上海市人民政府。

展"五个原则。上海市住房发展"十四五"规划提出,重点发展租赁住房,坚持租购并举,要求切实增强租赁住房,特别是保障性租赁住房供应的针对性和有效性,优化从"一张床"到"一间房"再到"一套房"的多层次租赁住房供应结构。总体来看,"十四五"时期,上海将形成超过 42 万套(间、宿舍床位)租赁住房供应,占住房供应总套数的 40%,其中,租赁住房 22 万套(间)、宿舍床位 20 万张。同时,在"十四五"时期将新增供应保障性产权住房约 23 万套。

2.3.3　上海"十四五"时期住房租赁政策的优化完善

"十四五"时期,上海在积极响应国家有关要求的基础上,结合城市自身特点及现有住房租赁的发展基础,提出了更具上海特色的住房租赁发展要求。

1. 增强要素资源保障,持续加大租赁住房供给

根据上海市房屋管理局公开数据显示,截至 2020 年末,上海市完成了"'十三五'时期预计新增供应租赁住房 70 万套"这一目标,不过相较国际大都市的住房结构,上海租赁住房的供应仍需要进一步扩容。《同策 2020 年住房租赁年度报告》数据显示,在当前住房自有率 63.2% 的情况下,2 400 万常住人口中有近 880 万租赁人口,按人均租赁面积 25 平方米来计算,上海租赁人口所需要的住房租赁面积约为 2.23 亿平方米。但目前 6.87 亿平方米的居住房屋中,除去居住房屋空置面积与居住房屋自有面积,仅有 0.33 亿平方米用于租赁,存在 1.9 亿平方米的供需错配。为解决供应不足的问题,上海市"十四五"规划纲要对租赁住房的供应规模提出了非常具体的目标,即"到 2025 年形成租赁住房供应 40 万套以上"。为完成这一目标,"十四五"时期上海将通过土地资源集约高效利用,加强要素资源配置,从而加大租赁住房供给。例如,充分利用农村集体经营性建设用地入市的改革红利,优先支持用于租赁住房建设,从土地资源要素上保障住房租赁发展;又如在央企、国企和部分规模化民企的带头下,鼓励产业园区、大型企事业单位利用自有闲置土地建设租赁住房。

2. 支撑城市重大战略,满足多样化租赁住房需求

与以往相比,"十四五"时期住房租赁发展已经成为上海推进城市重大战略实施的重要支撑力量。在支撑人才住房租赁战略方面,为持续增强对人才的吸引力,加大对各类青年人才扎根上海的服务保障,上海市"十四五"规划纲要提出,全面构建青年友好的创新创业生态和工作生活环境,吸引更多青年人才选择上海、扎根上海、书写梦想、成就事业。其中包括在青年人才集聚度高的园区社区,围绕青年人

才创意交互、工作交流、生活交往的需求，建设面向青年的人才型公寓，打造 24 小时青年创新生态社区。在支撑新城发展战略方面，上海市"十四五"规划纲要及有关新城发展的一系列规划、政策文件都大量包含关于住房租赁的内容，明确租赁住房将成为新城未来居住的主要形态，优先保障新城租赁住房用地需求。在支撑乡村振兴战略方面，上海市"十四五"规划纲要提出，要发挥各类城镇对乡村的带动联接作用，在中心镇建设人才租赁住房及配套设施，吸引人才投身乡村振兴建设行列。

3. 强化基础保障功能，提升住房租赁政策精度和效度

经过近年探索尝试，大力发展住房租赁的既定策略将在"十四五"时期继续深化。在此基础上，从上海及其他省份的发展导向看，住房租赁的"保障性"和"公益性"属性在不断放大，不仅进一步强化保障性租赁住房建设，同时也积极引导住房租赁市场增强居住保障功能。在 2021 年全国两会上，"解决好大城市住房突出问题""切实增加保障性租赁住房和共有产权住房供给"首次出现在政府工作报告中。上海作为超大城市，始终处在全国探索住房租赁发展的最前沿，增强租赁住房的保障属性也是当前上海的迫切需要。在上海市"十四五"规划纲要中，不仅强调了增加保障性租赁住房的供给，而且更着力提高租赁住房供给的精度，对需要解决住房问题的重点群体作出了针对性论述，包括发展面向城镇住房和收入"双困"家庭的公共租赁住房、面向新市民群体住房租赁的政策性租赁住房、面向城市运行基础服务人员的宿舍型租赁住房等。

4. 完善市场监管体系，保障承租人和出租人合法权益

"十三五"期间，住房租赁市场呈现快速发展态势，但在此过程中，也面临一些发展中的阵痛，最突出的是一批住房租赁平台型企业"爆雷"，导致承租人和出租人权益严重受损，严重影响社会公众对住房租赁发展的信心。为此，上海市"十四五"规划纲要贯彻了国家"十四五"规划纲要中关于加强行业监管的相关内容，明确提出要加快完善长租房政策，规范发展住房租赁市场，加快推进住房租赁立法，健全市场规则明晰、政府监管有力、权益保障充分的住房租赁法规制度规范。同时，上海市有关部门陆续发布一系列具体的政策举措，特别是 2021 年 2 月发布的《关于进一步整顿规范本市住房租赁市场秩序的实施意见》，严格限制"租金贷"和"高进低出""长收短付"等不正当行为，并从住房租赁市场主体、租赁房源信息发布、住房租赁合同网签备案、住房租赁交易服务、住房租赁交易资金和租赁房屋安全六个方面进行监管和管理。

2.3.4　上海促进住房租赁市场发展的重大举措

1. 加强立法，规范住房租赁市场

近年来，上海市采取多方联动模式，加强多级立法体制，共同促进住房租赁市场法治建设的全面发展，并取得了一定的实际效果。在租户权益保障方面，2017年，上海颁布了《关于加快培育和发展本市住房租赁市场的实施意见》，明确提出通过完善公共服务、依法保护承租人稳定居住权、落实税收优惠、提高住房公积金使用效率、完善引进人才租房补贴政策、提升租赁住房生活配套功能等六条政策措施，强化对于承租人合法权益的保障。上海还推出一系列旨在提高房屋租赁便捷度的政策举措，包括针对承租住房租赁企业房源，试点推广住房租赁企业集中办理业务；开通网上申请提取住房公积金支付租金业务等。与此同时，对于长租行业暴露的风险问题，上海加大查处违法违规行为的力度，对代理经租企业的经营模式、行为规范、融资业务等情况开展集中抽查，督促企业履行社会责任，维护住房租赁市场秩序。在公共政策优化方面，鉴于住房租赁市场具备较强的公共属性，在发展过程中离不开政府政策的适度支持。在中央政府政策指引下，上海加快完善住房租赁支持政策。2020 年 8 月，上海市住建委、房管局、财政局共同印发《上海市中央财政支持住房租赁市场发展试点资金使用管理办法》，其中，对新建租赁住房项目、非居住存量房屋改建和转化租赁住房项目、租赁住房基础数据采集、住房租赁企业规范开展住房租赁经营业务、住房租赁信息化建设，以及其他与加快构建住房租赁体系相关的基础性工作，给予专项资金支持。上海市住房发展"十四五"规划要求进一步理顺租房管理体制机制。明确市、区、街镇在租赁管理中的职责，将租赁居住管理服务纳入社区综合治理工作。全面提升住房租赁管理服务水平，依托住房租赁公共服务平台，推进住房租赁示范合同文本应用，促进租赁合同网签备案。构建住房租赁市场监测体系，加强住房租赁市场动态监测。促进住房租赁企业规模化、规范化、专业化发展，严格备案管理。建立住房租赁市场风险防范机制，强化住房租赁资金监管，严控"租金贷"业务。健全住房租赁纠纷调处机制，加大违法违规行为的查处整治力度。加大对住房租赁市场相关主体，尤其是住房承租人合法权益的保护力度。开展住房租赁法制建设工作，推动修订《上海市房屋租赁条例》，着力健全市场规则明晰、政府监管有力、权益保障充分的住房租赁制度。坚持发挥市场机制作用，深化品质建管理念，建立涵盖租赁住房规划设计、土地使用、建设筹措、改造利用、供应配租、运营使用的全生命周期管理制度，加快完善长租房政策，

构建参与主体多元、运营服务规范、租赁关系稳定的住房租赁体系。

2. 多部门配合,切实推动"租售同权"落地

培育和发展住房租赁市场,需要各部门的大力配合,而不是房建部门的一家之事。特别是备受关注的"租售同权"制度的落地,需要教育部门、社会保障部门、公安部门等多部门的积极配合,这绝不是一条政策法规就能够实现的,而是需要大量的配套政策出台。再如,政府对住房租赁市场在金融方面、土地使用方面、税收方面的扶持政策,也需要多个部门共同推动,尽快出台相关配套细则和规范,包括用地规范、税收征管、融资贷款、承租人管理制度等相关政策的细化,从而使"租售同权"制度更具有可操作性。此外,借鉴发达国家"租售同权"的经验,可以考虑在上海实行将公民公共资源权益的享受逐渐与其户籍相脱钩,只有这样才能从根本上实现"租售同权"。具体而言,可以采取城市主要领导牵头,各有关职能部门负责人参与的领导小组、联席会议的方式,解决部门之间的协调难题。由此,主要面向新上海人建立租售选择的机制,并且实现"租售同权",将是未来住房租赁市场发展的重点。同时,改变居民居住习惯和观念,从买房到租房,也需要走一段相当长的路。

3. 培育专业机构,实现租赁住房供应多元化

在培育住房租赁市场的过程中,还应充分发挥市场机制的作用,培育机构化、专业化、规模化的住房租赁机构或企业,实现多元化的住房供应。在过去,上海的住房租赁市场一直缺乏专业化的租赁机构或者规范化的租赁企业,租赁市场发展混乱、滞后,市场中充斥着"黑中介""二房东"等侵占承租人利益的现象,亟待培育专业化的租赁机构。近年来,上海认真处理住房租赁方面的纠纷或投诉事件,通过共享住房租赁登记备案信息,与公安、税务、计生、社保、消防、安全等部门联动,有效推进了住房租赁、流动人口登记、治保巡逻、民政、教育、劳动保障、就业与社会保险、税收等相关公共服务管理综合配套工作,将各项社会公共服务延伸到小区和居住者的家门口。强化各职能部门参与住房租赁管理工作的作用,将住房租赁登记备案工作与各职能部门管理工作挂钩,加强部门之间的联动,明确各职能部门的职责,强化住房租赁管理工作。此外,上海初步建立了全市统一的住房租赁服务平台,这对于提升政府服务和管理效能,保障租户和运营商权益具有重要意义。上海建立的市住房租赁公共服务平台,形成线上线下联动格局。其中,线上工作与相关管理部门业务系统、市场化网络住房租赁平台连接,规范住房租赁信息发布和应用,实现房源核验、信息发布、网签备案、市场主体信用信息查询和信用评价等一站式服务功能。线下工作则成立市、区两级住房租赁服务中心,与线上平台融合互动,提供企业备案等一站式集中服务。同时,以线上线下平台建设为依托,归纳收

集管理部门、市场主体、租赁住房项目等各类信息,实现从土地出让、规划建设、存量改建、房源供应、网签备案等基础数据的全覆盖,强化住房租赁市场分析研判和租金监测,有效地为住房租赁市场的系统完善和发展提供支持。

4. 增加土地供应,保障租赁房源充足

在"十三五"规划中,上海明确提出要增加约 170 万套新房屋的发展目标,在这一发展目标指引下,上海市城镇居民供应住房规模及用地规模也会随之出现显著提升。上海房屋建设用地供应规模将达 5 500 公顷。其中,商品房建设用地供应稳中有升,租赁住房建设用地随之大幅攀升至 1 700 公顷,其他部分则主要为保障性住房建设用地。

合理充足的土地供应是保证住房租赁市场持续规范发展的前提,因此政府应多渠道增加租赁住房土地供给,从源头上保障租赁住房房源的充足。政府应对土地使用结构和土地用途进行进一步调整,允许商业用房按规定改建为租赁住房,调整部分商业用房项目为居住用地等。然而,不可否认的是,在土地资源极其稀缺的城市,通过新增土地供应来获取房源难度较大,因此更需要地方政府多渠道实现租赁住房的土地供应,在存量房改造方面多动脑筋。当然,多渠道增加土地供应具体涉及商改住、住房改造、"城中村"规模化租赁等问题,还有很多细节亟待政府的规范和完善。

5. 完善考核机制,促使地方政府更加重视租赁住房

一个健康的住房租赁市场,需要不同类别、不同性质企业的广泛参与,"多主体参与"是上海完善住房租赁市场体系的另一个重要目标。2013 年,上海住房租赁市场兴起,租赁住房市场主体迎来爆发式增长。从企业属性来看,"国企系""房企系""品牌系""中介系"和"酒店系"等多主体参与竞争。其中,"国企系"主体以集中式租赁住房为主,发挥市场"压舱石"作用;"房企系"主体持续发力,不断抢占市场份额;"品牌系"主体进入长租市场较早,已形成标准化的运营流程、系统化的管理模式;"中介系"主体市场占有率仍然最大;"酒店系"主体在中高端市场占据核心位置。从运营模式看,住房租赁企业已形成三种主要类型:轻资产类企业(以委托管理方式取得房源)、中资产类企业(通过长期包租取得房源)、重资产类企业(通过自建或购买取得物业产权后出租)。总体而言,一个充满活力的住房租赁市场在上海已经初步形成。

6. 加大政策扶持,助力住房租赁企业可持续发展

为鼓励不同类型的企业积极参与住房租赁市场,应充分调动企业拓展住房租赁市场的积极性,充分发挥企业在住房租赁市场的主体作用,充分利用中央财政支持住房租赁市场发展试点资金。2017年9月,上海实施《关于加快培育和发展本市住房租赁市场的实施意见》,明确了落实税收优惠和提供金融支持等扶持措施,2020年8月,上海牢牢把握顺利入围2019年中央财政支持住房租赁市场发展试点城市的有利契机,制定了《上海市中央财政支持住房租赁市场发展试点资金使用管理办法》,科学合理地利用中央财政支持上海住房租赁市场发展试点资金,针对租赁住房开发建设和租赁住房运营管理等相关工作设置了不同的补贴标准。具体主要包括以下举措。

(1) 落实税收优惠:对一般纳税人出租在实施营改增试点前取得的不动产,允许选择适用简易计税办法,按照5%的征收率计算缴纳增值税。对房地产中介机构提供住房租赁经纪代理服务的,使用6%的增值税税率。

(2) 提供金融支持:鼓励商业银行等金融机构按照"依法合规、风险可控、商业可持续"的原则,进一步优化并创新针对租赁住房项目不同阶段的金融产品和服务,加大信贷支持住房租赁产业的力度。鼓励开发性金融机构通过合理测算未来租赁收入现金流,提供符合住房租赁企业经营特点的长期低息贷款等金融解决方案。进一步拓宽住房租赁企业的直接融资渠道,支持符合条件的住房租赁企业发行专门用于发展住房租赁业务的各类债券、不动产证券化产品。加快推进针对租赁住房的各类房地产投资信托基金试点,并建议在试点后尽快形成规模。鼓励保险机构依据相关法律法规规定,合理运用保险资金,充分发挥保险资金期限长、体量大、交易结构与使用较为灵活的优势,为符合条件的住房租赁企业等提供金融支持。

(3) 利用财政奖补资金:一是新建租赁住房项目补贴标准,根据申请项目规划批复中载明的租赁住房总建筑面积,按照平均200元/平方米的标准予以奖补。二是非居住存量房屋改建和转化租赁住房项目补贴标准,将符合条件的非居住存量房屋按规定改建转化为租赁住房,参照居住房屋租赁标准改建转化的为Ⅰ类项目,参照宿舍标准改建转化的为Ⅱ类项目。三是租赁住房基础数据采集补贴标准,新建项目测量,按照1.5元/平方米的标准予以奖补;"非转租"项目测量,按照2.1元/平方米的标准予以奖补。住房租赁企业上报存量租赁住房基础信息的,按照平均500元/套的标准予以奖补。四是住房租赁企业规范开展住房租赁经营业务补贴标准,根据专业化、规模化住房租赁企业举借的对公贷款利息支出进行贴息,贴息金额不超过企业当年实际贷款利息总支出的40%,且贴息利率不超过两个百分点。五是住房租赁信息化建设补贴标准,承担住房租赁信息化项目建设任务的单位,要按照上海市预算管理规定立项及执行。六是构建住房租赁体系相关基础性工作补贴标准,专项补贴资金用于住房租赁管理机制创新、住房租赁立法研究、住房租赁市场运行分析、住房租金动态监测、住房租赁经营主体和从业人员信用评价、租赁数据采集规则制定、承租权转让(交换)管理、住房租赁政策实施效果评估等基础性工作,补贴标准要符合上海市预算管理的有关规定。

2.4　住房租赁市场培育和发展的国内外经验借鉴

2.4.1　国内重要城市住房租赁市场的发展情况总结

据统计,作为全国首批开展住房租赁试点单位的 12 个城市均已出台了培育和发展住房租赁市场的相关实施意见或征求意见稿。此外,北京、太原等数十个非试点城市也陆续出台了住房租赁市场方面的政策文件。这些城市关于住房租赁市场的相关政策动作之快、力度之大,前所未有,被解读为影响楼市的重大措施。综合来看,已出台相关实施意见或征求意见稿的城市,大多是通过如"租售同权"等配套制度来保障承租人权益、培育专业化市场机构主体、加大租赁住房供应和完善政府监管和扶持政策等几个层面,来构建住房租赁市场体系的。各地相关政策的亮点总结如下。

第一,出台如"租售同权"等配套制度以保障承租人权益。在保障承租人权益方面,大多地方政府出台了"租售同权"配套制度,但各地"租售同权"中"权"的含金量并不相同。北京、广州等一线城市由于人口上限、资源限制等约束条件仍然长期存在,还没有将所有公共服务权利与租房进行一步到位的"租售同权",但拿出了人民群众关注度最高、含金量最高的就近教育权与租房进行有条件地挂钩,这些城市赋予符合条件的承租人子女享有就近入学等公共服务权益,但无法享有户籍的保障,即同教育权。杭州等二线热点城市一般位于城市群核心城市周边,虽然经济基础相对较好,但由于周边竞争激烈,缺乏吸引高端人才的明显优势资源,在制定鼓励租房政策吸引目标人才群体时会实现将租房与户籍有条件同权,例如,会设置一定的门槛,提出对符合条件的承租人可以享受相应的社会保障,即设门槛同户籍权。而沈阳、合肥等其他城市属于区域性经济中心的城市,其经济活跃度逐渐减弱,人口增长放缓,为吸引周边人才,增强经济活力,提高城市吸引力,这些城市通常将租房与户籍直接同权,明确提出符合条件的承租人在基本保险、就业扶持、子女入学、相关证件换领等方面享受相关公共服务权利或与市民同等的待遇,即直接同户籍权。

第二,培育专业化市场机构主体。总结各地政府住房租赁新政文件可以发现,各地均出台政策培育专业化市场机构主体,鼓励专业化住房租赁企业,发展现代住房租赁服务业。例如,广州成立"广州住房租赁发展投资有限公司",负责统筹全市政策性住房(含公共租赁住房、棚户区改造、人才安居住房、直管公房等)的投资、融资、建设和运营管理,将政策性住房纳入市场化、专业化、社会化供应和管理。南京、沈阳、合肥、郑州、深圳等城市组建国有住房租赁平台公司,鼓励国有企业发展规模化租赁,支持住房租赁消费。杭州正式引入阿里巴巴建设"智慧住房租赁平台",把公共租赁住房、长租公寓、开发企业自持房源、中介居间代理房源、个人出租房源全部纳入平台管理,同时引入淘宝评价体系、芝麻信用体系,建立多部门守信联合激励和失信联合惩罚机制。武汉积极开展"互联网+住房租赁"服务,建立并完善武汉市住房租赁交易服务平台,已确定首批住房租赁试点企业及项目,共 26 家企业及三个项目。成都提出未来五年培育规模化住房租赁企业 50 家,目前成都国有租赁房源已上市,首批推出 2 200 余套房源供租赁,从一居室到四居室,月租金 470 元起。厦门提出完善各类园区住房租赁市场,培育 15—20 家机构化、规模化住房租赁企业,扶持国有企业发展住房租赁业务。

第三,加大租赁住房土地供应。各地政府在住房租赁新政中纷纷采取措施加大租赁住房的土地供应,构建多层次的租赁住房供应体系。例如,杭州推出"只租不售"租赁用地,根据杭州市住房保障和房产管理局的公开信息显示:截至 2017 年 10 月底,杭州已成交自持地块超过 40 宗,自持面积超过 100 万平方米,自持地块成交将增加市场租赁住房供给。东莞市人民政府进一步作出尝试,首次引入"限价+竞自持面积+竞自持年限"土拍模式,即先竞地价,达到最高限价后竞自持商品住房面积,再竞商品住房自持年限,截至 2017 年 10 月底,东莞共成交自持地块六宗,自持年限均为五年,合计自持面积 17.75 万平方米。合肥提出"划转一批房源、建设一批房源、盘活一批房源"增加住房租赁市场房源。广州、成都、郑州、武汉等多地市政府均提出新建、配建租赁住房,加大租赁住房建设力度,积极盘活存量房屋用于租赁,允许改建住房用于租赁等。

第四,完善政府监管和扶持政策。各地政府均出台政策完善对住房租赁市场的政府监管,同时不同程度地对各地住房租赁市场予以政策扶持。如对住房租赁市场相关机构和企业进行减税、免税,对承租人进行资金补贴、提高公积金比例等金融支持。广州市规定职工提取住房公积金支付租金的,月提取最高限额由原来的不超过上年度本市职工月平均工资 2 倍的 30%,提高至不超过上年度本市职工月平均工资 2 倍的 40%,凡是个人出租住房的,由按照 5% 的征收率减少至按

1.5%计算缴纳增值税。对个人出租住房月收入不超过 3 万元的,2017 年底之前可按规定享受免征增值税政策。深圳市政府加大对个人租赁住房的支持力度,提高住房公积金用于支付房租的比例,推动住房租赁市场的健康发展。武汉市支持住房租赁企业发行企业债券、公司债券、非金融企业债务融资工具等公司信用类债券及资产支持证券,提供住房租赁支持贷款,对个人的住房租赁交易提供差别化、快速便捷的嵌入式贷款融资服务等金融支持。

第五,大力发展保障性租赁住房。社会保障性住房是中国城镇住宅建设中较具特殊性的一种类型住宅,它通常是指根据国家政策及法律法规的规定,由政府统一规划、统筹,提供给中低收入人群使用,并且对该类住房的建造标准和销售价格或租金标准给予限定,起到社会保障作用的住房。近年来,国内大型城市积极发展落实保障性住房。以深圳为例,2021 年以来,深圳市委市政府深入学习党中央、国务院有关精神,审议出台《关于加快发展保障性租赁住房的实施意见》,全面对标国家住房保障体系,调整形成深圳以公租房、保障性租赁住房和共有产权住房为主体的住房保障体系,并全面落实发展保障性租赁住房的各项政策;审议发布《深圳市住房发展"十四五"规划》,明确了 2021—2025 年保障性租赁住房发展目标;组织成立由市长担任组长的保障性租赁住房发展工作领导小组,建立部门联审、联动机制,发放第一批保障性租赁住房认定书,并组织报送全国首批保障性租赁住房不动产投资信托基金项目。深圳把大力发展保障性租赁住房作为推动解决大城市住房突出问题的突破口,不仅促进了住房租赁市场稳定发展,使全市租赁住房房租同比指数(住宅)处于合理区间,也促进了本地区房地产市场稳定,新建商品住宅销售价格全年不超过国家有关考核指标,二手住宅价格指数较上一年度也明显回落,新市民等群体对缓解阶段性住房困难有了更好预期。

第六,完善城市保障性租赁住房相关政策法规。"十四五"期间,中国将以发展保障性租赁住房为重点,进一步完善住房保障体系。目前,各地正积极创新筹建方式,拓宽保障范围,逐步缓解青年职工、引进人才和外来务工人员等新市民的阶段性住房困难,让保障性租赁住房成为大城市新青年奋斗的起点。2020 年 9 月,住房和城乡建设部发布《住房租赁条例(征求意见稿)》,在出租与承租、租赁企业、经纪活动、法律责任等方面提出 60 多条规范措施,严控长租公寓领域"高进低出""租金贷"等现象。住房和城乡建设部相关负责人称,《住房租赁条例(征求意见稿)》是国内住房租赁领域首部条例性规范性文件,有助于推动住房租赁市场监管的制度化、常态化,对行业发展意义重大。在租购并举的新形势下,许多城市纷纷加快住房租赁市场法治建设。以北京为例,《北京市住房租赁条例》的出台,从租赁合同网签备案、租金押金监管、租金合理调控、租赁平台监管、租赁纠纷解决机制、短租住房管理等方面加强承租人权益保护,规范住房租赁企业发展,推动租赁关系稳定,有力有序地推动住房租赁市场平稳健康发展,为全国租赁立法提供了"首都样本"。除北京之外,2022年2月,《南京市房屋租赁管理办法》审议通过,自同年5月1日起实施;2020年7月,《广州市房屋租赁管理规定》审议通过,自同年12月1日起施行。深圳、杭州、武汉等城市也在推动住房租赁立法。在国家《住房租赁条例》尚未出台的背景下,各地已经陆续启动了地方住房租赁立法,以北京的立法经验为学习与借鉴的重要范本。

2.4.2 美国:保障性住房政策下的住房租赁市场发展经验及制度配套

1. 美国的保障性住房政策保障住房租赁市场快速发展

美国的住房租赁市场发展成熟,这得益于美国的保障性住房政策。美国政策性保障住房的发展历经了百年的历史。早在1917年,美国启动了首个现代意义上的保障性住房项目——资助船坞雇员住房项目。在发展过程中,美国的保障性住房政策不断完善,以满足中低收入阶层的住房需求为宗旨,关注保障性住房资金筹集、高效灵活运营,制度安排不断调整、演变、完善。美国的保障性住房制度体系逐渐成熟,并且因效率高、市场化程度高、补贴手段丰富成为各国保障性住房制度的标杆。同时,美国的保障性住房制度体系也是世界上制度设计最复杂、房屋补贴方式最完善、运用住房金融工具种类最多的制度体系。

美国的保障性住房制度演变经历了明显的三个阶段,体现出国际保障性住房制度发展的整体趋势:第一,由政府鼓励保障性住房建设向政府提供住房补贴转变。20世纪初,美国保障性住房的供给十分有限,政府的主要目标是通过政策引导和资金扶助,增加保障性住房的建设,保障居民的居住权。但随着保障性住房供给的增加,政府的主要目标放在了保障性住房的流转和运营方面,保障性住房制度随即转变为住房补贴计划。第二,由政府间接补贴向对居民直接补贴转变。为了增加保障性住房供给,美国联邦政府的补贴对象最初是金融机构和房地产开发商,当前的补贴更多变为对住房需求者的直接补贴,包括房租优惠券、房租援助计划、住房返税政策等。第三,由对建设方的补贴向居民补贴转变。20世纪30年代,美国联邦政府就实施了低租金保障性住房计划,其后陆续推出了重要的住房保障计划,如起源于20世纪50年代的城市更新计划和城市再开发计划等。从20世纪60年代开始,联邦政府的补贴模式开始向直接补贴转变,这一时期推出了房租援助计划,70 年代推出租金证明计划,80 年代推出住房租金优惠券计划和住房返税类计划,90 年代推出住房选择优惠券活动。这些计划主要保障了中低收入阶层的住房权利,到 21 世纪之后,美国政府对住房的补贴扩展到中高收入阶层,推出了惠及全民的"美国梦首期付款计划",鼓励预期收入较高的居民购买自己的住房,如政策性抵押贷款担保、住房选择优惠券、住房返税等。美国政府在保障性住房供给相对充裕的时期,综合运用金融手段、财政政策、税收优惠、社会保障等方式,创新住房保障模式,提高住房保障的效率,扩大住房补贴的覆盖范围。

2. 美国的配套制度经验:基础教育划片入学

按照美国法律规定,公立学校实行划片、就近入学原则。在美国,所有居住区都有对应的学区划分,具体到每一条街道、每一个门牌号。全美大概有 1.5 万个学区,从小学到中学教育质量一般都较好,一旦就读就不必考虑中途转学。但美国学区的标准不是产权,而是实际居住。也就是说,入学的标准不是房产证,而是真实居住在这里的证明。有产权但是不居住的居民让孩子在该片区入学的行为属于违规行为,被学区发现后可以开除学生。所以,美国的"学区房"完全不同于中国的"学区房"。拥有本地房产也不是子女进入当地学校的必要条件。

公共服务筹资方式的不同是造成中美差异最为重要的因素。美国公立学校的教育资金主要来自学校周边地区居民缴纳的房产税,"学区"资金同房产税数额成正比。如果居民拥有住房,就需要缴纳房产税。通常,房产税根据住房的市场评估价值,由各县或各市政府征收。尽管房产税是由房产所有人承担,但是当租户向房东缴纳租金时,这意味着租户已经为当地的公共服务缴纳了相关费用,那么他就有权享受相关公共服务。

美国的住房租赁人口比例大、占比高,市场活跃。在其住房租赁市场的百年发展中,经过不断地调整和完善,形成了以实现向全体美国人提供高体面、安全和整洁的居住环境为目标的住房政策体系。美国的住房租赁的市场化程度较高。除了政府出资兴建保障性住房之外,美国政府还允许私人参与修建住宅用于市场租赁运营,同时通过提供金融福利、税收优惠等方式鼓励开发商投资或与开发商合作兴建租赁住房,从多个渠道为市场提供可供租赁的房源。美国通过免收增值税的政策(允许美国个人的主要住宅,在房屋交易时可以享受部分的免收增值税政策,但免税的前提条件是业主在持有房屋所有权的任意五年内,至少两年住在该房屋中),促使多数业主在交易前选择"自住两年,出租三年"的模式来享受免税政策。此外,美国税法表示,租赁房屋的维修费用和各项使用维护支出都可以用来抵税,且租赁住房还可以享受"折旧冲回"政策,即房屋每年折旧部分都可以用来抵税。

除此之外,美国还设置了"租房券"用于补贴。"租房券"是美国政府针对低收入家庭实施的极为重要的货币化补贴政策。美国住房和城市发展部制定了严格的低收入家庭资格认定标准,通过"租房券"来给予低收入家庭适当的补贴,给予低收入家庭自由选择租赁住房的权利(崔裴、李然,2017)。

2.4.3　日本:公共租赁住房制度的构建与经验

日本与中国一样,受儒家文化熏陶,具有买房传统及置业才能安定的理念,政府也意图建设自有住房社会,促进中间力量壮大。但是,住房自有率在 1958 年达到 71% 后,日本居民买房比例迅速下降。城市化加快、房价暴涨的 20 世纪 60 年代至 80 年代,日本的住房自有率降至 59%,近一半人选择租房。另外,二战后,日本 8 000 万人口中近四分之一的居民无房可住;20 世纪 50 年代开始,日本经历了快速的大城市化,重化工业发展,房价上涨;在 20 世纪 80 年代甚至产生了严重的楼市泡沫。但事实上,如今日本居民的住房问题并不突出,这主要与二战后日本开启了大规模的政府主导型公租房建设密切相关。公营住房、公团住房和提供给入会会员的公社住房、企业公寓在内的非营利机构租赁住房被称为日本租赁住房的"三支箭"。

1. 公营住房

1951 年,日本发布《公营住宅法》,面向所有生活和工作在本地区的低收入群体,由中央向地方提供补助,修建出租住房,覆盖地区居民月收入为后 25% 的家庭。凡符合住房困难或收入限制条件者均可申请,租金为同区域商品房租金的四分之一至三分之一。截至 2003 年,公营住宅共建设 218 万套,占日本住宅总量的 4.66%,各地区差异较大,如人口集中的神户市达到 9.59%。

2. 公团住房

1955 年,日本颁布《住宅公团法》,由国家出资 75%、地方出资 25% 设立公团,在住房严重不足的大城市及周边兴建出租式公寓,面向大城市工薪阶层提供低廉租金住房。公团成立之初,仅建设 1.7 万套公寓。20 世纪 60 年代城市化高速推进时期,公团集中实施了两个"5 年计划",1966—1970 年建设了 35 万套,1971—1975 年建设了 28.4 万套,其中,70% 的房屋为出租住房。截至 2004 年 6 月,住宅公团共建设公寓 154 万套,约占全日本住宅总量的 5%。

3. 非营利机构租赁住房

除了公营住房和公团住房之外,日本租赁住房的"三支箭"还包括提供给入会会员的公社住房、企业公寓在内的非营利机构租赁住房。为稳定雇佣关系、提高员工对企业的归属感和忠诚感,日本建立了强大的企业社会福利制度。20 世纪六七十年代,拥有社宅和宿舍的企业开始增多。根据 2007 年的调查,提供补贴或租金的企业占比达到 48.4%、提供住宅和宿舍的企业占比 35%。

1945—1977 年,日本新建的 2 854 万套住宅中,由公营、公团、企业等政府或非营利组织建设的占 31%,20 世纪六七十年代占比超过 40%,其中超过 70% 的新建住宅用来出租。1968 年,住房总套数和总户数开始平衡,加上随后的老龄化,新建租赁房屋减少,公租房开始对外销售。到 1975 年,日本实现一人一间房。目前,日本户均住房面积为 96 平方米,其中自有和租赁住宅户均面积分别为 124 平方米和 46 平方米(涤非,2016)。

2.4.4　德国:租赁住房的公共性与政府责任

在发达国家中,德国以居民偏好租房、租赁市场完善、租金管制而称著于世。目前,德国住房自有率仅 43%,租赁住房占据了 57% 的市场份额。德国租赁住房发展的特征有以下几点。

首先,在住房供应政策导向上,租赁供应是主体。在德国,不管开发新房或经营租赁,企业要想获得土地和信贷,新落成的房子须在一定期限内让渡给政府出租,或按接受补贴后的低租金出租,超过期限后才能按市场租金出租。因此,德国租赁房源充足。二战以来,德国共建设 1 000 多万套社会住房,可供 3 000 万人居住,多数为租赁住房,远高于德国总人口数量。

其次,租赁市场具有公共属性,机构租赁发挥着"压舱石"的作用。以中低收入者为主的房屋租赁,公共产品属性明显。机构租赁稳定市场,降低租金和权益保障。在国际上,政府公租房和地产企业、金融机构、非盈利组织等私人机构租赁(接受租金管制和政府补贴)占市场份额 30% 以上。

再次,德国具有近乎苛刻的租金管制。一战时期,德国就将房屋租金管制写进民法典中,并设单章规定住房租赁;二战后,面对住房的大量短缺,德国在每一个地区制定固定的房租价格表,禁止提高房屋租金。20 世纪下半叶,德国房地产市场整体稳定,政府也助力市场作用的发挥。在住房租赁市场,德国政府主要通过在各地区制定"合理租金价格表",引导区域租金变化;确保租赁合同缔约和执行,防止单方面违约和随意涨租。德国在 21 世纪初颁布《租房法》,规定超过合理租金的 20% 就被视为房租超高而违法,将予以巨额罚款,超过合理租金的 50% 则被视为犯法的暴利行为。2012年12月,德国议会通过了更严格的涨租限制,即各州政府控制该州主要地区的房租三年内涨幅不得超过15%,房主不得将租金提高至平均水平的10%以上。针对居民将房屋通过爱彼迎平台投入旅游短租、减少长租供应、突破租金控制的情况,德国发布一项新规定:从2016年5月1日起,柏林的屋主不能擅自将房屋整套短租给游客,违反者将面临高达10万欧元的罚款。

最后,德国对其他租赁权益的保障也很细致。一是对"可居性"严格规定,建立了住房安全与健康标准的评估体系,包括在面积、生活设施、生理心理需求等方面提出多个评定标准;二是中介费、房屋修缮费等全部由房主承担;三是德国租房和买房享有同等公共权益,只要居民合法纳税,就可以享有本地公共服务。当"适居性"和权益保障都到位时,租房就可以享受与买房一样的安全和稳定。

2.4.5 日本、英国和德国长租公寓的制度配套措施

伴随生活、工作方式的转变,一些高学历、高收入、已婚家庭主动选择租赁住房。租购并举的住房制度改革方式,也为住房租赁市场注入生机。在此背景下,许多发达国家已经摸索出了长租公寓较为成熟的经验,对中国长租公寓的运作模式具有一定的借鉴意义。

1. 日本的配套制度经验:大力发展"建造+租赁"的包租模式

在日本,住房自有率一直稳定在六成左右,很多日本家庭都在租房住。发达的租赁产业催生了更加完善的法律体系。日本的租房合同受到民法的特别法律保护,房东如果想要更改合同(如提高房租),必须向法院提交正当的理由,法院通过比较租户和房东两者的需求来决定房东理由是否正当,而往往只有很少的房东会比他们的租户更有需求,所以房东一般只能在租户拒付租金的情况下才能得到法院的支持。对于土地租约,日本政府规定了30年的租期,短租期的合同即使得到了合同双方的协商同意,也会被法律认定为无效,这导致一块土地在被短期租赁之后土地持有人可能无法拿回土地,这一规定也间接促进了房屋长期、稳定的出租状态。受税收政策影响,日本土地所有者愿意建设租赁住宅(长租公寓),且大多"包租"给物业托管企业,仅有一小部分由业主自行管理。这也形成了日本特色的"委托承建+建后代租"模式,为土地所有者提供"一条龙"服务。

除此之外,日本住房租赁市场具有多元化的融资路径,为住房租赁市场的发展提供了极大的助力。第一,为租赁市场主体提供低息贷款。日本国土交通省联合金融住宅支援机构,针对租赁住宅提供政策性贷款,利率较同期商业银行贷款低1至3个

百分点,且采用固定利率法。第二,为租赁市场提供丰富的信贷支持产品。例如,日本瑞穗实业银行为满足条件的个人和企业取得、购建、修缮出租住宅所需资金提供各类信贷支持。第三,日本发展了住房租赁投资信托基金。日本是亚洲房地产信托投资基金的先行者。2001 年 9 月,日本首个房地产信托投资基金(J-REIT)上市。目前日本上市的 J-REIT 已达 58 家,是全球仅次于美国的房地产信托投资基金市场,日本还是全世界唯一一个由央行购买房地产信托投资基金的国家。J-REIT 成功发展的关键在于相关法律的完善和信息的绝对透明化。按照日本的相关法律,若 J-REIT 每一年利润的 90% 以上分配给投资者,则可以豁免 J-REIT 的法人税;对于同样的租金收入,J-REIT 的分红高于房地产公司。J-REIT 还要求定期公布持有物业的购买价格、收益率、空房率等。种种举措最终形成了日本长租公寓市场全生命周期的业务闭环,也形成了更加规范、高效、统一的住房租赁市场运作模式。

2. 英国的配套制度经验:完善的住房租赁市场信用体系

英国也有发达的住房租赁市场,但与日本不同,英国更多凭借在政府引导和监督下建立的信用体系和自律监管两种措施来规范长租公寓发展。

英国通过建立一个完善的住房租赁市场信用体系,实现信息的公开透明,不论是租客、房东、中介都可以查询到对方的信用信息,从而对各方都有一定的约束作用,防止信息不对等的欺诈。各方的征信数据都被记录在信息库,首先是租客的信息,生活账单、抵押贷款的偿还情况,以及其一直以来的租房记录、押金支付都被纳入了信用信息;与之相对应的是房东的信用信息,包括房东是否有过恶意毁约、房屋出租情况、房屋贷款情况;中介机构的经营信息也必不可少。房屋租赁过程中产生的征信数据也是非常重要的一部分。政府保证信息数据的安全,让信息数据得到有效的监督和保护。因此,信用体系是建立在法律支持之上的,两者互相依靠,相互促进。

英国对于长租公寓市场规制不仅限于信用体系的建立,行业协会的自律监管也是其重要的一部分。通过行业协会的自律监管,让监管更加专业,增加了矛盾纠纷解决渠道。通过对中介机构加强审查和财务审计来加强监督,引入保险制度来承担风险。英国的房屋租赁行业协会有着极其严格的制度,如 ARLA 和 TPOS 行业协会,其法律规定中介机构必须加入当地的行业协会,必须遵守行业协会的严格规定,重点保护租客的利益。对于中介机构违反协会的制度,侵犯租客利益的行为,租客可以通过向协会申诉,在法律起诉前化解纠纷,减少诉累。

3. 德国的配套制度经验:居民合法纳税即可享有本地公共服务

在德国,租房与买房享受到的收益相差不大。第一,房价平稳使房屋缺乏投资价值。过去十几年德国房价保持平稳,涨幅很小。根据德国联邦统计局公布的房价指数,2000—2016 年,德国房价指数年均上涨 1.6%,仅略高于物价水平,低于工资上涨速度。买房的投资收益显然不适合保值增值。第二,租房也能够享受到同等社会保障和公共资源。租房与购房在公共资源和社会保障上的差别取决于资源配置的均等化水平。德国地区之间差异小,公共基础设施和公共服务配置较为均衡,社会福利和保障均等化,只要居民合法纳税,无论是租房还是买房,都能够无差异享受本地公共服务。第三,租房也能享受同等教育权。在德国,教育资源分配均衡,无等级之分,且学区内教师实行轮岗制度,师资力量均衡,租房和买房都可以无差异享受教育权。

2.4.6　其他国家的经验

1. 新加坡经验

在解决居住问题上,新加坡的模式堪称各国典范。虽然租住人口占比较低,且没有专门的住房租赁立法,但新加坡组屋模式较好地解决了自治初期的"房荒"问题。首先,新加坡住房租赁供应体制以公宅为主、私宅为辅。政府以强大的财力建设组屋,这是政府为新加坡公民推出的保障性住房。组屋定价机制以居民收入为基准,其中针对中低收入群体的小户型组屋优惠和补贴力度更强。其次,在新加坡,采取中央公积金为主、商贷为辅的金融制度。新加坡是最典型、最成功地利用公积金制度实现"居者有其屋"的目标,解决其居民住房问题的国家。中央公积金局是新加坡最主要的房地产融资机构,对于低收入不具有住房购买能力的群体,在政府提供补贴下,每月只需象征性支付租金便可入住组屋。除此之外,新加坡政府对公共租赁住房建设用地、承建企业及公共租赁住房消费群体均设计了详尽的保障制度及操作细则,一方面满足了政府服务于民的监管要求,另一方面为公共租赁住房承建企业尽职尽责地提供了标尺,并保障了中低收入群体公共租赁住房的合法权益。此外,新加坡政府制定了严格的组屋准入、配售、转售和惩罚机制。

2. 加拿大经验

加拿大是高福利国家的代表。其住房保障体系的涉及面十分广泛,政府的公共住房建设及各种资助计划,帮助加拿大人实现"人有所居"的基本权利。加拿大政府每年都下拨专款建设一定数量的政府房,由政府委托专门的公司进行管理。政府房以较低廉的价格出租,按承租者收入的百分比交租,在真正意义上保障了国民的住房权利。加拿大的住房租赁市场开放程度高,除政府规定的特殊政策性住房之外,所有商品房都可以在市场上自由租赁,且手续简便快捷,只对租期超过三年的房地产租赁交易提出了需要签订书面租约的要求。

3. 瑞典经验

瑞典的公共租赁住房政策有着明显不同于其他西方国家的地方,主要体现在以下三个方面。

(1) 公共住房政策的高福利性。瑞典是典型的高福利、高收入国家,素有“福利国家的橱窗”的称号。由于经济高度发达,人均国内生产总值居于世界前列,瑞典政府有足够的资本推行高福利政策,“高福利、高消费、高工资”是瑞典高福利政策的显著特征。其中,住房福利也是瑞典高福利政策的重要组成部分之一,诸如“低成本和低租金计划”“重建住房补贴体系”等,都使该国公民以极低的成本,享受高品质的租房服务。该国住房补贴政策的力度之大、数额之高,即便在西方国家中,也稳居最高水平。据统计,在 1990 年,瑞典的人均居住面积就达到了 47 平方米,高居世界前列。

(2) 公共住房政策受益范围非常广泛。大部分西方国家的公共住房政策受益范围是很有限的,基本只包括中低收入群体。如美国的公共住房政策是补充性的,政策受益范围仅为低收入群体。但是,瑞典政府在制定公共住房政策之初,就以全体居民作为受益对象,政策受益范围非常广泛。这种政策的优点是普惠性,缺点是在一定程度上会增加政府的财政负担。

(3) 完善的公共住房管理制度。瑞典的国有住房与合作社住房比例大,日常管理任务相当繁重。为了应对这种局面,瑞典政府采取了几项行之有效的措施:一是设定公共住房管理区。以 1 000 套左右的住房为一个单位,设立一个管理区,由一名经理领导,并配备进行日常管理及维修的专业工人。二是建立居民区委员会。由租房者组成的委员会可以调节管理机构与居民的关系,也可以参加地方公共住房管理联合会的领导工作。委员会有权了解住房管理情况,以及参与协商有关居民区内的公共住房事务。三是建立允许租户自行维修和装修住房的制度。广大租户能够按照自己的愿望和需要来改造住房,以避免公共住房单调划一。这项改革使住房的质量、使用寿命和个性化都得到了极大提高。

第3章
上海保障性住房的发展现状、问题与对策

在本章中,我们将对上海保障性住房的制度和现状进行梳理,分析上海目前保障性住房体系可能存在的问题,并通过借鉴国际经验来探讨可能的对策。本章的内容将从上海的共有产权房体系和租赁型保障性住房体系两个维度分别展开。

3.1 上海共有产权房的发展现状

3.1.1 上海共有产权房的发展历程

1. 开端

上海的共有产权房的前身是经济适用房。2009 年 6 月,上海市政府根据国务院《关于解决城市低收入家庭住房困难的若干意见》,结合本市实际情况,公布了《上海市经济适用住房试行管理办法》。作为共有产权房的前身,经济适用房政策填补了政府对城市低收入家庭住房保障政策的空白。该试行办法重点围绕管理机制、建设机制、供应机制和退出机制等方面,系统规定了上海经济适用房工作的基本原则和重要事项。上海的经济适用房在推出之时就采用个人与政府按比例共同持有的方式共享房屋的产权。与其他试点城市直接授予经济适用房的全部产权相比,这种做法既可以减轻购房人的经济压力,也可以在一定程度上防止由于挂牌价格设置过低导致的腐败等问题。

2012 年,党的十八大提出让全体人民住有所居,以上海为代表的各个城市都为解决中低收入家庭的住房困难问题做出了大量努力。上海为此构建了公租房和共有产权房相结合的保障性住房体系。其中,共有产权房让中低收入家庭能够以

较低的价格获得住房产权,获得房价上涨带来的增值,享受城市发展的成果,是增强人民群众获得感和幸福感的重要举措。

2. 发展阶段

随着国家对经济适用房政策的进一步探索,2014 年,住房和城乡建设部确定北京、上海、深圳、成都、淮安、黄石为共有产权房试点城市,开展经济适用房政策的转型。2016 年 3 月,上海市政府颁布了《上海市共有产权保障住房管理办法》,该办法进一步规范了共有产权保障住房的管理,取代了 2009 年颁布的《上海市经济适用住房试行管理办法》。同时,原有的存量经济适用房全部被纳入共有产权住房管理体系。2018 年 9 月,根据住房和城乡建设部的共有产权房试点要求和上海进一步完善"四位一体"、租购并举住房保障体系的需要,上海市住房城乡建设管理委等九部门发布了《关于进一步完善本市共有产权保障住房工作的实施意见》,明确在继续做好上海户籍住房保障力度只增不减的基础上,将供应对象稳妥有序扩大至非上海户籍常住人口,聚焦其中在本市创业、稳定就业的人员尤其是各类人才、青年职工。2012 年至 2018 年的七年间,上海以远低于市场价值的价格向中低收入家庭供给了共有产权新房 14.9 万套。这些住房主要遍布在外郊环区域。

3. 成熟阶段

2020 年 1 月,《上海市人民政府关于修改〈上海市共有产权保障住房管理办法〉的决定》颁布,将非上海户籍对象纳入共有产权保障住房的供给范围中,同时明确非上海户籍对象申请审核的程序要求,以及补充完善相应的供后管理制度。

目前,上海所有商品住宅用地的发售都要求配建至少 5% 的保障性住房,保证了共有产权新房供给源源不断,体现了解决中低收入家庭住房困难问题的决心,也取得了斐然的成绩。

4. 展望

(1) 解决"夹心层"人群购房需求。

从上海目前的共有产权房总体情况来看,未来上海共有产权房的制度设计仍需进一步考虑"夹心层"人群的购房需求,为他们构建可购性更高的住房产权获得渠道。例如,从北京的共有产权房的申购条件来看,其最大的特点是没有家庭年收入的限制。对于保障性住房来说较为罕见,也是重要的进步。对于低收入人群,他们不会选择价格更高的共有产权房,而是会选择性价比更高的经济适用房或者廉租房实现其购房需求;对于高收入人群,他们更青睐可以自由流通的普通商品房以实现居住或投资的需求。只有处于中间的"夹心层",即中等收入群体,他们有一定的积蓄,却没有多到足以支付商品房首付或现有收入水平无法承担商品房按揭贷款,此时共有产权房就是他们最好的选择。

（2）适度解决政府财政问题。

像北上广深这样的大城市,土地属于稀缺资源,所以靠卖土地来解决政府财政困境的方法几乎是不可取的;对于中小城市,现如今政府主要财政收入仍然依靠出售土地取得,但这种做法不可持续,土地资源是有限的,迟早会被开发完。这时,共有产权房的运营模式能实现政府财政收入可持续性。一方面,政府可以通过持有产权,在购房者希望拥有完全产权时取得剩余产权的收益。另一方面,政府所持有的这部分产权能为政府带来持续性增值收益,在房子发生变动时,可以通过变现来实现可持续发展。

3.1.2　上海共有产权房的现状

1. 地理行政区和主管行政区分布

（1）整体地理分布。

上海市住房和城乡管理委员会官方网站所公布的上海市各行政区,2012—2021年发布的共有产权保障住房的房源数据共计169 347套。截至2022年6月受到经济形势的影响,上海市房屋管理局并未推出共有产权房的有关项目。因此,本次对共有产权房的研究采用2012年至2021年的累计数据。

图3.1标注了这些共有产权房所属小区在地图上的分布,其中同心圆越大颜色越深,代表该小区共有产权房套数越多,共有产权房越为密集。由图3.1可见,上海的共有产权房的地理分布比较分散,外环无论从项目数还是套数上都明显多于内环。2012年10月,上海发布的《关于本市保障性住房配建的实施意见》要求商品住宅项目配建的保障性住房中,只有外环外的项目可配建产权型保障性住房（即共有产权房）。因此,目前上海的共有产权房主要分布在外环线以外的区域。内环以内的城市核心区域共有产权房的供给较为稀少。而且,各个项目多为小而精模式,除了浦江瑞和城与浦东民乐城之外,没有形成规模批量的共有产权房小区,这种情况多由商品房小区按一定比例配建共有产权房所导致。近些年来,随着对共有产权房及房屋居住属性的重视,共有产权房项目已经逐渐向内环蔓延,未来有望建设出更多高性价比的项目,更好地满足住房保障人群的居住需求。

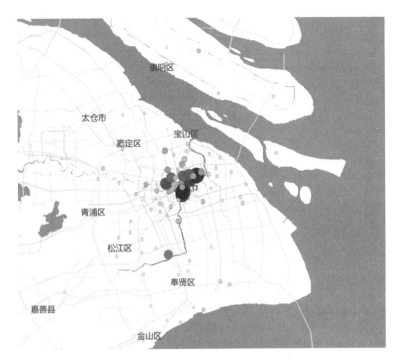

图 3.1　上海共有产权房整体分布

注:共有产权房套数中位数为 959 套,套数越多颜色越深,圆的半径越大。
资料来源:上海市住房和城乡管理委员会官方网站。

(2) 行政区分布。

　　由于上海各行政区地供给的紧张程度不同,中心城区土地资源稀缺、住宅用地昂贵。因此,一些位于市中心的行政区在为本区共有产权房购房人供给房源时,出于成本和福利效益的考量,会将这些共有产权房建在土地供给比较充足的郊区。这就导致共有产权房的主管行政区与所在的地理行政区并不完全相同。如图 3.2 所示,依据共有产权房的主管行政区和地理行政区统计的房源数量分布并不一致。从图中可以看到,从主管行政区来看,2012—2021 年浦东新区、杨浦区、静安区给户籍居民提供了最多的共有产权房,分别达到了 27 054 套、22 553 套、20 139 套。相比之下,位于上海周边的崇明区、金山区、青浦区、奉贤区、松江区、嘉定区提供的共有产权房最少,只有约 9 000 套,但与 2018 年底不到 2 000 套的提供量相比已经有了巨大的进步,特别是嘉定区的提供量已经达到 3 211 套,有了较大的增幅。从地理分布上看,共有产权房集中建设在浦东新区、宝山区、闵行区、松江区、嘉定区、青浦和奉贤区等地域宽广、土地资源相对宽裕的近郊行政区。它们为市中心的户籍居民提供了大量的共有产权房。而真正位于市中心的行政区则较少在本区为居民提供共有产权房。

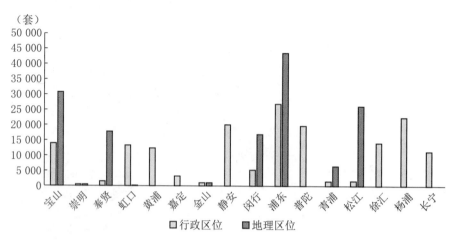

图 3.2   上海共有产权房行政区位与地理区位

资料来源:上海市住房和城乡管理委员会官方网站。

从各区主管的共有产权房数量饼状图来看(见图 3.3),位于市中心的静安、杨浦、普陀等行政区提供了相对较多的共有产权房。供给数量前四名的行政区提供了全市超过一半的共有产权房。这主要由于市中心的人口密度较大,房价较高,人地关系较为紧张,有住房改善需求的家庭数量较多。而浦东由于占地面积较大,提供的共有产权房在总量上位列第一,达到 16%。共有产权房供给在主管行政区上的分布符合预期,呈现出由中心城区向郊区方向递减的趋势。

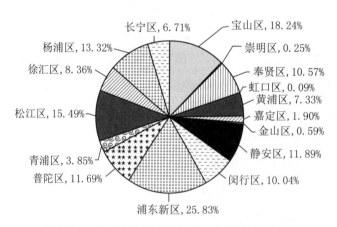

图 3.3   上海共有产权房的房源分布(主管行政区)

资料来源:上海市住房和城乡管理委员会官方网站。

从这些共有产权实际的地理位置来看(见图 3.4),共有产权房的集中度相对较高,它们主要集中在上海郊区的几个行政区上,位于市中心的行政区基本没有提供共有产权房。由于共有产权房的保障性住房性质,注定无法将昂贵的市中心土地用来开发建设共有产权房,以满足弱势群体的住房保障需要。从数据上来看,浦东新区提供的共有产权房比例最高,占总数的 25.83%,浦东、宝山、闵行和松江四个区提供了全市超过七成的共有产权房。

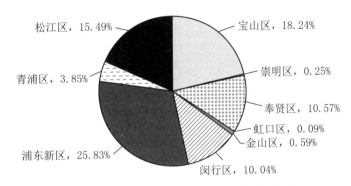

图 3.4　上海共有产权房房源分布(地理行政区)

资料来源:上海市住房和城乡管理委员会官方网站。

共有产权房主管行政区和地理位置之间的大幅度错位是上海共有产权房的重要特征。按照共有产权房的管理规范,申请者在其户籍所在地或居住证登记地所在的主管行政区申请购买共有产权房。然而,申请成功者可能被分到远离其原本熟悉的工作、生活区域的市郊房源,从而无法避免地导致共有产权房居民的职住分离,造成交通资源及居民时间资源的浪费。更重要的是,考虑到上海的城市尺度及从郊区到市区通勤所耗费的大量时间、金钱,部分原本居住在黄浦区、静安区、徐汇区等中心城区的共有产权房的购房者或出于生活便利的考虑,或出于优质学区资源等公共配套设施的考虑,仍然选择居住在市中心的狭小空间,而将共有产权房违规出租或者空置,导致住房资源的浪费,共有产权房的住房保障作用也未充分发挥。对于这样的家庭,共有产权房沦为了单纯的投资工具。

2. 共有产权房的供给

(1)时间维度。

从共有产权房供给的时间分布来看(见图 3.5),房源供给的数量从 2012 年开始逐步扩大,到 2013 年时,每年供给超过 30 000 套。随后其供给量几年又逐渐回落,不仅供给的频率减少为几乎每两年一批次,而且每批次的总量也在逐渐减少,2020—2021 年更是仅少量地均匀供应。考虑到自 2014 年以来,上海商品住宅价格经历了一轮快速大幅度上涨,住房可购性进一步降低,共有产权房新增供给的减少也在一定程度上降低了其缓解住房困难的作用。为了维持共有产权房的保障作用,有必要在未来几年逐步增加其供应,使低收入人群住有所居,提升人民幸福感。

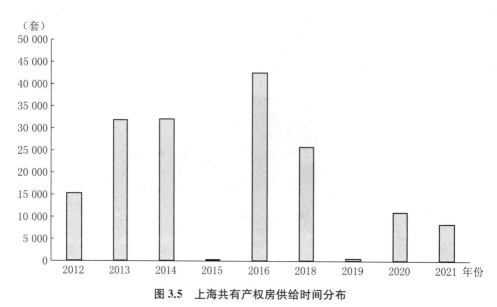

图 3.5   上海共有产权房供给时间分布

资料来源:上海市住房和城乡管理委员会官方网站。

(2)户籍相关维度。

共有产权房申请中,对非户籍人口的资格设定目前只覆盖在上海长期工作生活的无房家庭。这个群体已经为上海的发展建设作出一定贡献,也是所有非户籍人口中住房需求最迫切的家庭。

近年来,以上海为代表的一线城市房价经历了一轮大幅上涨之后,已经站上了历史高位。在城市居民收入上涨相对缓慢的背景之下,房价上涨使得住房可购性大幅降低。高房价已经成为一线城市阻碍人口流入或导致人口流出的最主要原因之一。然而,大城市的发展在很大程度上依赖于人口的不断流入,以保持足够的劳动力供给。上海户籍人口中 60 岁以上的老年人占比逐年上升,截至 2019 年末,该数据已达 35.2%。大量非户籍年轻人的流入是上海人口结构健康的重要保证。如图 3.6 所示,近三年来,非户籍常住人口均已占总人口的 40% 以上,已成为上海市综合发展的重要组成部分,有必要对非户籍人口的住房保障问题给予足够的重视。

然而,如图 3.7 所示,非户籍人口能申请的共有产权房数量十分有限。在 2019 年以后非户籍人口才有申请共有产权房的资格,2019—2021 年,非户籍人口的共有产权房可申请数不足一万套,与占有上海 40% 以上人口比例的现状极度不匹配。在住房保障体系中将户籍人口与非户籍人口区别对待,长此以往,必将给上海

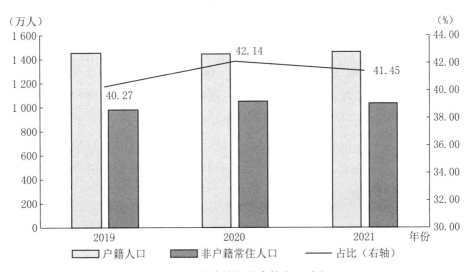

图 3.6　上海户籍与非户籍人口对比

资料来源:上海市住房和城乡管理委员会官方网站。

的人口结构和劳动力供给造成负面影响。这种举措虽然是资源有限条件下的无奈之举,但也带来了极大的不公平,剥夺了那些为这个城市贡献青春的人的基本保障权利。尽管共有产权房申请资格限定已为非户籍人口打开一道口子,但目前针对非户籍人口的房源供给十分有限,仅具有象征意义。因此,有必要加快将非户籍人口纳入住房保障体系的步伐。

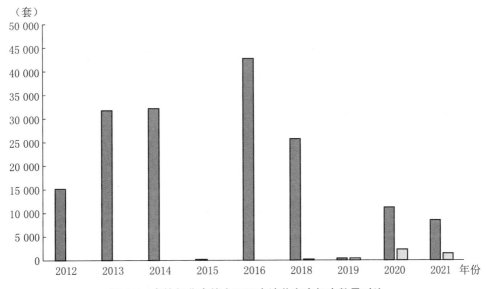

图 3.7　户籍与非户籍人口可申请共有产权房数量对比

注:浅灰色代表非户籍人口可申请共有产权房套数。
资料来源:上海市住房和城乡管理委员会官方网站。

（3）套内空间维度。

共有产权房的供给户型根据保障对象家庭结构的不同，设定不同的标准。户型类别分为一居室、两居室和三居室，套内建筑面积在 40—105 平方米之间（见图 3.8）。其中两居室为主流户型，较大的三居室供给量最少。分户型看，一居室的套内建筑面积在 50 平方米左右，两居室的面积则达到了 70 平方米，三居室最大，但也没有超过 105 平方米。几种户型的数量分布与商品房市场存量房供给情况类似，能够很好地兼顾保障对象的住房需求，同时避免大户型保障房导致的住房过度消费，是比较合理的配比。

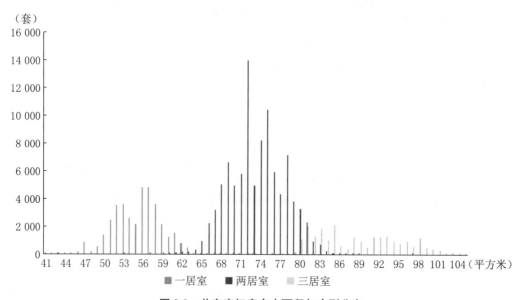

图 3.8 共有产权房套内面积与户型分布
资料来源：上海市住房和城乡管理委员会及上海市各行政区官方网站。

3. 共有产权房的价格

由共有产权新房的发售价格分布图（见图 3.9）不难看出，上海共有产权房售价于 2021 年达到普遍 10 000 元/平方米以上的水平，其中价格最高的虹口区达到 30 000 元/平方米左右。相比之下，上海二手房交易平均价格 2016 年为 40 000 元/平方米左右，2021 年上涨到了 55 000 元/平方米左右。共有产权房的定价远低于二手房市场均价。政府参照购房人支付能力所定的发售价格提供了大幅度的折扣。

更重要的是，除了每平方米价格的折扣之外，购房人在购买共有产权房时可以只购买一部分产权，这进一步降低了获得产权时需要支付的总价。图 3.10 绘制了上海共有产权房每年度的新房发售价格和相应的购房人所购份额。从定价走势可以看到，随着二手房市场价格的走高，共有产权房的定价也逐步走高。但在发售价

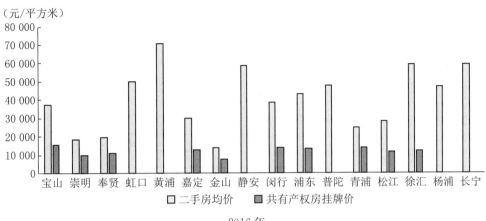

2016 年

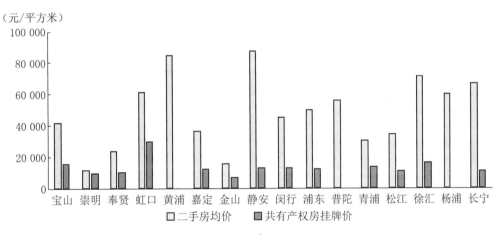

2018 年

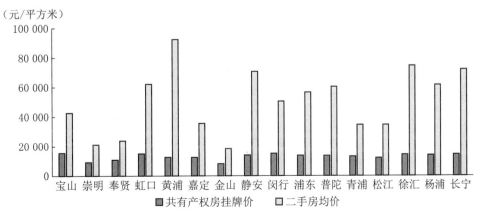

2020 年

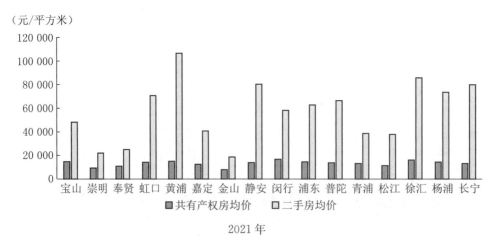

图 3.9　上海共有产权房价格与二手房价格对比

资料来源:作者根据上海市住房和城乡管理委员会、各行政区官方网站及链家官方网站的公开信息汇总。

格最高的 2016 年,平均价格也不到 12 000 元/平方米,大约为同年二手房均价的 25%。同时,考虑到购房人支付能力的限制,购房人所占的份额呈降低的趋势,而政府份额相应提高,以确保购房人支付的总价保持趋势平稳。

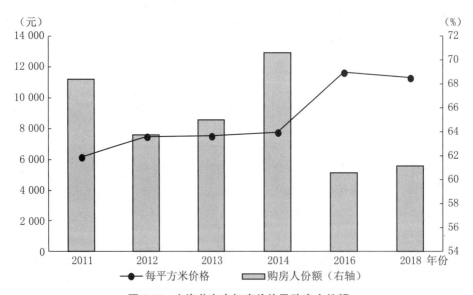

图 3.10　上海共有产权房价格及购房人份额

资料来源:作者根据上海市住房和城乡管理委员会、各行政区官方网站的公开信息汇总。

共有产权房通过价格折扣与政府份额两种方式来为低收入群体提供住房补贴。可以看到,在这两者之中,价格折扣巨大,而政府所持份额占比大约只有三分之一左右。由图 3.10 可见,尽管近年来,价格逐步调高,购房人产权份额降低,但最新的定价仍然大幅度低于市场价格,并且购房人产权份额降低幅度极小。这样的设计可能成为购房人利用共有产权房套利的动机。以市场价格 25％ 的超低价购得三分之二的产权,持有五年后继续以补贴价格购得另外三分之一的政府份额,在二手房市场上以市场价格出售,便可获得投资翻倍的超额收益率。

3.1.3　上海共有产权房的制度梳理

1. 申请人条件

共有产权房主要面向上海户籍人口提供住房保障。上海户籍人口申请共有产权房的资格限定有以下条件:(1)具有上海市城镇常住户口连续满三年,且在提出申请所在地的城镇常住户口连续满两年的上海户籍对象。(2)家庭人均住房建筑面积低于 15 平方米(含 15 平方米)。(3)符合上海共有产权保障住房收入和财产准入标准。即三人及以上家庭人均月可支配收入 6 000 元以下、人均财产 18 万元以下;两人及以下家庭人均可支配收入和人均财产标准按前述标准上浮 20％,即人均月可支配收入 7 200 元以下、人均财产低于 21.6 万元。(4)家庭成员在提出申请前五年内未发生过住房出售行为,也没有把住房赠送给申请家庭成员以外的人。

此外,未婚、丧偶、或者离婚的单身人士,也可以单独申请购买共有产权保障住房,还要同时满足以下三个条件:具有完全民事行为能力;男性年满 28 周岁、女性年满 25 周岁;离婚需满三年。

另外,购房人和同住人取得共有产权保障住房后,不得再次申请共有产权保障住房。即符合条件的居民家庭一生只有一次获得共有产权保障住房的机会。

2020 年 1 月,《上海市人民政府关于修改〈上海市共有产权保障住房管理办法〉的决定》公布,并自 2020 年 2 月 1 日起施行。这个文件标志着上海的共有产权房开始逐渐向非户籍人口开放申请。根据该文件的规定,户籍人口和非户籍人口的共有产权房的购房申请资格限定不同。对于非上海户籍对象,在满足户籍人口的申请资格限定条件的同时,符合以下条件的申请人方可以申请上海共有产权房:(1)持有上海市居住证且积分达到标准分值(120 分);(2)在上海市无住房,即不能在上海有商品房、共有产权房、经济适用房等各类住房;(3)已婚;(4)在上海连续缴纳社会保险或者个人所得税满五年。

2. 申请房型规定

申请家庭可购买的房型主要根据家庭的人口数量与结构确定,具体规定如下:(1)单身申请人士,购买一套一居室;(2)两人或者三人申请家庭,购买一套两居室;

(3)四人及以上申请家庭,购买一套三居室。

在上述供应标准的基础上,申请家庭可以根据自身情况和房源供应数量,选择申请购买较小的房型。

共有产权房的房型设计和相应的申请资格限定避免了申请人过度消费共有产权房,从而保证房源能够合理分配给真正需要的家庭。具体限定条件符合大部分普通家庭在商品房市场购房的户型选择,尤其是与首次置业家庭的刚性需求比较一致,能够较好地满足申请人对居住空间的需求。户型申请可向下调整的灵活性也兼顾了申请人的预算限制。

3. 建设方式

共有产权房的建设主要有两种形式,一是单独选址、集中建设,二是在商品住宅建设项目中配建的方式进行开发建设。单独选址、集中建设的,由区政府指定的建设管理机构通过项目法人招投标的方式,确定具有相应资质和良好社会信誉的房地产企业进行开发建设;或者由区政府直接组织开发建设。在商品住宅建设项目中配建的,按照规定在国有土地使用权出让文件中,明确配建比例和建设要求,并与商品住宅同步建设和交付。建成后,配建的共有产权房按照土地出让合同约定,无偿移交给区住房保障实施机构。

其中,商品住宅建设项目的配建自 2012 年 10 月起,由《关于本市保障性住房配建的实施意见》规范。该文件要求,自实施之日起,"凡新出让土地、用于开发建设商品住宅的建设项目,均应按照不低于该建设项目住宅建筑总面积 5% 的比例,配建保障性住房;郊区有条件的区域,应进一步提高建设项目的配建比例。"此外,该文件还要求,配建的保障性住房必须与商品住宅建设项目标准保持基本一致,共享相同的公共配套设施。在这些配建项目中,除上海市核心区域的房源必须为租赁性质保障房之外,郊区的配建项目相当一部分为产权型保障性住房,即现在的共有产权房。商品房配建是目前共有产权房的重要新房来源。

商品住宅配建保障性住房是一种比较独特的机制。第一,在这个制度下,政府部门无需从公共预算中支出任何金额。相应地,由于保障性住房的配建,政府出让土地的价格相比于无配建土地更低。也就是说,政府部门通过让渡一部分土地出让金来完成保障性住房的建设,省去土地出让、资金划转再支出的复杂流程,提高了效率。第二,一般而言,公营部门直接参与生产建设的方式往往生产效率低下,而私营部门进行公共产品的管理又容易导致资源分配的公平性无法保障。在保障性住房的配建模式中,以私营企业建设为主,建成后无偿转移给公营部门进行后续管理,能够很好地兼顾效率和公平性。第三,相对于保障性住房而言,商品住房土地的供给量大、地域分散。相比于单独选址集中建设的模式,以配建的方式供给保障性住房能够最大限度地让其地域分布也比较分散,从而更好地满足保障性住房居民的区位需求。第四,商品住宅中配建保障性住房可以使得中高收入的普通商品住宅住户和低收入的保障性住房住户近距离共享同一个社区,实现了不同收入阶层居民之间的交互,进而带来不同阶层之间的融合和更高的社会整合度。然而,通过政策干预来强制完成阶层融合也会对普通商品房的资产价值造成负面影响。我们将在下一章节来详细讨论和评估该负面影响。

4. 供后交易管理

共有产权房的供后交易由 2021 年发布的《上海市共有产权保障住房供后管理实施细则》规范。

(1) 共有产权房取得不动产权证未满五年,而购房人购买商品住房不再符合住房困难面积标准的,由政府相关机构按照原购买价格并计银行存款基准利率进行回购。

(2) 共有产权房取得不动产权证满五年的,购房人可选择购买政府产权份额,获得完整产权,将共有产权房变更为普通商品住房;也可选择上市转让。

(3) 购买政府产权份额的,购房人需向住房保障实施机构补缴价款,补缴的价款按照补缴时的房源项目市场基准价格、价格浮动幅度和政府份额比例共同确定。其中,价格浮动幅度为购房人购买共有产权房新房时所确定。

(4) 购房人申请上市转让的,住房保障实施机构具有优先购买权。

(5) 住房保障实施机构决定不优先购买的,购房人方可上市转让。上市转让时,购房人及转让人需参照基准价格及浮动幅度先购买政府产权份额,再进行产权转让。

(6) 2018 年开始实施的非户籍共有产权保障房,在供后管理上与户籍共有产权保障房有不同的制度安排,非户籍家庭申请购买共有产权保障房后不得购买商品住房;购房人购房后五年内如需转让个人产权份额的,回购主体为组织分配供应区的住房保障机构;五年后在取得上海户籍前不得购买政府产权份额或上市转让,但可以将共有产权保障房个人份额转让给其他非户籍对象。

根据上述共有产权房的供后交易管理规则,购房人有较大的自由空间可以处置共有产权房的产权。首先,购买政府产权份额的选项让购房人在住房支付能力得到提升后,可以进一步扩大家庭资产中的住房资产配置。获得共有产权房的完整产权并将其变更为商品房后,也能够提升住房的流动性,使其拥有的资产价值得到进一步提升。其次,若购房人另外购买商品房至其不再满足住房保障的条件,则要求其必须通过政府回购的方式让出共有产权房,确保共有产权房只保障有需要的居民家庭,避免保障性住房资源的错位分配。

上述实施细则存在以下几个方面的问题。第一,共有产权房的上市转售/购买政府产权仅有五年的限售期。设置限售期的初衷是避免购房人将共有产权房作为投资工具,以上市转让获利为目的申请共有产权房,而只将改善住房条件、将住房用于消费作为次要目的。然而,五年的限售期太短。一方面,由于在普通商品住房的交易中,超过五年持有期之后再出售能够享有一定的交易税费优惠,大部分普通商品房投资者往往会持有超过五年。这就使得共有产权房五年的限售期并不能从根本上降低其流动性,没有很好地抑制住其投资价值、突显居住消费价值。另一方面,由于共有产权房在新房发售时价格较普通商品房有大幅折扣,购房人若购买政府份额获得其完整产权后,再将其作为普通商品住房销售,一般能够确保大幅度获利。这个定价机制甚至强化了共有产权房的投资价值,违背了住房保障的初衷。第二,为了尽可能地保留共有产权房房源的政府产权份额不被大规模地买断,从而流出共有产权房的存量池,上述细则在多种情况下规定了购房人将共有产权房房源上市转让前具有政府优先购买权,政府购买的主体为区住房保障实施机构。然而,我们在相关区的调研中发现,区住房保障机构既没有预算也没有相关账户可用于购买共有产权房的个人份额,导致规定无法落地。结果是,五年之内不再满足住房困难条件的家庭可继续占用共有产权房,而五年之后申请上市转让的房源政府均放弃优先购买权,房源流出共有产权房的存量池。第三,共有产权房的供后交易多个环节的定价都依据基准价格确定。然而,市住房保障机构所核定的基准价格每年只调整一次,并不能紧跟市场波动。在市场价格短期波动较大时,容易造成交易价格的不公平或影响购房人的交易决策。

3.2 上海共有产权房制度的进一步完善

3.2.1 共有产权房制度国际经验分析

尽管上海的共有产权房体系发展和制度管理在全国范围内处于领先地位,但就国际比较而言,上海目前的共有产权房体系规模尚小,还处于不断的制度调整和发展之中。部分更为发达的国家或地区为居民提供了规模更大、可得性更高的共有产权房供给,同时也积累了许多值得我们借鉴的制度管理经验。本小节中,我们选取中国香港和新加坡为案例,就其共有产权房体系中值得我们借鉴的制度特征加以分析。其中,尤其以香港的"居者有其屋"计划(以下简称"居屋")与上海的共有产权房制度设计高度相似,值得重点分析。

1. 香港居屋经验

(1) 居屋的基本情况。

香港的保障性住房由多个保障性住房计划组成,其中包括租赁型住房和产权型住房。大部分保障性住房分布在城市郊区。但由于城市的不断扩张,一些早期的保障性住房项目所在的位置如今已发展成为城市中心地带。全港除政府办公楼所在的湾仔区之外,其他所有区均分布有保障性住房项目。绝大部分保障性住房都呈现高密度的高层住宅形态。近年来,新建的保障性住房基本都由超过 40 层的楼宇组成。

在香港所有类型的存量住房供给中,保障性住房供给占到近半壁江山。居屋是香港最具有代表性的产权型保障性住房计划。于 1978 年正式启动,旨在以低于市场价格的水平出售政府主导兴建的住房,为公共租赁房屋住户及其他中低收入家庭提供可购性较高的产权型保障性住房。第一批向市场供应的居屋由六个小区组成,总共以远低于市场价的价格供给超过 8 000 个单位的面积为 42—78 平方米①的住房。截至 2020 年 9 月,居屋总共向市场供应近 35 万套保障性住房。由图 3.11 可见,以共有产权房为代表的产权型保障性住房占比约 15%,为约 100 万香港人提供居所。

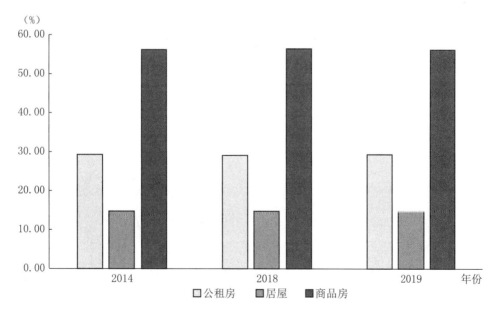

图 3.11　中国香港各类型存量住房供给比例

资料来源:香港房屋委员会年度报告。

---

① 这里所指的面积为套内使用面积,相对应的建筑面积大约为 60—100 平方米。

　　居屋的供给数量(见图3.12)在20世纪的20年呈现持续大幅上涨的态势,至今为止,存量居屋的总供给量十分可观。自1998年的亚洲金融危机起,香港地区的宏观经济发展受到了较大的负面冲击,房价也相应地下跌。由图3.13可见,截至2003年年中,房价较1998年的最高点下跌近70%。房价急剧下跌的过程中,在商品房市场上以全价购买完整住房产权的中产阶层资产规模大幅缩水,同时还背负着沉重的住房抵押贷款。而中低收入家庭却仍能够以低于市场价格的代价购得新建居屋。部分中产阶层认为,在房价持续下行的市场环境中,居屋的持续供给是

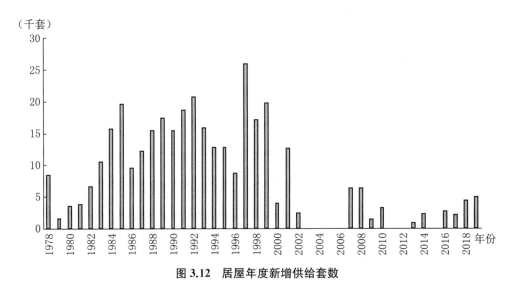

图3.12　居屋年度新增供给套数

资料来源:香港房屋委员会年度报告。

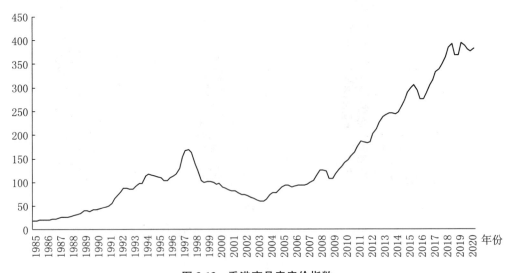

图3.13　香港商品房房价指数

资料来源:香港差饷物业估价署官方网站。

房价进一步下跌的重要成因。市场的外生性冲击及稳定延续的保障性住房政策带来的财富分配不公平导致社会不满情绪高涨。香港特区政府于 2001 年宣布暂停居屋供给。

2007 年,香港房价触底反弹、持续上涨四年之后,香港特区政府宣布重启居屋,第一阶段以供给 2001 年前已建成但尚未分配的剩余房源,2007—2011 年供给共计 17 000 余套。新建成房源于 2013 年开始向市场供给,但供给量大幅下降,年均供给约 2 500 个单位,供给量仅占 20 世纪 90 年代年均供给量的十分之一左右。随着房价高企,香港成为全球房价收入比最高的城市,商品房可购性大幅下降,居屋申请成为大部分无房家庭购房的唯一希望,供不应求。近年来,居屋的中签率一再创下新低,仅有不足 2% 符合条件的申请者可成功购得。住房问题再一次成为引发社会矛盾的导火索,亟待解决。

图 3.14 描绘了自 1978 年以来,每年供给居屋的最大面积及最小面积。大部分居屋单位都依照标准化户型设计并建造,小至紧凑的单身公寓户型,大至百平米的大户型,户型丰富多样,且建筑质量标准并不明显低于高价的商品房,能够为多种家庭结构的中低收入家庭提供相当体面的住房条件。在 2002 年以前的居屋年度供给中,最大的单位面积逐渐增大。2014 年之后,市场整体房价攀高、住房可购性急剧下降,单套居屋的供给面积也随之下降。

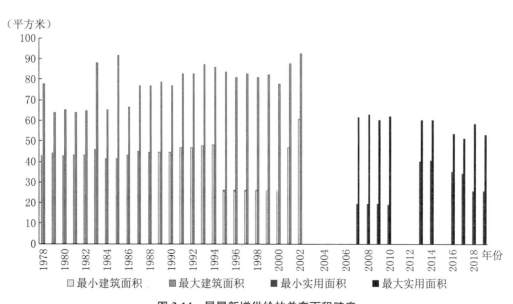

图 3.14　居屋新增供给的单套面积跨度

注:在官方公布的数据中,2002 年之前供给的单位以建筑面积标准计算面积,2007 年及以后供给的单位以使用面积标准计算面积。2002—2006 年及 2011—2012 年,未有任何新增居屋单位供给。

资料来源:香港房屋委员会年度报告。

尽管近年来居屋的绝对供给数量及单套居屋的面积均有较明显的下降,但是在由租赁型和产权型保障性住房共同组成的新增供给体系中,香港在较长时期内,保证了产权型保障性住房的供给占比处于稳定的水平。通过居屋购房的居民家庭占比与全体居民家庭中拥有住房产权的家庭占比保持同步波动。自2000年起,在占所有居民家庭将近一半的被保障家庭中,又有超过30%的被保障家庭通过政府住房保障计划以远低于住房市场的价格获得了住房产权(见图3.15)。这意味着,在过去近20年住房价格飞速上涨、房价指数不断翻倍的过程中,逾42万个家庭在政府住房保障制度下充分享受到了住房价值上涨的资本利得,享受到了社会发展的成果,避免了由于房价上涨而越来越难以获得住房产权的悲剧性后果。

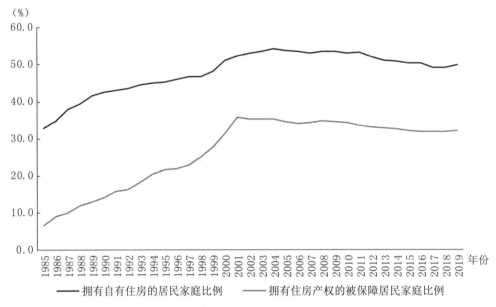

图3.15　拥有住房产权的居民家庭比例

资料来源:香港房屋委员会年度报告。

(2)居屋的新房销售制度。

● 购买资格。

香港居屋的新房销售对象包括两类群体——绿表买家和白表买家。其中,绿表买家主要为公租房住户及拥有公租房申请资格的买家;白表买家主要为其他符合家庭收入和净资产限定条件的买家。其中,白表买家主要为"夹心层"买家,其住房购买力普遍高于绿表买家,但仍无力在商品房市场上购得全产权住房。2020年9月的白表资格限定条件为:个人申请者月收入不超过33 000元港币,净资产不超过850 000元港币;家庭申请者的家庭月收入不超过66 000元港币,家庭净资产不超过1 700 000元港币。

在居屋的新房销售过程中,政府将每批次的供给房源提前根据两类申请者的数量,在绿表买家和白表买家之间确定分配比例,并分别在绿表买家和白表买家中分别确定各类型申请者的优先级别。绿表买家中各类型申请者的优先级别为:受公屋清退计划(老旧公租房拆除重建)影响的公租房住户优先;包括老年人的家庭申请者其次;其他家庭申请者次之;个人申请者最后。白表买家中各类型申请者的优先级别为:包括老年人的核心家庭①优先;其他核心家庭其次;其他家庭结构次之;个人申请者最后。

● 销售价格。

香港的居屋由房屋委员会负责向符合申请条件的申请者出售。当申请者数量超过房源供给数量时,由派位系统随机排序来决定成功的申请者,以及具有优先选房权利的申请者。居屋新房的销售价格以评估的市场价格为基础,再以 7%—60% 不等的折扣出售给合格申请人。其中,购房者支付的价格比例即为其获得的居屋产权份额,价格折让部分即为政府持有的产权份额。例如,当折扣为 40% 时,购房者通过支付居屋市场价值的 60% 以获得 60% 的产权,政府持有剩余 40% 的产权。图 3.16 展示了自 1978 年起,每年供给居屋的最高及最低折扣波动。折扣主要由商品房市场的住房可购性和政府预算决定,一般当房价高企、住房可购性下降时,新建居屋将提供更高的折扣比例。

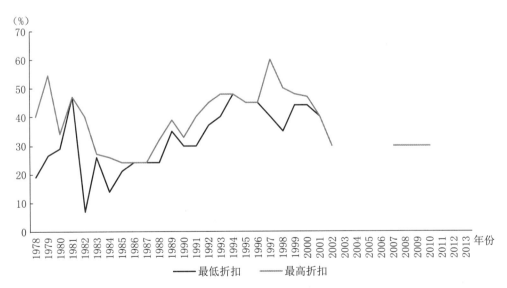

图 3.16　居屋新房销售的折扣

注:2002—2006 年及 2011—2012 年未有任何新增居屋单位供给。
资料来源:作者根据香港房屋委员会官方网站的公开数据汇总。

---

① 核心家庭:指家庭内部只包含一对夫妻或一代亲子关系的家庭。非核心家庭则指以祖父母或外祖父母及孙辈组成的家庭。

● *存量居屋的流转制度。*

居屋业主在购得居屋并持有满三年以后可以选择出售居屋。业主一旦选择出售居屋,其本人及其伴侣不再拥有购买新建居屋或二手居屋的资格。居屋的流转可在两个并行的市场中进行,业主可择其一出售居屋的产权。

一是居屋的二手流转市场,其中的买家受到资格限定,包括未成功购得新建居屋的绿表买家和白表买家。合格的买家可以交易双方自由协定的价格购得原业主所持有的居屋产权份额,剩余的份额仍然由政府继续持有,无需在业主出售之前以标的居屋的当前市场价值购得政府所持有的产权份额(即补地价)。

二是普通商品房交易市场,其中的买家为任意具有香港购房资格的买家,但要求居屋业主补地价,完成居屋单位的私有化。居屋私有化之后性质转为普通商品房,交易的产权标的为完整的住房产权,买家后续的交易不再受到任何针对保障性住房的交易限制。

截至 2015 年,大约已有三万套居屋被私有化,占全部居屋存量的 10% 左右。尽管私有化的总量占比并不高,但相比于有限的新增供给量,居屋的私有化仍然是客观的居屋存量流出。图 3.17 为 1995—2015 年 20 年间居屋私有化的速度。由图 3.17 可见,在 2010 年前,居屋私有化的速度在房价上涨的时期增长较快;而在房价下跌的时期,该速度随着房价的下跌而迅速下降,体现出居屋业主兑现居屋投资资本利得的动机。2010 年房价指数创新高以后,居屋私有化的速度下降。

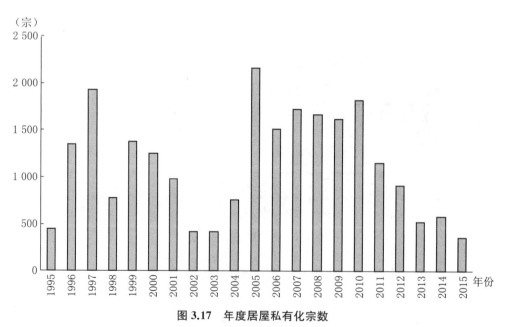

图 3.17　年度居屋私有化宗数

资料来源:作者根据香港房屋委员会官方网站数据及 EPRC 数据库信息汇总。

表 3.1 进一步揭示了居屋私有化速度下降缘由。对比非私有化居屋在居屋二手流转市场的交易价格与私有化居屋在商品房市场的流转价格可知,非私有化的居屋表现出高达 15％的交易溢价。政府持有产权比例越高,居屋总价值越低,商品房市场住房可购性越低,该溢价则越高。2010 年后,普通商品房价格急剧上涨,购买全产权房的难度增加,受补贴的居屋变得炙手可热。居屋业主更多地选择在二手市场流转居屋,以赚取更高的资本利得。相对而言,居屋私有化变得无利可图。在目前香港的居屋二手流转制度下,居屋业主在流转时机及出售渠道的选择上,体现出较强的投资行为倾向。

表 3.1　非私有化居屋对比私有化居屋的交易溢价

Dept. var.	log(discount-adjusted $S2S$ price) or log($S2P$ Price)			
$S2S$	0.152 ***	0.188 ***	0.187 ***	0.180 ***
	(0.002)	(0.002)	(0.002)	(0.002)
$S2S \times Discount$		1.225 ***	1.226 ***	1.242 ***
		(0.016)	(0.016)	(0.016)
$S2S \times rel.P$			−0.012 **	−0.028 ***
			(0.005)	(0.005)
$S2S \times PI$				0.160 ***
				(0.005)
$S2S \times yield$		0.396 ***	0.399 ***	0.764 ***
		(0.007)	(0.007)	(0.012)
Constant	−11.349 ***	−11.730 ***	−11.758 ***	−11.664 ***
	(0.031)	(0.031)	(0.033)	(0.032)
Control variables	Yes	Yes	Yes	Yes
Estate fixed effects	Yes	Yes	Yes	Yes
Observations	76 205	76 205	76 205	76 205
Adjusted R^2	0.907	0.916	0.916	0.917

注:被解释变量为非私有化居屋(已折算为 100％产权的价格)或私有化居屋的交易价格;$S2S$ 指代未私有化的居屋;$Discount$ 为政府持有产权份额比例;$rel.P$ 为居屋相对价格,户型越大、单价越高的居屋 $rel.P$ 取值越高;PI 为商品房市场的住房可购性,由收入房价比衡量;$yield$ 为商品房市场的住房租售比。此回归分析中空置了样本的区位、面积、房龄、楼层、区域市场价格指数等变量。

资料来源:Wong, et al., 2022。

(3) 香港居屋制度经验探讨。

对比上海共有产权房制度与香港的居屋制度可知,两者在制度细节设计上的相似度极高。香港的居屋发展已经历40余年,经历了香港宏观经济及房地产市场的起起落落。当前,以居屋居住人口比例占市民总人口比例的标准计算,其存量规模远大于上海的共有产权房。香港居屋的管理制度调整所揭示的经验及教训值得上海借鉴。

住房产权补贴分配存在公平性问题。一是对中等收入"夹心层"家庭的不公平。香港商品房价格自2003年起至今已上涨500%,而在此期间居民收入上涨乏力,使得住房可购性一再下降,绝大部分年轻人购房无望。在此背景下,为低收入家庭提供低价获得居屋的渠道,对无法购房又不满足居屋购房资格的中等收入"夹心层"家庭来说是不公平的,易引发社会矛盾。二是对满足居屋购买条件但在派筹中未能购得居屋的家庭来说不公平。2020年的居屋随机派筹中,只有2%的申请者有幸购得居屋。存在大量轮候多年而未得的申请者。在房价收入比急速上涨的背景下,购房将越来越难,部分居民未来甚至可能失去住房购买能力。有幸购得居屋的家庭则能享受到可观的资本利得。

低流动性导致后续供给乏力。为改善居屋流动性,2013年,香港特区政府首次允许白表买家在居屋二手流转市场以不补地价的形式购买居屋。于2013年及2015年分别发放5 000个及2 500个白表名额后,香港特区政府于2017年底推动白表第二市场的常态化管理,并于之后的三年中分别发放2 500个、3 000个和4 500个白表名额。尽管在制度设计中,香港的居屋已为其业主提供多个出售居屋的渠道,鼓励业主在收入上涨之后换购商品房,腾空居屋,为后来的中低收入家庭提供"上车"的机会。然而事实上,无论是居屋二手流转市场或是居屋私有化市场,居屋的流动性都远不及普通商品房。加之新建居屋的供给量锐减,年轻的中低收入家庭越来越难以通过居屋来踏上购房阶梯的第一步。同时,居屋的供不应求也加大了政府供给新建居屋的财政压力,居屋计划的整体可持续性不足。

最短持有期限制的设定无法有效抑制投机行为。考虑到鼓励居屋的流动,为不断满足较年轻中低收入家庭的购房需求,香港居屋的二手限售期仅三年。然而,在房价快速上涨的背景下,短至三年的限售期给了居屋业主进行短期投资获利的机会。2013年,香港特区政府宣布启动居屋白表第二市场,有近两万个中等收入的家庭获得了白表买家的资格,其中部分已顺利购得居屋。2020年,本地媒体梳理了共77宗白表买家转售居屋的交易,发现白表买家平均获利高达

240 万港币①，居屋沦为白表买家投资工具的呼声四起。如何在公平性、流动性与限制投资之间取得平衡，是居屋制度设计中的难点。

需灵活谨慎管理产权型住房与商品房的市场竞争关系。在住宅土地有限供给的前提下，居屋的新增供给与商品房的供给之间存在竞争关系。当商品房价格下行时，居屋的供给计划需灵活并及时调整，否则商品房的价格下跌趋势将由于居屋供给的延续性而进一步恶化。当商品房价格上行时，住宅土地供给在居屋与商品房之间的分配比例需谨慎考量，过多地供给居屋将进一步造成商品房价格上涨，使无法获得住房保障资格的"夹心层"家庭利益受损；而过少地供给居屋则将进一步导致中低收入家庭购房困难，引起社会矛盾。

2. 新加坡组屋经验

在制度设计上，新加坡的组屋并未采用政府与家庭共同持有房屋产权的形式。新加坡政府是组屋的主要供给方，其为组屋的新房提供十分可观的价格折扣及多种购房补贴，同时也在组屋的购买、销售等方面设定了严格的限定，来尽可能地突出组屋的居住属性、压制其投资属性；因此，组屋也具有类似于共有产权房的大部分保障性住房特征，可以作为我们发展共有产权房的重要参考对象。组屋的制度设计及其发展经验都值得我们在发展共有产权房的过程中学习和借鉴。

（1）组屋的基本情况。

新加坡建国之初便面临严重的房屋短缺，导致住房拥挤、贫民窟等问题。新加坡成立建屋发展局（Housing and Development Board，HDB），并于 1964 年开始推行其"居者有其屋"计划，由建屋发展局主导大规模建设质优价低的组屋，并鼓励低收入和中等收入家庭购买组屋。这一组屋计划帮助了大部分新加坡国民获得固定资产、分享了国家发展成果，提高了新加坡在经济、社会和政治上的稳定性。到目前为止，80%的新加坡公民居住在公共房屋中，这些居住在公共房屋的公民中有90%拥有住房产权。

组屋的户型设计非常丰富。表 3.2 罗列了组屋的户型类型。户型的面积跨度从 40 平方米左右的单身公寓到 130 平方米的行政套房，能够为不同类型的家庭提供合适的居住空间。同时，也能满足不同支付能力的家庭对于住房空间的不同诉求。其中，行政套房的建设由私人开发商建设，其建筑标准类似于私人住宅，能够

---

① 资料来源：2020 年 10 月 5 日《明报》报道《白居二带挈　業主平均賺 240 萬 本研社批渝炒賣工具 房委成員促收緊轉售限制》。

为较高收入家庭提供舒适的居住环境。表 3.3 统计了居住在不同类型的住房中的居民家庭数量及比例。其中,只有 20% 左右的家庭居住在环境更豪华、单价更高且更具有投资属性的私人住宅中。超过 50% 的家庭居住在由政府提供的空间较为宽裕的三室或以上的住房中。

表 3.2　组屋的主要户型类型

	两房户型	三房户型	四房户型	五房户型	三代同堂组屋	共管公寓
面积(平方米)	36/45	60—65	90	110	115	130
卧室数量	1	2	3	3	4	3
卫生间数量	1	2	2	2	3	2

注:表中所列户型的名称为建屋发展局官方命名,与中国对于户型的一贯指代略不相同。其中,两房户型并非带有两个卧室的两房户型,而是带有一房一卫的公寓,以此类推。

资料来源:Phang, et al., 2016。

表 3.3　居民家庭在不同类型住房中的分布

住房类型	住户比例(%)	在业家庭平均月收入(新加坡元)
总　　计	1 200 000＝100	
建屋发展局组屋合计	80.4	
一至两房户型	5.3	2 313
三房户型	18.3	5 805
四房户型	32.2	8 293
五房户型和共管公寓	24.4	11 606
私人住宅类型		
公　　寓	13.5	19 843
别　　墅	5.8	27 363

注:上表根据新加坡 2015 年度公布的人口普查数据统计。其中,私人住宅分为公寓(condominium & other apartments)和别墅(landed properties)两类。

资料来源:Phang, et al., 2016。

表 3.4 统计了自 1970 年起,新加坡总体的住房存量、供给和住房自有率。值得注意的是,通过建屋发展局近 40 年大力发展组屋的努力,新加坡的住房自有率在 1970—1990 年以每年 20% 的速度上涨,截至 1990 年,新加坡住房自有率已经达到接近 90% 的水平。在接下来近 30 年的发展中,尽管组屋在总存量中的占比率有所下降,但整体住房自有率一直保持在 90% 左右,新加坡已成为世界上市场经济国家中住房自有率最高的国家。2000 年之前的每十年,组屋存量的增速均高于人口

增长速度。由表 3.4 可见，2000 年至 2010 年的十年间组屋供给量减少，组屋存量仅增加了 6%，其增速较人口增长速度出现较大的缺口，同时私人住宅增速较快，导致市场产生较大的波动。

表 3.4　新加坡住房存量、住房供给和住房自有率（1970—2015 年）

年　份	人口（千人）	总存量（套）	组屋存量（套）	私人住宅（套）	户均人口（人）	组屋占比（%）	住房自有率（%）
1970	2 075	305 833	120 138	185 695	6.8	39	29.40
1980	2 414	467 142	337 198	129 944	5.2	72	58.80
1990	3 047	690 561	574 443	116 118	4.4	83	87.50
2000	4 017	1 039 677	846 649	193 028	3.9	81	92.00
2010	5 076	1 156 732	898 532	258 200	4.4	78	87.20
2015	5 535	1 296 304	968 856	327 448	4.3	75	90.30
每十年间增长速度（%）							
1970—1980	16	53	181	−30	−24	84	100
1980—1990	26	48	70	−11	−15	15	49
1990—2000	32	51	47	66	−12	−2	5
2000—2010	26	11	6	34	14	−5	−5
2010—2015	9	12	8	27	−3	−4	4

资料来源：Phang，et al.，2016。

自 1977 年起，新加坡年度组屋供给增量及当年存量如图 3.18 所示。平均的年度供给增量超过 22 000 套。结合平均 4.5 左右的户均人口数，年度组屋增量可为近十万人提供住所。由灰色线条所示的增量波动可见，组屋的供给在 1990 年左右及 2007 年左右经历了两轮大幅的缩减，年度供给增量分别降至 10 000 套和不足 5 000 套。组屋供给数量的波动结合图 3.19 所示的公共住宅价格指数，可以大致理清新加坡组屋价格的机制。

1990 年前后的一轮供给缩减，加上 1998 年亚洲金融危机爆发前的经济繁荣，使组屋价格在亚洲金融危机前夕迅速上涨至 1990 年的四倍。之后，亚洲金融危机对新加坡宏观经济产生了负面冲击，组屋短期内快速下跌。作为稳定住房市场的应对方案，新加坡政府大幅度缩减了新增组屋的供给。2001—2010 年的十年间，组屋的存量仅增加了 6%，新加坡以此保持了住房价格的较长时间内的大致平稳。2008 年全球金融危机带来的宽松货币政策，加上新加坡人口的快速增长，使得组屋价格在 2007 年再一次出现显著上涨趋势，并在 2007—2013 年的六年内翻番。

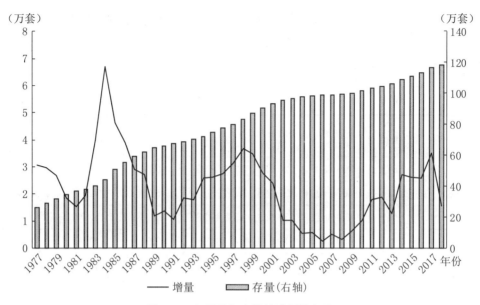

图 3.18 组屋的年度供给增量及存量

资料来源:新加坡建屋发展局官方网站。

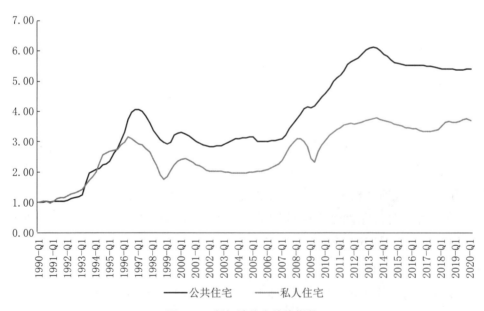

图 3.19 新加坡住宅价格指数

注:公共住宅价格指数为公共住宅的二手房交易价格指数。
资料来源:新加坡建屋发展局官方网站。

住房收入比也在 2010 年之后达到 5 以上,成为 2000 年之后的历史高点,引发了民众对于当局住房管理制度的不满。因此,新加坡政府降低了购房资格门槛,并再一次加快组屋的新增供给,组屋二手交易价格走低,住房收入比也于 2015 年降至 4.5

以下,回到自 2000 年以后的历史平均水平。

对照图 3.19 所示的价格指数与图 3.20 所示的组屋交易量波动情况可以发现,在新加坡组屋二手交易市场,交易量与价格之间呈负相关关系,价格上涨会抑制交易量。这与中国和其他大多数国家的商品住房市场规律不同。一般而言,住房价格上涨伴随交易量的上升,而价格下跌伴随交易量的萎缩。这一正相关的关系是由于住房的投资属性,价格上涨会吸引更多的投资,从而驱动交易量的上涨。而在新加坡,尽管组屋拥有活跃的二手交易市场,且由大部分国民共同参与,但其二手交易通过制度设计极大地抑制了住房的投资属性,主要体现出住房作为消费品用于居住的属性。因而,交易的活跃与否主要取决于住房可购性。房价下跌时住房可购性增强,老百姓买得起房,组屋交易量便上涨。这个独特的量价机制充分体现了组屋制度设计中大规模广泛保障的特征。

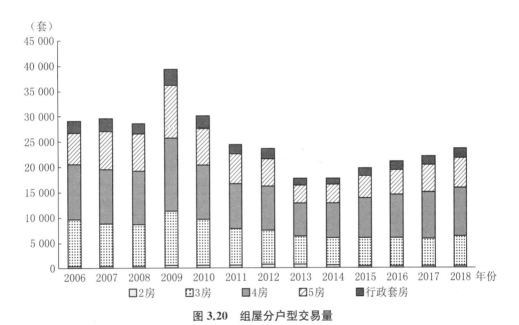

图 3.20　组屋分户型交易量

注:公共住宅价格指数为公共住宅的二手房交易价格指数。
资料来源:新加坡建屋发展局官方网站。

（2）组屋的核心制度设计。

● 土地。

组屋发展的土地有两大来源。一是政府无偿划拨给建屋发展局的国有土地。在新加坡,土地的产权分为国家所有与个人所有两种,其中,国有土地占比为85％,政府有足够的能力为组屋发展提供足够的土地供给。新加坡政府的运行并不依赖于土地财政,而主要依靠税收,从而有效地避免了高房价高地价的恶性循环。二是私人土地。新加坡政府在 1966 年颁布《土地征用法令》,规定政府可以建造组屋为目的强制征收私人土地,并给予补偿。补偿款的确认原则为,私人土地业主不应当享受通过使用公共支出所带来的区域发展成果。这两大来源保证了组屋建设拥有充足的低成本土地资源,确保了日后组屋大规模发展的可持续性。自1990 年起,新加坡的组屋建设量便稳定在所有住宅供给总量的 99% 以上,商品住宅只占不到 1%,如表 3.5 所示。

表 3.5　组屋和私人住宅的供给

年　　份	总供给（套）	组屋供给（套）	私人住宅供给（套）	组屋占比（%）	商品房占比（%）
1960—1965	54 430	53 777	653	98.80	1.20
1966—1970	66 239	63 448	2 791	95.79	4.21
1971—1975	113 819	110 362	3 457	96.96	3.04
1976—1980	137 670	130 981	6 689	95.14	4.86
1981—1985	200 377	189 299	11 078	94.47	5.53
1986—1990	121 400	119 708	1 692	98.61	1.39
1991—1995	99 557	98 994	563	99.43	0.57
1996—2000	158 621	157 919	702	99.56	0.44
2001—2005	55 515	55 135	380	99.32	0.68
2006—2010	23 653	23 519	134	99.43	0.57
2011—2015	97 235	96 991	244	99.75	0.25
2016—2019	91 582	90 905	677	99.26	0.74

资料来源:新加坡建屋发展局官方网站。

　　在新加坡的土地制度下,土地分为租业权的土地和永业权的土地两种产权形式。组屋建设所用的土地均为 99 年租约的租业权土地。租约到期之后,政府无偿收回土地。

　　● 市场结构。

　　新加坡的组屋由一级市场(即新房市场)和二级市场(即二手房交易市场)组成。建屋发展局是组屋新房的建造者和唯一出售方。建屋发展局拿地之后,成批量的建造和向市场供给组屋的新房。符合购房资格限定的新加坡居民可以向建屋发展局直接申请购买新房。一般申购人数超过新房供应量,因此建屋发展局通过随机摇号决定成功的申购者。成功申购得新房之后,申购者购得的并非现房而是期房。目前的等候交房时间约为三年。组屋二手房交易市场的交易遵循市场化的原则,受到的限制相对较少。组屋业主购得新房并持有至少五年之后,可以选择在公开市场出售。符合购房资格限定的买房与卖方之间自由协定交易价格并成交。由图 3.21 所示的组屋二手房交易价格指数与私人住宅价格指数的走势可见,组屋的价格走势在很大程度上带动了私人住宅的价格指数,尽管涨跌幅度有不同,但两者呈现十分相似的价格波动趋势。可见组屋二手交易的市场化程度之高。

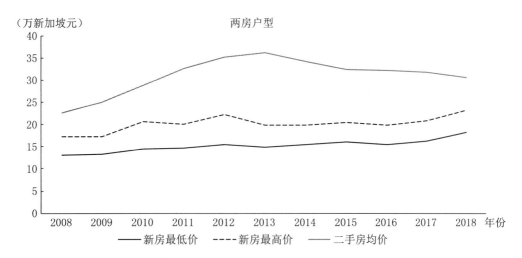

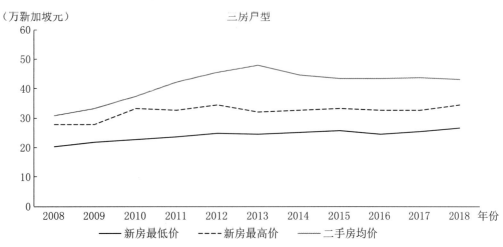

图 3.21 组屋新房及二手房的平均交易价格

资料来源:新加坡建屋发展局官方网站。

组屋新房的定价低于市场价。图 3.21 展示了与公开市场交易的二手组屋相比,组屋新房的价格一般低至约 60%—70%。一方面,价格折扣体现了组屋新房的保障性质,另一方面,新房的区位与二手房不同,基本都位于较偏远的尚未发展成熟的社区。由于存在较大的价格折扣,组屋新房的申购人数较多,供不应求。

● 购房资格。

建屋发展局针对组屋新房的申购设定了购房资格限定。符合购房资格限定的人士或家庭可直接向建屋发展局申购组屋新房。组屋包括一房一卫的公寓、两房一卫及以上的普通组屋和行政公寓等多种类型。不同类型的组屋新房适用于不同的资格限定。购买两房一卫及以上的常规组屋的主要资格限定包括以下几个方面:申购家庭成员中至少有两名新加坡公民,或至少有一名新加坡公民和一名新加坡永久居民;申请人年满 21 周岁;家庭月收入不超过设定上限;申请人最多只购买过一次组屋,且最多只使用过一次住房公积金购房;申请人未在本土或海外拥有不动产产权;自成功购得组屋之日起,在五年的最短占用期内不能投资私人住宅。[①]其中家庭月收入的上限为 7 000、14 000 或 21 000 新加坡元,购买的组屋户型越大,则收入上限越高。购买其他类型组屋的资格限定大同小异,在具体的限定值上略有不同。在这六条资格限定中,核心的规则是"申请人最多只购买过一次组屋,且最多只使用过一次住房公积金购房"这条。也就是说,每位新加坡公民或永久居民一生拥有两次机会购买和出售组屋。由于组屋新房享受相当大的折扣,这两次在公开市场出售组屋的机会一般会带来非常大的资本利得。

除此之外,组屋的新房发售中还考虑了在多种特殊情况下给予购房优先权。例如,首次购房者、已婚子女与父母同居的家庭、已婚子女购买与父母居所临近的组屋以方便相互照顾的家庭、拥有三个或以上子女的家庭、离异或丧偶的二次购房者、公租房租户,以及年长者均在新房摇号中享受优待。

总体而言,新加坡对购买组屋新房的资格限定较宽松,尤其是家庭月收入上限超过了新加坡国民的平均家庭月收入,远超过家庭月收入的中位数。由此可见,绝大部分新加坡国民都具有购买组屋的资格,通过大规模的国家投入实现几近全民住房保障。

● 公积金。

新加坡从 1968 年开始实施住房公积金制度。至今,高额的住房公积金是新加坡住房体系中重要的特征。新加坡的住房公积金制度与中国的住房公积金制度相似。雇主和雇员每个月强制缴纳雇员收入一定比例的金额作为雇员的公积金。最初的缴纳比例为雇主和雇员分别缴纳工资的 5%,而后缴纳比例逐步提升。截至2019 年的缴纳比例为雇主缴纳 17%,雇员缴纳 20%,合共不超过每月 6 000 新加

---

① 新加坡居民家庭(包括在职与非在职家庭成员)在 2019 年的平均月收入为 10 750 新加坡元,家庭月收入中位数为 9 781 新加坡元。

坡元。截至 2019 年的年报,新加坡公积金的净资产为 42 848 千万新加坡元,新加坡的 GDP 为 50 756 千万新加坡元,公积金的净资产高达 GDP 的近 85%。这一巨大的资产池通过直接提供购房资助、低息抵押贷款融资等方式,为新加坡国民提供了强有力的住房保障。

新加坡的公积金使用管理遵循了逐步自由化的路径,从最初的只允许用于购买组屋,到如今可提取用于购买包括私人住宅的住房,以及用于医疗支出等非住房支出,但依然主要用于住房支出。符合条件的购房者在购房时可享受直接的公积金购房资助,包括 Enhanced CPF Housing Grant(EHG),Additional CPF Housing Grant(AHG)和 Special CPF Housing Grant(SHG)等多个项目,适用于不同的购房者。图 3.22 绘制了自 2010—2018 年组屋新房出售时平均资助后购房总价占资助前购房总价的比例。在组屋新房定价原本低于市场价的基础上,政府再通过公积金的方式给购房人 25% 左右的资助。自 2012 年起,随着市场房价的逐步提高,公积金购房资助进一步上涨。2018 年,资助比例为 30%,购房人仅需支付原房价70% 的价格就可购得组屋新房,保障性住房的可购性维持在较高的水平。

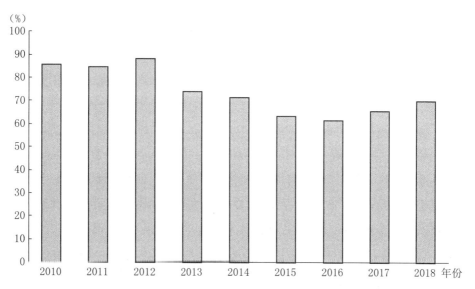

图 3.22　2010—2018 年组屋新房的公积金资助价格占原价的比例

资料来源:新加坡建屋发展局官方网站。

此外,与中国公积金制度相似,新加坡建屋发展局向购房者发放低息的公积金住房抵押贷款。一般而言,贷款金额可覆盖房价的 80%。公积金住房抵押贷款的利率固定在高于公积金账户利率 0.1% 的水平上,使贷款购房者免于承担利率波动风险。

● 组屋的流转。

在 20 世纪 70 年代,组屋的出售受到极大的限制,从而导致整个组屋市场的流动性极低,组屋住户逐渐出现了职住分离的现象。随着居住年份越来越长,组屋住户的通勤时间也由于工作变动而拉长。居民家庭收入逐渐提高之后,居民的住房改善需求无法得到满足。于是,新加坡政府逐步放开了组屋流转的限制,降低购房资格设定门槛,大大激发了组屋二手交易市场的活跃度。组屋二手交易市场的年均交易量在 25 000 宗左右。在市场最为火热的 2009 年,交易量达到了近 40 000 宗。

目前,在组屋的二手市场上购房的限定相比于购买组屋新房更宽松,主要包括以下几个方面:已经拥有组屋产权的申请人必须在二手房市场上购得组屋之前或购得之后的六个月内出售已有的组屋;申请人在本土或海外不拥有私人住宅产权,否则必须在购得组屋的六个月内出售私人住宅产权。购买二手组屋不受家庭收入的限制。但是,若需要在购房时使用住房公积金或建屋发展局住房贷款,则家庭月收入不得超过设定的上限。

组屋的出售也有一定的限制。关键限制有两个方面:一是除去一些例外情况,组屋的最低持有年限为五年,即业主只能在购房至少五年后才能再次出售组屋(例外情况之一是,在公开市场上不使用住房公积金购入的一居室组屋没有最低持有年限,充分考虑到了单身公寓业主组成家庭的实际需求)。二是非新加坡、非马来西亚族裔家庭的组屋出售受到种族融合政策的限制。

(3)新加坡组屋制度经验探讨。

新加坡政府通过积极、大范围的干预和长期的决心构建了一个高度保障、可负担的住房体系。在这个体系中,住房充分体现了居住属性,而投资属性被极大地压制,真正实现了"居者有其屋"的初衷。那么,在中国的社会和制度背景下,我们是否可以通过复制或者借鉴独特的新加坡式住房体系来实现住有所居,这很值得探讨。

第一,新加坡以保障性住房为主的住房体系得以构建的核心基础条件是,政府对土地的强有力的控制和对土地价值的让渡。新加坡的大部分土地为国有土地,政府有绝对的控制权,确保了保障性住房建设用地的大规模长期持续供给。更重要的是,新加坡政府对于构建住房的广泛保障体系的长期决心。政府通过制度建设抑制绝大部分土地和住房的投资属性,让其充分体现居住属性,从而让渡了巨额的土地出让和住房相关税收等财政收入来源。中国城市的土地同样属于国有土地。但由于目前大部分地方政府对土地财政有较强的依赖性,难以在保证大规模保障性土地供应的同时放弃土地出让的财政收入,因此在短期内缺乏复制新加坡式住房体系的基本条件。

第二，组屋建设所使用的土地为 99 年租约的租业权土地。业主购买组屋时只享有土地的使用权，而不拥有所有权。组屋业主在一生中能够享受两次在公开市场出售组屋的机会，从而享有相当可观的资本增值。然而，由于租业权土地到期之后将由政府无偿收回土地，组屋的价值随着土地剩余年限的缩短而急剧下降。对于最后能够通过组屋跃迁到私人住宅的家庭，组屋带来的资本增值是重要的福利。但是对于收入相对较低的家庭，在年老之后无法通过出售组屋获得现金来养老。新加坡的组屋土地制度保证了住房的可购性，但牺牲了住房作为一种资产可用于积累财富的功能。

第三，新加坡的组屋仅仅用于满足其本国国民或永久居民的住房需求，外来在新加坡就业的人口并不能享受同等福利，这是维持新加坡住房体系可持续性的重要制度设计。一方面，这样的制度设计对于像上海这样的国内一线城市而言是难以效仿的。以上海为代表的一线城市在户籍人口之外，还有比例十分可观的常住人口。常住人口为城市发展贡献了重要的力量，也是城市财政收入的重要来源。尽管目前大部分城市的保障性住房都将非户籍常住人口排除在外，但这并不公平，也无法从根本上解决住房贵的问题。若大规模将常住人口纳入住房保障体系，则会对保障性的土地供给提出空前严格的要求，在短期内不可能做到宽覆盖面的保障。另一方面，就新加坡价格高昂的私人住宅而言，这一制度设计也导致了外来就业人口必须承担高额的住房费用。新加坡是全球生育率最低的国家之一，其社会运行和经济发展的可持续性都在很大程度上依赖外来就业人口。如何在住房可购性和社会经济发展之间取得平衡是一道难题。

第四，新加坡政府对住房市场强有力的控制保证了新加坡住房极高的可购性，甚至成为新加坡国家治理的重要标志。可购性极高且居住舒适的组屋加上政府鲜少干预的私人住宅，兼顾了全民极高的住房标准和高收入人士的投资需求。组屋较低的价格使得年轻人可以轻易拥有舒适的住房，但组屋与私人住宅之间巨大的价格鸿沟又决定了从组屋跃迁到私人住宅是十分困难的。这样的市场结构也导致部分年轻人缺乏外在激励，从而缺乏奋斗精神。

3.2.2　完善上海共有产权房管理制度的对策建议

1. 进一步推广共有产权房向非户籍人口开放

上海共有产权房的分配主要针对户籍人口，自 2018 年起逐渐向非户籍人口开放。但目前共有产权房在户籍人口和非户籍人口之间的分配仍然严重向户籍人口倾斜,导致户籍与非户籍人口之间在住房福利上是不公平的。考虑到上海户籍人口的超低生育率,上海未来的可持续发展在很大程度上依赖源源不断流入的非户籍人口,尤其是年轻的劳动者,以保持人口结构的健康。而上海目前高昂的房价已经成为非户籍劳动人口流入的关键障碍。因此,有必要淡化户籍概念,推动住房保障的均等化,将共有产权房进一步向在上海长期工作和生活的非户籍人口开放,给予与户籍人口同等的基本住房保障。

2. 提高共有产权房发售价格,并降低个人购房份额

上海共有产权房制度设计中的两个关键点保持了共有产权房较强的投资属性,从而无法有效避免被保障住户以投资盈利的目的购买和交易共有产权房。一是共有产权房的限售期只有五年。二是共有产权房补贴以价格折扣和政府份额两种形式体现,而价格折扣占比较高,政府份额占比较低。这两个条件共同决定了,被保障住户若想要通过购买政府份额将共有产权房变更为商品房,只需要以较低的单价购买较小比例的政府份额,这样为变更所支付的总价不高,确保了共有产权房具有一定的流动性。并且,由于购买共有产权房的每平方米的指导价格低,变更为商品房之后再出售可以获得与二手商品房一致的每平方米价格,因此上市交易的选项可以使被保障住户获得高额的资本利得,违背了共有产权房保障低收入家庭基本居住权利的初衷,反而使其变成一个允许其投资牟利的工具。

一个合理可行的解决方案是调整共有产权房的两种补贴形式的占比,将每平方米的指导价格提高至接近市场价格的水平,同时降低购房人份额并提高政府份额。调整之后,购房人仍然可以享受其购房所用资金随着市场房价的波动而获得的资本利得,但不能再直接通过政府补贴获得大额资本利得,从而抑制了共有产权房的投资属性,进一步凸显其居住属性。政府份额的存在一方面降低购房门槛,使原本买不起房的人能够以较低的价格获得住房产权,享受住房资产增值,分享城市发展的成果;另一方面,政府所持有的住房份额免费提供给购房人,作为一种潜在的租房补贴而存在,帮助购房人增加住房消费。此外,购房人在新房发售时需支付的总价可保持不变,从购房人支付能力的角度来看,这可以保证共有产权房的可购性不变。

3. 延长变更为商品房的限售期,同时发展共有产权房闭环二手市场

允许被保障人持有共有产权房五年即买断政府份额并上市交易而获利,还有一个额外的负面影响,即共有产权房存量将由于被保障人购买政府产权而不断减少,可持续性有待考量。而源源不断的新增住房需求则会给政府不断带来提供保障性新房供给的财政压力。一方面,我们可以通过进一步延长共有产权房变更为商品房的限售期,例如,延长至十年,加上对补贴方式的调整,抑制共有产权房的投资价值。另一方面,借鉴中国香港和新加坡的经验,上海也可以发展共有产权房在被保障对象内部闭环的流通市场。在现有的共有产权新房发售和房屋管理的基础上,市区政府可向住房困难但尚未申请到共有产权房的居民发放被保障资格证明,并允许现有的共有产权房业主持有产权一定年限之后在不购买政府份额的基础上,向符合资格的住房困难家庭转售共有产权房的个人份额,同时政府仍保有原有份额。提高共有产权房变更为商品房的门槛,并发展共有产权房的二手市场,既保留了现有业主资产的流动性,允许业主在收入上涨了之后置换为普通商品房,同时又保持了共有产权房的存量不至于快速流失。更重要的是,该二手市场将允许尚未分配得到共有产权房的住房困难家庭,在漫长的轮候之外有了更灵活的住房选择。

4. 促进共有产权房地理公平,提升共有产权房社区的教育、医疗等公共服务设施

为了促进公平,我们有必要提升共有产权房社区的教育、医疗等公共服务设施,推动全市范围内公共服务在地理分布上的均等化。共有产权房的跨区异地分配导致房源空置或违规出租,违背了共有产权房为被保障家庭提供基本居住保障的初衷,同时造成了住房资源的浪费和错配。为从根本上解决跨区异地分配的购房人不愿意搬迁至共有产权房居住的问题,应当在共有产权房周边配置完善的公共服务设施。

5. 谨慎推广商品房配建共有产权房的模式

从实践来看,共有产权房的配建模式对同小区的商品房价值造成了显著的负面影响。这样的模式导致同一个住宅小区内部异质化的住户之间产生了矛盾冲突,抑制了同小区商品房的价值,是全社会为共有产权房的建设所支付的潜在成本。而在共有产权房集中建设的模式下,被保障住户与普通商品房住户并不直接近距离共享小区配套设施,可以大大地降低矛盾冲突的来源,实现普通商品房资产价值的最大化。而当商品住宅项目配建公租房时,公租房并不对同小区的商品住宅产生负外部性的影响。因此,保障性住房的配建虽然有高效、选址面广的优势,但在共有产权房的建设中,全社会为此付出的成本亦需要着重考量。该模式可在公租房建设中运用,但在共有产权房的建设中需谨慎推广。

6. 供后交易环节中的诸多细节需进一步完善

共有产权房供后交易环节中有许多细节需要进一步完善,这样才能更好地发挥共有产权房的保障作用。其一,尽管在共有产权房的供后管理细则中政府回购个人产权份额扮演重要的角色,但政府回购的实际操作过程中的账户管理、资金来

源等规范均不清晰,区政府在遇到共有产权房业主要求政府回购时很难真正按规定实施,屡次出现被无奈劝退的局面。因此,相关的实际操作细则仍需进一步完善。其二,供后交易环节中的政府回购和购买政府份额的定价均基于市政府制定的基准指导价格,但是基准指导价格一年一度的更新频率过低,在市场价格波动比较剧烈的年份,过时的指导价格容易导致交易的不公平,从而导致交易中个人遭受损失或政府资金的浪费。

3.3 上海租赁型保障性住房的发展现状

上海市租赁型保障性住房作为住房保障政策的一种,与共有产权房一样,为符合条件的低收入人群提供了一定程度上的住房保障,从而使这部分居民能够在上海有房可住,充分享受到社会主义新时代带来的好处。与共有产权房不同的是,租赁型保障性住房仅使得申请人在一定期限内享有使用权,而不享有该住房的产权,即只租不售,与之相呼应的是,申请人每月仅需支付相对低廉的租金就可以获得房产的居住权,而不用像共有产权房那样在申请成功时支付部分产权的房款,从而可能带来一定程度上的投资风险。

目前,上海的租赁型保障性住房可分为公租房和廉租房,两者无论是申请条件还是发展现状,都存在巨大的差异,本章将在后文进行详细的探讨。

3.3.1 上海廉租房的发展历程及现状

1. 发展历程

廉租房是指政府以租金补贴或实物配租的方式,向符合城镇居民最低生活保障标准且住房困难的家庭提供社会保障性质的住房。根据相关文件规定,廉租房的补贴形式主要为租金补贴,并辅以实物配租和租金减免。在后文中将分开端、发展和成熟三个阶段对上海市廉租房的现状进行简要概述。

(1)开端。

2000年9月,根据国务院《关于进一步深化城镇住房制度改革加快住房建设的通知》和上海市《关于进一步深化本市城镇住房制度改革的若干意见》,在综合各方意见以及当时的房地产法律法规后,上海颁布了《上海市城镇廉租住房试行办法》,

开启了上海廉租房建设的新纪元。

《上海市城镇廉租住房试行办法》中对廉租房的申请条件、房源筹措、资金筹措做了初步的规定。当时对申请人的审核比较严格,需要满足以下四个条件:人均收入不超过本市城镇居民最低生活保障标准;拥有私有住房和承租公有住房的居住面积不超过人均五平方米;至少有一人取得本市非农业常住户口五年以上;家庭成员之间有法定的赡养、扶养或者抚养关系。这几个条件相比于现行的申请规定可以说是比较严苛的,对申请人的收入、住房情况、户口情况等都作了详细的规定。

（2）发展。

颁布具体实施细则。继 2011 年发布《上海市廉租住房申请审核实施细则(试行)》后,上海于 2012 年又发布了《上海市廉租住房申请审核实施细则》,该细则从总则、申请受理、审核登录、特别情形规定、虚假申报的处理、附则这几个方面对廉租房申请中的问题做到了尽可能详尽的解答,奠定了廉租房相关法律法规的基石。在此之后,上海廉租房迅速发展,各区相继推出了相应的房源或租金配租来满足低收入人群的住房需求。

廉租房与公租房并轨制。2011 年,国务院办公厅发布了《关于保障性安居工程建设和管理的指导意见》,其中提出了"逐步实现廉租住房与公共租赁住房统筹建设、并轨运行"的要求。上海市政府于 2013 年批转出台了市住房保障房屋管理局等五部门共同制订的《关于本市廉租住房和公共租赁住房统筹建设、并轨运行、分类使用的实施意见》。其中对"两房"并轨的必要性进行了充分解读,并在房源筹措、申请供应、运营管理等方面进行了具体的规定。

《关于本市廉租住房和公共租赁住房统筹建设、并轨运行、分类使用的实施意见》指出,上海市各区(县)廉租住房和公共租赁住房实行统筹建设、并轨运行、分类使用,主要是理顺廉租住房和公共租赁住房的投资、建设、筹措、运营机制,加强和规范管理,并不是将廉租住房、公共租赁住房的基本制度进行合并。并轨运行前,上海市廉租住房和公共租赁住房的房源筹措、供应分配、租赁管理分别由住房保障机构和公共租赁住房运营机构实施。其中存在的主要问题,一是廉租住房和公共租赁住房的房源无法打通使用,造成或者紧缺、或者闲置等问题;二是管理职能交叉重叠,两类住房的管理机构都涉及房源建设筹措、供应分配、保障对象资格审核等工作,职能有重叠,总体管理成本高、效率低;三是住房保障机构直接管理廉租房源的难度大、人手少,而委托运营管理涉及的主体多、环节多,增加了税费等成本。实施廉租住房和公共租赁住房统筹建设、并轨运行、分类使用,有利于整合住房保障资源,改善政府专项资金和房源的使用效率;有利于促进租赁型保障性住房的专业化管理,提升服务品质;有利于做实做强公共租赁住房运营机构,推动可持续发展。因此廉租房和公租房并轨制的实行,充分考虑了必要性与可行性,十分有推行的必要。

(3)成熟阶段。

2019年底,为规范上海廉租住房申请审核工作,根据《廉租住房保障办法》和有关规定,上海对2012版的《上海市廉租住房申请审核实施细则》进行了修订,完善了关于廉租房租赁和管理过程中的有关规定,使得廉租房的相关法律规定更符合现实条件。

修订版《上海市廉租住房申请审核实施细则》共六章36条,包括总则、申请受理、审核登录、特别情形规定、虚假申报的处理和附则。主要在以下五个方面进行了修改:

第一,调整了申请地、申请结果告知条款。按照上海政务服务"一网通办"要求,取消了申请对象需在户口所在地申请的规定,增加了复审结果要告知申请人户口所在地区住房保障实施机构、受理地和户口地住房保障实施机构间要相互配合等规定。(第六条、第十四条、第十六条)

第二,优化了审核时限和审核环节。结合上海行政审批事项"双减半"工作要求,对户籍状况、婚姻状况、住房状况、经济状况的核查时限及初审和复审公示的时限进行了压缩。其中,户籍状况、婚姻状况核查时限由原有的十个工作日调整到五个工作日;住房状况核查时限由原有的十个工作日调整到八个工作日;经济状况核查时限由原有的35个工作日调整到30个工作日;初审和复审公示年限由原有的七日、五日对应调整为五日、三日。(第十条、第十一条、第十二条、第十三条)结合优化完善配租方式,取消了审核阶段"配租方式"征询与认定环节,取消了发放《租金配租通知单》或者《配租方式征询单》环节。(第十条、第十一条、第十二条、第十三条、第十四条)

第三,增加了"登录证明"有效期规定。为更好地适应后续配租管理和资格复核管理的需要,将"登录证明"有效期进一步明确为三年。(第十五条)

第四,调整了征收(拆迁)安置人员申请。考虑征收(拆迁)安置人员家庭在征收(拆迁)安置时已经解决过住房问题,且即便再发生住房困难在满五年后也可申请等因素,明确该类人员需在取得征收(拆迁)安置补偿满五年后方可申请廉租住房保障。(第二十八条)

第五,调整了一些具体问题规定。从堵漏洞的角度,将申请家庭中不符合户口条件规定的人员纳入了住房核查核对人员范围(第二十一条);从适应新情况需要出发,增加了社区公共户迁移后户口年限的认定(第二十二条)、明确了不具备完全民事行为能力人员的申请规定(第二十三条)、删除了劳教人员申请规定(第二十五条)。此外,还对个别表述进行了调整。如将原有"申请对象"调整为"申请人"(与共有产权保障性住房规定保持一致)、将"申请所在户口年限规定限制"调整为"申请时户口所在地年限规定限制"[适用"一网通办(全市通办)"要求]等。

廉租房政策的完整版将在本章 3.3.2 小节中进行详细讨论。

2.发展现状

(1)廉租房的地理分布。

我们从上海市房屋管理局官方网站上提取了 2017—2022 年上海的廉租房数据,由于廉租房有实物配租和租金配租两种形式,因此房屋管理局在发布该信息时仅具体到街道,而未更进一步具体到各小区。2017—2022 年各街道廉租房源信息共有 58 470 条,具体分布如图 3.23 所示。图中各点的大小代表了各街道廉租房的供应多少,圆的半径越大代表该街道供应的廉租房越多。

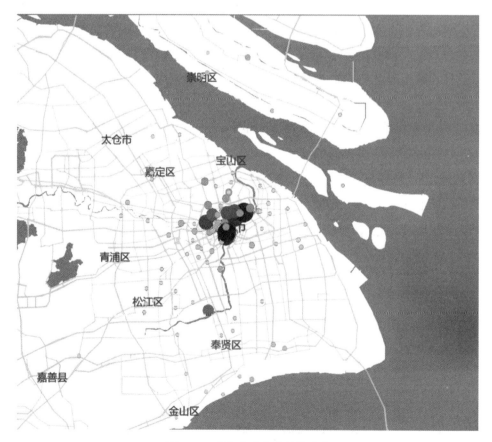

图 3.23　上海市廉租房具体分布

注:廉租房源的中位数为 114 套,套数越多颜色越深,套数越多点半径越大。
资料来源:上海市住房和城乡管理委员会官网。

从图3.23可见,上海各区都有廉租房房源分布。与共有产权房大多分布在外环线而市中心分布较少的情况不同,廉租房充分考虑到了承租人群的工作出行需求,在黄浦区、徐汇区、杨浦区和虹口区等上海市中心地带也有较多的分布。从密集度上看,廉租房密集分布于上海的市中心地带,可谓十分便民。从原因出发,一是因为廉租房可采用租金配租的方式,从而不占用中心城区的土地资源即可起到保障性住房的效果;二是采用实物配租的廉租房相较于共有产权房来说面积较小,且一般该廉租房小区的容积率较高,能用较少的土地资源达到保障的效果;三是廉租房具有一定的流动性,现行规定是需每三年进行一次资质核验和租金调整,使部分不再符合资质的承租人群退出,从而空出部分房源继续满足其他低收入人群的住房需求,提高资源的利用效率。综合以上因素,上海市区核心地区愿意将部分土地资源让出用以建设廉租房,以满足部分低收入人群的居住需求。

（2）配租形式分布。

目前上海廉租房的配租形式有实物配租和租金配租两种,有些地区在批准廉租房信息时会结合实际情况允许申请人灵活选择,不在批准时作强制规定。租金配租是申请人申请成功之后,在市场上租赁房源,住房保障机构以租金补贴的形式,将钱款打入房屋出租人账户,以达到减轻申请人房租压力的目的。实物配租是申请人申请成功之后,由租住住房保障机构提供房源,同时,必须要向住房保障机构支付房租,若是出现欠缴租金等违规行为,住房保障机构有权让申请人腾退住房。

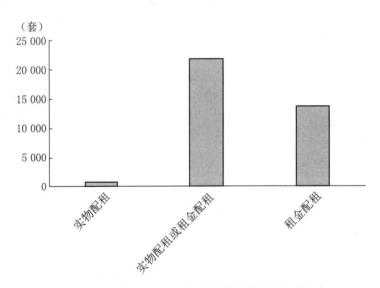

图3.24 2017—2022年上海各区廉租房配租形式分布

资料来源:上海市住房和城乡管理委员会官网。

2017—2022年上海各区廉租房配租形式分布如图3.24所示。由于部分廉租住房缺少配租形式的信息,本次统计信息总量为 35 585 条,其中,实物配租为 408 条,实物轮候期间租金配租为 265 条,实物配租或租金配租为 21 494 条,纯租金配租为 13 418 条。从现实情况来看,选择实物配租的廉租住房人群比例不到 2%,大部分人群选择了更为灵活的租金配租形式。一方面,租金配租使承租家庭或个人选择更为合适的居住地址,并灵活选择租住面积与房型,方便工作与生活,节约总成本;另一方面,租金配租使政府部门节约土地资源,以现金补贴的方式使低收入人群通过现有住房资源解决住房需求,增加土地资源的利用效率。

（3）廉租房的区位分布。

2017—2022 年上海各区廉租房供给情况如图 3.25 所示。从配租形式分布中可以看出,租户大多选择更为灵活的租金配租形式。因此,经济活动更为频繁、人口更为集聚的中心城区(如黄浦、杨浦、普陀、虹口、徐汇等区)基本以租金配租的形式提供了更多的廉租房,而相对偏远的崇明、青浦、金山、松江和奉贤提供的廉租房较少。但与共有产权房的分布结合来看,提供较少廉租房的区域提供了较多的共有产权房,从而形成了互补的局面,保障了本区域保障性住房的供给均衡性。

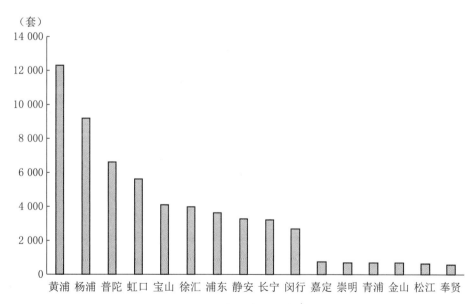

图 3.25　2017—2022 年上海各区廉租房供给分布

资料来源:上海市住房和城乡管理委员会官网。

3.3.2　上海廉租房的相关制度梳理

上海的廉租房相关法律法规主要为在国务院相关法律法规的指导下,于 2019

年底修订颁布的《上海市廉租住房申请审核实施细则》。此外,有 2020 年 4 月发布的《上海市廉租住房实物配租实施细则(试行)》和 2019 年 11 月发布的《上海市廉租住房租金配租管理实施细则》加以辅助管理。

1. 申请条件

同时符合下列条件的上海城镇居民家庭,可以按照规定申请廉租住房:(1)家庭成员之间具有法定的赡养、抚养或者扶养关系,且共同生活;(2)家庭成员在本市实际居住,具有本市城镇常住户口连续满三年,且申请时在户口所在地连续满一年;(3)家庭人均住房居住面积低于七平方米(含七平方米);(4)三人及以上家庭人均年可支配收入低于 50 400 元(含 50 400 元)、人均财产低于 150 000 元(含 150 000 元),三人以下或经认定的因病支出型贫困家庭人均年可支配收入低于 55 440 元(含 55 440 元)、人均财产低于 165 000 元(含 165 000 元);(5)家庭成员在申请前五年内,未发生过因出售或赠与住房而造成住房困难的行为。

同时符合上述条件,且具有完全民事行为能力、年满 35 周岁的单身人士(包括未婚、丧偶或者离婚满三年的),可以单独申请。

2. 优先条件

符合上海廉租住房申请条件且具有下列情形之一的本市城镇居民家庭,可以优先承租廉租住房实物配租房源(以下简称"廉租房源"):(1)本市无子女的老年人家庭;(2)中重度残疾人或者 1—4 级残疾军人家庭;(3)重大疾病患者家庭;(4)完全丧失或者大部分丧失劳动能力人员的家庭;(5)烈属、因公牺牲人员家属;(6)获得省(部)级及以上劳动模范称号人员的家庭;(7)获得全国"三八红旗手"或者两次获得省(部)级"三八红旗手"称号人员的家庭;(8)1966 年底以前归国华侨的家庭。

3. 配租标准

(1) 配租面积。廉租住房保障的配租面积为保障家庭(含单身人士,下同)已有住房面积与廉租住房保障面积的差额面积。廉租住房保障面积为人均居住面积 10 平方米。按照此方式计算后,租金配租家庭的配租面积不足居住面积 15 平方米的,按照居住面积 15 平方米确定;超过居住面积 45 平方米的,按照居住面积 45 平方米确定。

(2) 租金配租补贴标准。人均年可支配收入低于 33 600 元(含 33 600 元)的三人及以上家庭,以及人均年可支配收入低于 36 960 元(含 36 960 元)的三人以下或经认定的因病支出型贫困家庭,每月每平方米居住面积租金补贴标准是:黄浦区、徐汇区、长宁区、静安区、普陀区、虹口区、杨浦区、浦东新区为 160 元,闵行区、宝山区、嘉定区、松江区、青浦区为 120 元,金山区、奉贤区、崇明区为 75 元。

人均年可支配收入在 33 600 元(不含 33 600 元)至 42 000 元(含 42 000 元)间的三人及以上家庭,以及人均年可支配收入在 36 960 元(不含 36 960 元)至 46 200 元(含 46 200 元)间的三人以下或经认定的因病支出型贫困家庭,每月每平方米居住面积租金补贴标准是:黄浦区、徐汇区、长宁区、静安区、普陀区、虹口区、杨浦区、浦东新区为 110 元,闵行区、宝山区、嘉定区、松江区、青浦区为 85 元,金山区、奉贤区、崇明区为 55 元。

人均年可支配收入在 42 000 元(不含 42 000 元)至 50 400 元(含 50 400 元)间的三人及以上家庭,以及人均年可支配收入在 46 200 元(不含 46 200 元)至 55 440 元(含 55 440 元)间的三人以下或经认定的因病支出型贫困家庭,每月每平方米居住面积租金补贴标准是:黄浦区、徐汇区、长宁区、静安区、普陀区、虹口区、杨浦区、浦东新区为 65 元,闵行区、宝山区、嘉定区、松江区、青浦区为 50 元,金山区、奉贤区、崇明区为 35 元。

一人、两人家庭的每月每平方米居住面积租金补贴在前述基础上上浮 20%。

4. 办理流程

(1) 街道(乡、镇)住房保障部门在街道(乡、镇)社区事务受理服务中心设立窗口,根据区(县)住房保障机构规定的申请受理期限,受理本街道(乡、镇)范围内城镇居民的廉租房申请。

(2) 单身人士申请廉租房的,本人为申请人;家庭申请廉租房的,家庭成员为共同申请人。共同申请人应书面推举一名具有完全民事行为能力的成员作为申请人代表。申请人代表办理申请、申报等事项的行为,视同共同申请人的行为。

其中办理地点为户口所在地的街道(乡、镇)社区事务受理服务中心;共同申请人户口不在同一街道(乡、镇)的,应当选择向一处户口所在地的街道(乡、镇)社区事务受理服务中心提出申请。申请对象户口所在地住房已出售或已征收(拆迁),如果拥有本市他处住房的,应当将户口迁入本市他处住房,然后向户口迁入地街道(乡、镇)社区事务受理服务中心提出申请;如果没有本市他处住房、或者户口暂时不能迁入本市他处住房的,应当向现户口所在地街道(乡、镇)社区事务受理服务中心提出申请。

办理时间有如下规定。街道(乡、镇)住房保障机构受理申请后,开展初审核查工作,其中户口年限、婚姻状况、住房面积和住房交易等状况的核查同时开展。户口年限和婚姻状况核查在受理后的十个工作日内完成;住房面积、住房交易等状况由街道(乡、镇)房管办事处(所)自收到委托书(附核查对象名单)十个工作日内出具核查情况报告。经核查,户口年限、婚姻状况、住房面积和住房交易等状况符合申请条件的,由经济状况核对机构自收到委托书(附核对对象名单)之日起 35 个工作日内出具核对情况报告。

3.3.3　上海公租房的发展现状

1. 各项目基本情况

（1）市筹公租房。

市筹公租房是指由上海市政府筹集投入资金,再由市政府委托部分国企进行运营的一种公共租赁住房形式。截至 2021 年 9 月,通过上海市房屋管理局官方网站可以获得市筹公租房项目情况如表 3.6 所示。

从表 3.6 中可以看出,市筹公租房的项目主要有 10 个,分别位于徐汇区、普陀区、闵行区、浦东新区和杨浦区。该批公租房主要有以下特点:一是项目体量较大。各个小区都集中供应了大量公租房,这使得租房人群相对集中,在便于运营公司进行管理的同时,相似背景的租房人群也能在一定程度上减少矛盾,从而创造更为和谐的小区氛围。二是房源余额较少。从表中可以发现,各项目除地产南站收购项目之外,房源余额均在 20 套以内且多为大面积,这也从侧面反映出市筹公租房的保障程度其实是不够的,未来需要加大投入量才能覆盖到更多的需要人群。三是租金水平较低。公租房每月每平方米的租金水平在 46.2 元到 88.38 元之间,结合同区位市场化租金水平,会发现公租房的租金水平显著低于市场一般水平,充分起到了住房保障的效果。从申请条件来看,市筹公租房相对于区筹公租房还有申请条件较宽的特点,市筹公租房允许个人申请且对申请人单位住址没有过多的要求;有些区筹公租房则会对申请人单位住址有所要求且有部分房源仅限企业申请。在申请流程方面,市筹项目申请流程更加灵活便捷,申请准入材料可提交给全市任一区的公租房受理窗口,且可全程在随申办操作;而区筹公租房申请材料需提交给主申请人户籍所在地或工作单位所在地的公租房受理窗口。

从整体上来讲,市筹公租房源优于区筹公租房源,在地理位置合适的情况下为受保障人群的首选。

（2）区筹公租房。

区筹公租房是指主要由各区进行资金的筹集和使用,并委托区级国有运营公

表 3.6　2021 年 9 月上海市筹公租房的房源信息表

项目名称	项目地址	房源总套数	可供房源（套）					户型面积（平方米）				月平均租金（元/平方米）	运营机构
			总数	一房	二房	三房	宿舍	一房	二房	三房	宿舍		
馨宁公寓	徐汇区华发路 406 弄	1 568	4	轮候	轮候	4	—	42	62	75	—	58.79	
馨越公寓	普陀区千阳南路 93 弄	3 818	0	轮候	轮候	—	轮候	40，50	62	—	33	61.85	
馨逸公寓（一期）	徐汇区宾南路 36 弄	2 222	0	轮候	轮候	—	—	41—48	55—62	—	—	80.02	地产住房发展公司
馨逸公寓（二期）	徐汇区宾南路 36 弄	843	0	轮候	轮候	—	—	42—48	56—62	—	—	80.05	
馨古美佳苑	闵行区古美路 500 弄	211	4	轮候	轮候	—	4	47	62	—	33	75.27	
地产南站收购项目	虹梅南路 96 弄、徐汇区老沪闵路 333 弄,150 弄等	818	93	35	9	19	—	30—52	43—75	62—88	—	66.23	
耀华滨江公寓（一期）	浦东新区耀元路 245 弄	1 822	19	轮候	15	4	—	40，52	65，82	103	—	87.80	
耀华滨江公寓（二期）	浦东新区耀元路 228 弄	1 678	16	轮候	15	1	—	40，52	65，82	103	—	88.38	
新江湾尚景园	杨浦区国权北路 1450 号	2 201	0	轮候	轮候	轮候	—	51—59	67—72	80—82	—	55.74	杨浦公租房公司
上海晶城晶华坊	闵行区朱梅路 266 弄	1 680	0	轮候	轮候	轮候	—	51—52	73—75	89	—	46.20	闵行公租房公司

资料来源：上海市房屋管理局官网。

司进行运营的主要服务与本区人群的公共租赁住房项目。由于上海各区的情况比较复杂,这里采用CRIC租赁的《上海市公租房建设与运营管理研究》报告中的统计数据进行研究,其中嘉定区数据由于缺乏官方统计,不在本书研究之列。截至2020年底,上海各区公租房套数如图3.26所示。

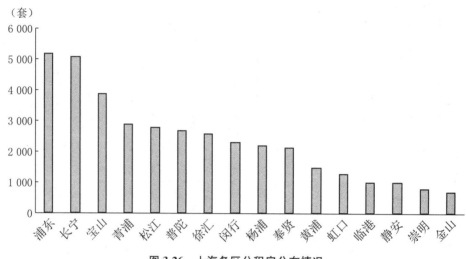

图3.26 上海各区公租房分布情况

资料来源:上海市住房和城乡管理委员会及各行政区官网。

从分布来看,近年来浦东、长宁、宝山和青浦项目较多,这与上海聚焦于五大新城的发展密不可分。五大新城的发展带来了人口的流入,为留住这些符合公租房条件高新技术人才,住房保障也是必不可少的环节。因此,各区政府加大了区内公租房的投入,希望能在能力范围内留住人才和吸引更多的高水平人才来区内企业就职发展。

横向对比来看,与共有产权房相比,各区公租房的地理位置相对更靠近市中心,能为租房人群带来更多的便利;与廉租房相对比,各区公租房由于实物配租的受限,区位不如廉租房,但已经是在实物配租的条件下能做到的最好。

(3)拆套合租和宿舍型房源试点项目。

上海市六部门联合出台的《上海市发展公共租赁住房的实施意见》中提到,公租房应向公共服务类行业倾斜,并更快更好地推进拆套合租和宿舍型房源试点项目。因此,从2021年3月开始,上海陆续推出了专门面向公共服务类行业企业进行整体租赁的共有产权房项目,目前推出了四期,2022年第一期情况如表3.7所示。由于公租房项目为流动候补制,因此这里的可供房源套数即为各项目余量。

表 3.7　2022 年上海市第一期公租房拆套合租和宿舍型房源试点项目可供应房源情况表（面向公共服务类行业企业整体租赁）

项目名称	项目地址	可供应房源套数（套）	户型	面积（平方米）	单套价格（元）	套内床位数	供应范围
新江湾尚景园	杨浦区国权北路 1450 弄	8	宿舍型及一居室拆套	51.11—59.54	2 823—3 347	2	全市符合条件单位
		39	二居室拆套	68.40—72.67	3 435—3 857	3	
上海晶城晶华坊	闵行区朱梅路 266 弄	1	宿舍型及一居室拆套	52.10	2 241	2	全市符合条件单位
		7	二居室拆套	73.07—74.95	3 159—3 240	3	
		6	三居室拆套	89.83	3 456—3 951	4	
盛华景苑（望月路路南宿舍型）	徐汇区望月路 463—515 号	32	宿舍型及一居室拆套	25—78	2 240—3 060	2—6	限徐汇区符合条件单位
日月新苑	浦东新区上南路 3880 弄	27	三、四居室拆套	86.34—193.89	3 767—8 087	5—7	限浦东新区（除临港）符合条件单位
绿茵苑	浦东新区杨南路 649 弄	20	三居室拆套	88.47—91.17	3 999—4 161	5	
南馨佳苑	浦东新区鹤驰路 88 弄	6	二居室拆套	67.39—70.04	1 819—1 868	3	
恒福家园	浦东新区鹤驰路 99 弄	6	二居室拆套	68.22—69.66	1 715—1 871	3	
盛世南苑	浦东新区利炯路 77 弄	2	二居室拆套	66.23—69.21	2 569—2 683	3	
绿波家园	浦东新区三旋路 506 弄	2	二居室拆套	65.86—67.19	2 487—2 678	3	
瑞颐嘉苑	浦东新区白荆路 389 弄 4 幢 46 号	20	宿舍型及一居室拆套	50.99	1 350—1 500	2	限临港新片区符合条件单位
		10	二居室拆套	70—78	1 920—2 250	3	
金瑞苑	青浦区凤阁路 939 弄	10	二居室拆套	68.96—70.50	2 100—2 300	4	限长宁区符合条件单位

（续表）

项目名称	项目地址	可供房源套数（套）	户型	面积（平方米）	单套价格（元）	套内床位数	供应范围
翔泰苑	闵行区鹤翔路180弄	24	三居室、四居室拆套	121.20—143.59	3 783—5 313	6—10	限闵行区符合条件单位
中怡雅苑	宝山区顾村镇菊泉街158弄2号	34	三居室、四居室拆套	142.91	3 228—3 672	7	面向全市符合条件单位，其中宝山区符合条件单位优先
中怡雅苑	宝山区顾村镇菊泉街158弄6号	1	三居室、四居室拆套	142.50	3 330	3	
霄云湾公寓	宝山区萧云路1318弄9号	81	宿舍型及一居室拆套	38.09—38.22	634—800	2—3	
申新公寓	青浦区松盈路1299号	63	宿舍型及一居室拆套	37.65	1 600—2 400	4—6	限青浦区符合条件单位
上坤旭辉墅	松江区新农河路500弄302号,303号,304号	41	三居室拆套	70.61—78.32	2 478—2 860	5—6	
雅居乐星星徽	松江区影佳路333弄177号	55	二居室拆套	58.91—61.20	1 803—2 001	2	限松江区符合条件单位
绿地云雅园	松江区祥严路258弄23号,25号,26号	27	二居室拆套	81.73—82.24	3 089—3 201	4	
		2	三居室拆套	96.66	3 545	3	
海兴名苑	奉贤区海湾镇海兴路1881弄	10	宿舍型及一居室拆套	62.20—63.17	850	4	面向全市符合条件单位，其中奉贤区符合条件单位优先
中粮悦庭	奉贤区贤政路333弄	6	二居室拆套	80.61	1 050	5	
中粮悦庭	奉贤区贤政路333弄	22	二居室拆套	82.34—91.97	1 600	5	
海湾名悦豪庭	奉贤区海湾镇瞭海路159弄	6	三居室拆套	87.83	1 010	6	

（续表）

项目名称	项目地址	可供房源套数（套）	户　型	面积（平方米）	单套价格（元）	套内床位数	供应范围
山鑫康城	金山区山阳镇ユ阳南路118弄70，71号	3	三居室拆套	137.39	2 044—2 083	3	面向全市符合条件单位，其中金山区符合条件单位优先
朱泾名园	金山区朱泾镇公园路129弄10号	3	二居室拆套	91.68—95.77	2 130—2 250	2	
		2	三居室拆套	120.75—126.95	2 470—2 620	3	
智慧岛数据产业园公租房	崇明区陈家镇翥庭路60号	39	宿舍型及一居室拆套	48.83—79.85	618—1 178	1—2	限崇明区符合条件单位
		83	二居室拆套	54.01—97.93	770—1 435	2	
		10	三居室拆套	76.49—97.93	1 045—1 378	3	

资料来源：上海市房屋管理局官网。

从表 3.7 中可以看出,上海市 2022 年第一期面向公共服务类行业企业整体租赁的公租房拆套合租和宿舍型房源试点项目具有以下几个方面的特点:一是各项目为小而精的模式。由于拆套合租和宿舍型房源目前还在试点阶段,不宜同时放出大批量房源,需要通过试点发现问题,改进后再进行大批量运用。但与 2021 年第四期相比,也有个别项目供给规模有较大的提升,达到 50 套以上。二是各项目大部分有区域限制,即本区企业优先申请。由于公租房为住房保障资源,因此各区政府在投入土地资源进行建设的时候自然希望能优先供给本区的企业,促进本区经济环境的进一步发展。三是各项目租金较为低廉。由于为拆套合租的形式,因此租金可以在原有整租的情况下再除以床位数,部分小区能做到每月千元以下的水平,符合属于劳动密集型的公共服务类行业员工的住房需求,压低该类职工的每月租房成本,使得公共服务类行业可持续发展。

2. 运营企业

由上海市房屋管理局官方数据,上海公租房由 26 家国有企业进行运营,具体名单如表 3.8 所示。

表 3.8　公租房运营公司

市属公司	区属公司		
上海地产住房发展有限公司	上海市浦东新区公共租赁住房投资运营有限公司	静安公共租赁住房运营有限公司	宝山区公共租赁住房运营有限公司
上海和闵房产有限公司	上海临港地区公共租赁住房运营管理有限公司	闸北公共租赁住房投资运营有限公司	上海市闵行公共租赁住房投资运营有限公司
上海临港产业区公共租赁房建设运营管理有限公司	上海临港新城公共租赁住房运营有限公司	虹口公共租赁住房投资运营有限公司	嘉定区公共租赁住房运营有限公司
上海漕河泾开发区松江公共租赁住房运营管理有限公司	上海徐汇惠众公共租赁住房运营有限公司	上海杨浦公共租赁住房运营管理有限公司	上海金山公共租赁住房投资运营有限公司
上海临港奉贤公共租赁住房运营有限公司	上海长宁公共租赁住房运营有限公司	黄浦公共租赁住房运营有限公司	松江公共租赁住房投资运营有限公司
上海临港浦江公共租赁住房运营管理有限公司	荣和公共租赁住房运营有限公司(普陀)	卢湾公共租赁房投资运营管理有限公司	青浦区公共租赁住房运营有限公司
	奉贤公共租赁住房投资运营有限公司	崇明区公共租赁住房建设运营管理有限公司	

资料来源:上海市房屋管理局官网。

从表3.8中,可以发现目前公租房运营公司均为国有企业,其中市属为6家,区属为26家,各自负责一部分公租房的日常运营工作。由于公租房不盈利的住房保障特性,很难用市场化的方法解决公租房的日常运营问题,但是纯国有资本的无竞争运营模式又会导致管理上的懒惰和矛盾的无法得到合理解决,因而合理的解决方式应适当采用补贴的方式引入市场化解决方案。希望在未来几年能用适当的补贴方式引入商业运营机构,完善公租房的运营。

3.3.4　上海公租房的管理制度梳理

1. 申请条件

上海公租房分市筹项目和区筹项目,面向在沪合法稳定就业且住房困难的常住人口供应,准入条件不限上海户籍,也不设收入线,以满足不同层次住房困难家庭和单身人士的租赁需求。

申请市筹公租房准入资格的单身申请人或申请家庭的主申请人应当符合以下条件之一:(1)具有上海常住户口,且与上海单位签订一年以上(含一年)劳动合同;(2)持有有效期内《上海市居住证》达到两年以上(之前持有有效《上海市临时居住证》年限可合并计算),在沪连续缴纳社会保险金达到一年以上,且与上海单位签订一年以上(含一年)劳动合同;(3)持有有效期内《上海市居住证》(或《上海市临时居住证》),在沪缴纳社会保险金,与上海单位签订两年以上(含两年)劳动合同,且单位同意由单位承租公租房。

申请市筹公租房准入资格的单身申请人或申请家庭全体成员(指主申请人及其配偶、未婚子女)应当同时符合以下条件:(1)在上海人均住房建筑面积低于15平方米;(2)未享受上海廉租房、共有产权房政策。

区筹公租房准入条件由各区政府制定并公布。

2. 申请程序

(1)提出申请。申请对象可向工作单位所在区的受理机构提出申请,也可向上海户籍所在区的受理机构提出申请;根据意向租赁的房源性质,申请对象应作出选择申请市筹公租房准入资格或者区筹公租房准入资格。为方便申请对象就近申请市筹公租房准入资格,2020年9月起,该事项实行"全市通办",即申请对象可以向全市任一区的公租房受理窗口提出市筹公租房准入资格申请。

(2)提交材料。申请对象应如实填报申请表,按要求提交身份证、上海户籍证明或居住证、劳动或工作合同、社保缴纳证明,以及婚姻状况、住房状况等材料,承诺对提交材料的真实性负责,经所在单位在申请表上盖章确认后,交受理机构审核。(区筹公租房申请材料清单由各区另行公布。)

(3) 资格审核。受理机构受理申请后,按照申请条件对申请人进行资格审核。审核通过的,出具登记证明(准入资格确认书)。

(4) 签约入住。对取得登记证明(准入资格确认书)的对象,根据房源供应情况和运营机构管理要求办理签约入住手续。其中家庭(个人)直接承租的,由保障对象与公租房运营机构签订租赁合同;单位承租的,由单位与公租房运营机构签订租赁合同,入住保障对象与单位签订房屋使用相关协议书作为租赁合同附件。部分房源不足的项目,由公租房运营机构制定相应规则实行轮候配租。

3. 房源筹措问题

(1) 房源筹集渠道。市、区政府统筹协调安排,加强房源建设筹措。运营机构可利用多种渠道筹集公租房:一是商品住房中配建;二是集中新建;三是从其他保障性住房中经规定程序批准转化;四是改建闲置的非居住房屋;五是收购或代理经租闲置的存量住房。积极探索房地产企业或社会机构定向投资建设和提供房源。运营机构筹集公租房,由市、区住房保障管理部门会同相关部门进行项目认定。

(2) 房源要求和标准。公租房主要为成套小户型住宅或集体宿舍。新建公租房,应符合安全卫生标准和节能环保要求,确保工程质量和安全。成套建设的公租房要综合考虑住宅使用功能与空间组合、居住人口等要素,合理确定套型比例和结构,套均建筑面积一般控制在 60 平方米以下。以集体宿舍形式建设的公租房,应符合宿舍建筑设计规范的有关规定。公租房的房屋条件、居住使用人数和人均承租面积标准,应符合宿舍建筑设计规范和《上海市居住房屋租赁管理办法》等规定。公租房在使用前应进行装修,并可配置必要的家具和家用电器等设备。

(3) 权属管理。公租房建设实行"谁投资、谁所有",投资者权益可按有关规定依法转让。要加强公租房权籍管理,做好不动产权属登记工作。

4. 其他规定

(1) 单身证明问题。单身证明现已无法开具,单身人士只需在提交材料时填写婚姻状况承诺书即可。

(2) 续签问题。公租房"只租不售",并实行有期限租赁,着重解决阶段性居住困难。租赁合同一般两年一签,合同到期符合条件可续租,租赁总年限一般不超过六年,且每两年需重新提交申请材料进行公租房准入资格审核,符合条件的方可续租。若要办理续签手续,承租人应提前三个月向区公租房运营机构提出申请并按区公租房申请审核的有关规定重新审核准入资格,审核通过后,区公租房运营机构凭新的准入资格与原承租人续签租赁合同。

（3）租金问题。公租房的租赁价格按略低于市场租金水平确定,形成与住房租赁市场良性互补、协调发展的格局;同时鼓励用人单位采取发放租赁补贴、集体租赁公租房等方式尽责,减轻职工住房消费负担。此外,公租房户型设计以成套小户型住宅为主,进行装修并配置必要的家具、家电后出租,实现承租人"拎包入住"。

（4）户口问题。所承租的公租房内不可将户口迁入,但符合户口迁移政策的,可将户口迁入房源所在地的社区公共户。

3.4　上海租赁型保障性住房制度的进一步完善

3.4.1　租赁型保障性住房国际经验分析

1. 德国租赁住房体系

与其他发达国家相比,德国的住房市场中住房自有率相对较低而租赁人口比例较高。德国具有完善的住房租赁制度。二战之后,德国投入了大量财力、物力,通过大规模建设社会保障性住房来解决居民的住房问题。

（1）发展历程。1950 年,德国制定出台《住房建设法》等相关法律,在财政资金补贴、土地获取优惠、税费优惠、融资担保等方面支持社会住房建设。直至 20 世纪 80 年代,德国租赁住房达到存量住房占比的最高峰,其达到 71%。后续由于住房规模、公租房社区环境、财政收支压力等因素,德国近年来对于公租房的补贴力度已大幅度减弱,补贴逐渐从供给端向需求端转移,目前更多的补贴形式是给予公民租房、购房补贴。

（2）申请条件。德国目前需要先申请房屋资助许可证(WBS)才能获得申请住房补贴、实物配租、按揭贷款补贴等资格。拥有房屋资助许可证后,通过申请获得公租房账号和密码,会有三个候选房屋可供申请,房东会与申请人进行交流面谈,面谈通过后,即可签约入住。房屋大小根据家庭规模确定,一般个人房屋面积不超过 45 平方米,每增加一人,房屋面积可增加 15 平方米。

（3）特色政策。除立法保障之外,德国还对租赁住户提供包括租金管理、租赁合同管理、租售同权管理等一系列配套保护性政策。"租金明镜"(Mietspiegel)是指由地方相关部门根据当地租赁情况制定地方住房租金参照表,包括平均租金、租金上限和租金下限;在合同管理方面,德国一般为一年起租,一年期满后自动转为无限期合同,房东不得无故单方面解除合同;在租售同权方面,按照德国户籍管理制度的要求,租客仅需提供住房租赁合同和住房租赁证明即可进行户籍注册,居民无需拥有住房所有权即可享受同等医疗保险、入学登记等社会福利。以上配套政策对德国保持相对稳定的住房租赁市场和租金价格水平,产生了非常重要的作用。

2. 美国租赁住房体系

自19世纪末以来,美国城市化持续快速推进,城镇住房短缺问题严重。早期解决措施以公租房建设为主,重点面向低收入人群;后期由于财政收支压力、社区环境等原因,其解决措施逐步向住房补贴转变。

(1) 发展历程。1937年,美国的第一部住房法案出台,形成后续公共住房的建设制度雏形。1949年,第二部住房法案出台,进一步放开地方政府征地权,取消对贫民窟"等量清除"的规定,同时通过税收优惠等措施调动开发商的积极性。在此法案带动下,美国保障房建设进入了上升期,直至1990年,美国保障房总量达到峰值(约140万套)。此后由于美国经济增长,保障房需求降低、保障房社区种族及环境问题、维修资金短缺及更新压力大等原因,保障房总量逐步回落。整体来看,美国的住房保障体系经历了从实体建设向住房补贴转变的过程。

(2) 申请条件。美国公租房申请仅限于低收入群体和个人。低收入群体是指低于地区收入中位数的80%,家庭中包含老人、残障人士的家庭。

(3) 租金水平。租金水平取决于家庭年收入与抵扣项目。抵扣项目包括:儿童抵扣480美元/人;老人或残障人士抵扣400美元/人。抵扣项目减免后,按如下四项中的最大值作为租金:调整后月收入的30%、月收入的10%、福利租金价格(若可申请)、最低租金价格25—50美元/月(具体由各地住房与城市发展局确定)。

(4) 特色政策。需求侧的住房补贴政策形成于20世纪70年代,经过了40余年的发展,目前美国政府住房补贴的主要方式为发放"住房优惠券",获得补贴的居民可以在市场上自由选择符合要求的保障性租赁住房,城市住房管理局会直接将补贴转入房东账户,差额部分由租客向房东支付。补贴规模一般选取平均租金与家庭月收入30%的差额和实际租金与家庭月收入30%的差额之间的较小金额。

3. 英国租赁住房体系

相对美国,英国的住房租赁保障体系也经历了从支持实体建设向租金补贴转变的过程。但英国的公共住房占比更高,住房租赁保障体系相对更为丰富和完善。

(1) 发展历程。1919年,英国政府出台《住房和规划法》,开启小规模公共住房建设制度。第二次世界大战后,为应对大量房屋战损复建、军人复员、婴儿潮等,英国政府大力推行以公共住房为主导的住房改革政策,主要包括给予地方政府低息优惠贷款、住房建设财政补贴、推动住房协会发展等措施,自此英国进入持续 30 多年的公共住宅建设高峰期。直至 20 世纪 80 年代,随着财政负担加重、私有化风潮等原因,英国政府逐步推动公共住宅私有化,鼓励市场主体参与公共住宅建设,财政资金投入逐渐缩减。目前,英国政府格外注重公共住房的标准、质量,以及与所在社区的整体规划,提出"可负担住宅"和"混合型社区"等模式。

(2) 申请条件。英国的保障租赁住房分为两种:社会租赁住房和中级租赁住房。社会租赁住房可理解为廉租房,主要面向低收入群体、老人、残障人士等群体。中级租赁住房,这种住房面向社会中的"主要社会性行业工作者",包括医生、教师、警察等群体,租住者需符合以下条件:在职工作;申请两居室以内的住户,年收入不超过 66 000 英镑;申请三居室及以上的住户,年收入不超过 80 000 英镑。

(3) 租金水平。社会租赁住房的租金一般为市场价格的 50% 左右,中级租赁住房的租金价格介于社会租赁住房租金与市场租金之间,一般为市场租金的 80% 左右。租住年限一般在 3—5 年。

(4) 特色政策。目前英国的住房租金补贴形式主要包括住房补贴、本地房屋津贴、福利救济金等。住房补贴和本地房屋津贴是较为传统的方式,结合居民综合收入水平等多重因素计算,不同个体间差异明显。福利救济金是近年来新兴的福利政策,通过整合住房补贴、失业救济等多方面福利政策,综合考虑申请者年龄、身体状况、家庭收入情况、子女情况等确定具体救济金规模。

4. 日本租赁住房体系

(1) 发展历程。日本目前主要推行的租赁住房政策有三种:住宅公团、公营住宅制度和住宅金融公库。

住宅公团制度:住宅公团是日本政府于 1955 年全额出资设立的特殊法人,集中利用公共资金在住宅短缺严重的地方,为无低收入工薪阶层提供住房保障。此后,住宅公团经多次改革,目前演变为都市再生机构(Urban Renissance),公团住宅又被称为都市再生机构团地,通过国家财政以及信托、保险及民间贷款等方式获取资金。公团住宅作为政策性住房,其租金略低于市场价格。

公营住宅制度:1951 年,日本出台《公营住宅法》,推动公营住宅建设为低收入群体提供住房保障。土地费由地方政府承担,工程建设费用及工程建设其他费用由中央政府和地方政府按 50% 各自分担。公营住宅租金与市场租金的差额由中央、地方政府共同分担后给予补贴。

住宅金融公库:住宅金融公库类似于中国住房公积金制度,主要为居民自建自购住宅提供长期稳定、低息贷款。住宅金融公库对面对象以中低收入群体为主,贷款利率上限为 5.5%,与市场利率的差额由财政资金补贴。高收入群体也可申请,但不享受利率优惠。

（2）申请条件。

公团住宅:住宅公团兼具政策性住房的保障特性,特殊人群即使未能达到收入标准也可申请。

公营住宅:在家庭收入方面,一般要求申请人收入在 25% 的收入分位以下;对于老人、残障人士等特殊人群,年收入要求在 40% 收入分位以下,若家庭共同居住的成员中一人拥有自有房屋便不可申请。

（3）租金水平。

公团住宅:针对不同人群、不同家庭情况给予不同程度的租金优惠。60 岁以上老人,总收入低于 1.58 万日元,减免 29% 租金;35 岁以下青年、单亲妈妈,可一次性签约三年,租赁期间保持租金稳定;多子女家庭,最多减免 25% 租金。

公营住宅:公营住宅租金水平根据入住者收入水平、入住房屋的地理位置和经济发展情况、小区配套、房屋构造以及房屋使用年限、住宅所在区域的交通情况等综合确定。

5. 新加坡租赁住房体系

（1）发展历程及基本情况。

1960 年,新加坡政府宣布成立建屋发展局,建屋发展局直属国家发展部,在公共住宅管理方面,建屋发展局起主导作用,它既代表政府行使权力,负责制定住宅发展规划及房屋管理,实现"居者有其屋"的目标;同时它又作为房地产经营管理者,负责房屋建设、出售和出租。1964 年,新加坡推出"居者有其屋"的政府组屋制度。最早的组屋制度以政府向低收入群体提供租赁型保障性住房的形式为主,公共租赁房屋在组屋中的占比高达 95%。后来,新加坡政府通过组屋制度的改革在全民范围内推动住房自有率的提升。截至 2015 年底,公共租赁房屋在新加坡组屋的存量中占比以降至 6%。在过去 50 多年的时间里,新加坡政府共修建了近 2 000 幢、超过 100 万套组屋。发展至今,组屋制度已成为新加坡最有特色的住房保障政策,绝大部分新加坡公民可以用非常低廉的价格向政府购买组屋。目前约 82% 的新加坡人居住在组屋中,其中绝大部分人是自有产权。而所剩不多的公租房被定位为最终的托底政策,为有需要的人士提供租金及其低廉的小户型租赁住房。所有公共租赁房屋均为一室或两室户型。公共租赁房屋申请条件严苛,仅仅面向无力购买祖屋且没有其他任何可能的住房选择的极度困难的群体。同时,新加坡政府在公共租赁住房申请条件的指定中充分表达了对于传统家庭形态的推行。

（2）申请条件。

申请者必须以家庭为单位或多位单身人士共同申请，不接受个人申请；申请者家庭中至少有一人为新加坡公民，其他人士可以是新加坡永久居民；家庭申请者需年满21周岁，单身人士共同申请者需年满35周岁；家庭月收入不超过1 500新加坡元；不拥有任何祖屋的产权或使用权，且在新加坡境内或海外均不拥有私有产权的物业。

（3）租金水平。

组屋租金分为两个档次，总体租金定价准则为，家庭月收入在800新加坡元或以下的家庭，房租不超过总收入的10%；家庭月收入在800—1 500新加坡元的家庭，房租不超过总收入的30%。具体而言，家庭月收入不高于800新加坡元的首次申请者租住一室或两室的住房时只需支付不超过33新加坡元或75新加坡元的月租金，二次申请者的租金定价分别为不超过123新加坡元和165新加坡元。家庭月收入为801—1 500新加坡元的首次申请家庭只需为一室或两室的户型支付123新加坡元或165新加坡元，二次申请者的租金也分别不超过205新加坡元或275新加坡元。确切的租金水平视物业的具体位置和条件而定。

6. 中国香港租赁住房体系

（1）发展历程。

香港公共租赁住房发展始于20世纪50年代，1957年，由香港屋宇建设委员会兴建的首个廉租房—北角邨落成。1961年，香港当局正式推出"廉租屋计划"，提供有政府保障的租住房屋。1972年，香港当局宣布"十年建屋计划"，拟在1973—1982年，为180万人提供有独立设施的居所。1973年，香港当局重组原来负责公共房屋的多个机构，成立香港房屋委员会，以推展政府的公共房屋计划。1976年，香港当局推行居屋，协助中低收入家庭和公共租住房屋（公屋）租户成为业主。1982年，香港当局宣布将"十年建屋计划"延长五年至1987年。1987年，香港当局发表"长远房屋策略"，制订1987—2001年香港的房屋政策纲领。1998年，香港特区政府推行"租者置其屋计划"（租置计划），让租户可以廉宜的价格，购买其自住的公屋单位。2003年，香港特区政府推出"置业资助贷款计划"，取代原来由香港房屋委员会推行的"自置居所贷款计划"及房屋协会推行的"首次置业资助贷款计划"。2007年，立法会通过《2007年房屋（修订）条例草案》，推出一系列"天伦乐"住屋计划。2010年至今，先后推行了新租金调整机制、新居者有其屋计划、老旧房屋改造、公屋住房环境改善、常态化防疫等。

根据香港房屋委员会2020—2021年度的年报数据，香港共有公屋数量189

处,公屋套数 804 878 套,公屋住户数量 786 288 户,公屋认可居民人数 2 112 138 人,平均住户人数 2.69 人。公营房屋方面,可供出租套数 6 300 套,可供出售套数 5 000 套。与公屋有关的商业配套面积共约 311 万平方米。

(2) 申请条件。

香港房屋委员会设有公屋申请制度,为有不同需要的公屋申请者设立相应的资格准则,并提供多种配屋计划。主要包括:一般家庭(基本公屋申请资格)、长者(包括高龄单身人士优先配屋计划及共享颐年优先配屋计划)、非长者一人申请、天伦乐优先配屋计划。

公屋分布在香港四个地区:市区(包括港岛及九龙)、扩展市区(包括东涌、沙田、马鞍山、将军澳、荃湾、葵涌及青衣)、新界(包括屯门、元朗、天水围、上水、粉岭及大埔)、离岛(不包括东涌)。

申请公屋的家庭基本申请资格:申请者必须年满 18 岁;申请者及其家庭成员必须现居于香港并拥有香港入境权,其在香港的居留不受附带逗留条件所限制(与逗留期限有关的条件除外);申请者的住户总每月收入和总资产净值不得超过限额;申请者及其家庭成员在香港无任何住宅物业所有权;申请表内必须有至少一半成员在香港住满七年,而且所有成员仍在香港居住。

2022 年公屋申请者的住户总每月收入和总资产净值限额如表 3.9 所示。

截至 2022 年统计数据,获安置入住公屋的一般申请者的平均等候时间为 6

表 3.9　公屋申请者收入及资产限额

家庭人数	家庭每月总收入限额(港元)	家庭总资产净额限额(港元)
1 人	12 940	273 000
2 人	19 550	369 000
3 人	24 410	481 000
4 人	30 950	562 000
5 人	37 180	624 000
6 人	40 840	675 000
7 人	46 770	721 000
8 人	52 310	755 000
9 人	57 710	835 000
≥10 人	62 980	900 000

资料来源:香港房屋委员会官方网站。

年,长者一人申请者的平均等候时间为 4.1 年。

（3）租金水平。

香港公屋租金平均约 60 元/平方米,每户平均月租金约 1 500 元。根据香港房屋委员会资助房屋小组委员会通过 2022 年公屋租金检讨结果,公屋租金于 2022年 10 月 1 日起上调 1.17%,每户公屋租户平均每月上调的金额约为 26 港元。同时提供特别纾困措施,宽免加租后首 12 个月须缴付的额外租金。

3.4.2　上海廉租房管理制度存在的问题

廉租房作为上海市低收入人群保障住房形式的一种,在推出的 20 余年间以实物配租或租金配租的方式发挥了充分的住房保障作用。但是,在管理制度上,其存在的问题也不容忽视。

1. 覆盖人群不充分,保障功能不足

上海廉租房政策目前累计受益家庭已达 13 万户,当前正享受该政策的家庭约四万户,对于拥有 964.46 万户的超级大都市来说,这样的保障力度是远远不够的。当前廉租房的保障力度不足 1%,与西方发达国家 10% 的保障水平相距甚远,从管理制度上,可以找到以下两个方面的主要原因。

一是申请条件过于严苛。申请人需同时满足家庭人均住房居住面积低于七平方米（含七平方米）和有关家庭人均收入财产的要求,即三人及以上家庭人均年可支配收入低于 50 400 元（含 50 400 元）、人均财产低于 150 000 元（含 150 000 元）,三人以下或经认定的因病支出型贫困家庭人均年可支配收入低于 55 440 元（含 55 440元）、人均财产低于 165 000 元（含 165 000 元）。虽然此标准会随着经济社会的发展进行更新,但始终具有滞后性。2022 年上海最低工资标准为每月 2 590 元,平均工资为 11 396 元/月。从这两组数据来看,年收入 50 400 元即月收入 4 200 元的标准不足以覆盖大部分低收入人群,若要充分保障低收入人群的住房需求,需将该标准进一步调高。

二是开放人群受限。目前上海廉租房仅对拥有上海户籍的人群开放,且需满足家庭成员在上海实际居住、具有上海城镇常住户口连续满三年,且申请时在户口所在地连续满一年的条件,这就将不满足上海落户条件的低收入人群拒之门外了。然而上海户籍的获得需满足诸多严苛的条件,对于低收入的外来人口来说往往只有居转户一条路,需要经过漫长的等待。综上所述,现行廉租房政策对于上海外来低收入人群来说有失公平,希望能在未来将廉租房政策进一步惠及非户籍人口。

2. 租金配租金额不合理

上海廉租房的主要补贴方式为租金配租,而具体补贴的金额根据家庭人均年收入的不同而划分档次,具体如表3.10所示。

表 3.10　上海廉租房每月租金补贴金额分配表

家庭类别	区	补贴标准[元/平方米（居住面积）]
人均年可支配收入低于 33 600 元(含 33 600 元)的三人及以上家庭,以及人均年可支配收入低于 36 960 元(含 36 960 元)的三人以下或经认定的因病支出型贫困家庭	黄浦、徐汇、长宁、静安、普陀、虹口、杨浦、浦东	160
	闵行、宝山、嘉定、松江、青浦	120
	金山、奉贤、崇明	75
人均年可支配收入在 33 600 元(不含 33 600 元)至 42 000 元(含 42 000 元)间的三人及以上家庭,以及人均年可支配收入在 36 960 元(不含 36 960 元)至 46 200 元(含 46 200 元)间的三人以下或经认定的因病支出型贫困家庭	黄浦、徐汇、长宁、静安、普陀、虹口、杨浦、浦东	110
	闵行、宝山、嘉定、松江、青浦	85
	金山、奉贤、崇明	55
人均年可支配收入在 42 000 元(不含 42 000 元)至 50 400 元(含 50 400 元)间的三人及以上家庭,以及人均年可支配收入在 46 200 元(不含 46 200 元)至 55 440 元(含 55 440 元)间的三人以下或经认定的因病支出型贫困家庭	黄浦、徐汇、长宁、静安、普陀、虹口、杨浦、浦东	65
	闵行、宝山、嘉定、松江、青浦	50
	金山、奉贤、崇明	35

资料来源:上海市住房和城乡管理委员会及各行政区官网。

从表 3.9 中可以发现,租金补贴的标准远远低于市场化租金水平,不足以覆盖租房成本,需要将该补贴金额进一步提升优化以达到真正帮助低收入人群的目标。

另外,对于各区的划分也过于粗犷。如浦东新区,该区面积较大;不同地区的租金水平差别较大;又如陆家嘴板块和祝桥镇的租金水平就差异巨大,因此,在制定租金补贴标准时不应该过于笼统地将浦东新区的租金水平统一价格。在信息化时代,可以将租金补贴标准具体到各街道和镇,以更人性化的方式给低收入人群最合适的租金补贴。

3.4.3　上海公租房管理制度存在的问题

上海公租房制度自 2010 年开始试行以来,已成功实行十余年。为在沪合法稳定就业且住房困难的常住人口提供住房保障的同时,公租房的一些问题也逐渐显现。

1. 面向个人房源较少，个人申请难度较大

尽管相较于其他住房保障形式而言，公租房相对限制条件较少，仅限制了人均住房面积而对个人收入无要求，但公租房面向纯个人的名额相对较少，而其他保障性住房均为全个人申请形式。公租房房源面向企业开放固然能够带来集聚效应，推动企业的发展，但是住房保障的关键主体还是上海住房困难的常住人口，这无疑会削弱共有产权房的保障功能。从另一个角度来看，面向企业的公租房房源最后的承租企业大多为政府部门、事业单位和国企，然而这部分企业员工的综合收入并不低，很大程度上并不在最需要住房保障的人群范围之内，将资源给予这部分企业并不能很好地实现公租房推出的愿景。从2021年9月的市筹公租房名单的各项目信息中，可以看到十大公租房项目中仅有馨宁公寓、馨逸公寓、地产南站部分收购项目、新江湾尚景园和上海晶城晶华坊可以由企业或者个人申请，其余项目只能由企业单独申请。各大区筹公租房项目的情况较为复杂，但综合来看，也是大部分仅限企业申请，或者企业优先申请。加上这些申请企业为国有背景企业优先的情况下，真正需要公租房的民营企业也不能获得匹配的公租房资源，实现运营成本的下降。公租房难以由个人申请的问题，或许会成为未来公租房领域的主要矛盾之一，十分值得重视。

2. 各项目质量参差不齐，个别项目问题较多

公租房房源的质量难以与一般商品房相比较，个别项目问题较多，这会影响群众对公租房的整体印象，从而造成负面影响。诸梦洁等（2022）的研究详细描述了承租人对某公租房的评价。其中反映的问题有建筑室内空间的问题，例如，部分功能空间的缺失与面积不足，居住空间与居住需求存在矛盾；空间精细化设计不足；又如，卫生间布局未考虑干湿分离，厨房操作台长度和进深不足等；住宅质量差、后期维护不到位，再如，户内渗水、受潮发霉、墙面粉刷脱落等问题。还有未考虑到不同家庭结构与家庭生命周期住户的需求差异，以及承租后可能有些家庭发生人口变化的问题。这些问题极大地影响了承租人的日常生活，希望未来公租房项目推进承建时能够加以改进，同时对现有项目进行一定的维护与修缮。

3. 骗租转租现象依然存在

关于骗租现象，主要是指申请人隐瞒自己的户籍、家庭人口、收入等情况，以不正当方式获得公租房承租资格的现象。这种现象随着公租房申请条件的放宽和网络信息化的推进而逐渐减少，但依然会有少部分承租人铤而走险，实施骗租行为，从中获利。因此，政府部门应加强监管，按照规范审核材料，从根本上杜绝此类行为的发生。

关于转租行为,按照规定,公租房作为保障性住房,在申请成功后严禁转租作为个人盈利行为。上海最新公租房实施意见规定,对承租人、居住使用人发生将所承租的公租房转借、转租、改变用途、无正当理由闲置六个月以上等违规行为的,违反物业管理规约拒不整改的,出租单位可与其解除租赁合同。对发生在公租房中的违规行为,出租单位应当及时向房屋所在地的区住房保障管理部门和城管执法部门报告,相关部门按规定处理,行政处理决定信息按上海市社会信用管理相关规定纳入上海市公共信用信息服务平台,并可采取五年内不得享受上海市住房保障政策等措施。然而,市场上仍存在对公租房进行转租的现象。对于该现象,运营公司应该在签订承租合同时就做到告诫,并告知该行为的严重后果,同时,应采用加强对违规违约行为的技术管控,发展应用智能门禁的方式加强对公租房的管控。

3.4.4 完善上海租赁型保障性住房制度的对策建议

上海租赁型保障性住房制度目前主要为廉租房和公租房,加上共有产权房和征收安置房,形成了"四位一体"的保障性住房格局。上海租赁型保障性住房制度发展的十余年来,涌现了许多问题,对此我们提出相应的对策建议,希望能对租赁型保障性住房制度的完善提供帮助。

1. 适当扩大保障性住房规模,惠及更广人群

目前来说,租赁型保障性住房都存在规模不足,惠及人群有限的问题。廉租房申请条件较为苛刻且仅面向上海市户籍人口,仅有极少部分低收入人群能够获得廉租房的住房保障。公租房申请条件较为宽松,但供应有限且大多面向企业,真正的住房困难人群无法及时享受到该住房优惠政策。因此,对于廉租房,政府应该在对现状充分进行研究的基础上,适当放宽申请条件并开放非户籍人口申请通道,真正惠及广大低收入人民群众。对于公租房,政府机关应该在合理的基础上多投入土地资源进行公租房建设,同时加大对个人申请的开放力度,使更多的住房困难常住人口获得住房保障。综合考虑租赁型保障性住房体系,政府机关可以在扩大廉租房和公租房规模的基础上,统筹安排两种住房体系保障资源,以实现资源的最优利用。

2. 推广拆套合租和宿舍型房源试点项目,开放更多行业

上海市六部门联合出台的《上海市发展公共租赁住房的实施意见》中提到,公租房应向公共服务类行业倾斜,并更快更好地推进拆套合租和宿舍型房源试点项目。公租房的拆套合租和宿舍型房源试点项目,目前仅开放少量房源。整体来讲,

面向公共服务类行业企业整体租赁的公租房拆套合租和宿舍型房源试点项目具有推广的必要性。它能促进区域内公共服务类行业员工的租房成本下降,保障该部分职工的住房需求,促进公共服务类行业可持续发展。长远来看,该项目在大面积推广后能提升区域内公共服务行业整体的质量,增加区域内居民的整体幸福感,促进上海市整体的可持续发展,可谓影响深远。此外,该项目也值得从公共服务行业出发,鼓励更多劳动密集型企业的申请,甚至在条件成熟后进一步推广到所有行业企业。公租房拆套合租和宿舍型房源试点项目能够极大节约员工的单人住房成本,缓解员工住宿压力,这对劳动密集型企业来说十分关键。因此,在条件允许的情况下,希望政府部门能加快公租房拆套合租和宿舍型房源项目的试点,尽快将该项目推向市场,方便企业发展。

3. 多方面开发融资形式,适当引入民间资本

租赁型保障性住房目前资金投入主要依靠财政支持,但这种模式是不可持续的,未来如果要扩大租赁型保障性住房的规模必然会给财政造成不小的压力。廉租房主要为租金配租的形式,资金压力较小。公租房则可以在借鉴美国、德国、英国国际经验的基础上,从内部和外部同时着手,拓展公租房的融资方式(李钱斐,2021)。从内部来看,可以提高公租房运营管理水平以扩大内部资金规模,通过公租房租金收入、配套商业用房租金收入、停车费广告费等增值服务收入以及流动资金投资收益适当增加内部收益规模。从外部来看,可以从以下三个方面着手。一是转变政府补贴方式,逐步建立覆盖建设运营全过程的低成本融资机制,减少政府财政直接补贴,通过土地优惠、税收优惠等方式,降低公租房建设和运营成本,吸引住房公积金、保险基金、慈善基金等社会资金作为长期资本投入公租房领域。二是建立住房储蓄银行体系,以财政拨款、部分住房公积金、土地出让金和社会资本作为资本金,吸引个人储蓄资金以及货币市场的投资者和各类基金,支持公租房筹建和运营。三是探索新型融资模式。目前上海公租房房源筹集基本采取 BT 模式,由房地产开发商建设好后,无偿移交给政府来配租供应。未来可通过创新运用债券投资计划、股权投资计划、项目资产支持计划等支持公租房项目建设运营,并积极探索并推广 BOT 模式、TOT 模式、PPP 模式、ABS 模式和房地产投资信托基金等新型融资模式,实现资金来源的灵活性。

4. 适当推广"先租后售",缓解资金压力

目前上海租赁型保障性住房几乎依靠财政补助作为资金来源,资金压力较大。在此现状下,临港公租房率先推出"先租后售"模式,在一定年限后可根据承租人的意愿选择是否购买。典型楼盘为新元·盛璟苑,目前已开发至第四期,将为临港重

装备产业区的企业职工提供生活配套,项目建成十年后,可作为存量商品房上市交易,承租人可优先购买。这对住房困难人群和政府机关双方都有好处。对承租人而言,可以选择以相对低廉的承租价格取得房源,既节约搜寻成本,也节约中介费用;对于政府机关而言,将公租房作为存量商品房上市交易,能有效促进资金回流,进一步解决住房困难人群的住房保障难题,一举两得。但不可否认,"先租后售"模式会影响公租房的流动性,售出房源不能再为新增的住房困难人群提供服务,会减少公租房的存量。因此,政府部门需权衡利弊,审慎确定"先租后售"规模,在上海市其他适合的住房板块,也可推广"先租后售"的试点,在不影响整体公租房规模的前提下,适当推广"先租后售",缓解资金压力。

5. 推动建立租赁型保障性住房长效机制

上海租赁型保障性住房作为住房保障体系的重要组成部分,具有长远发展的必要性。与其他西方发达国家相比,国内租赁型住房保障体系推行时间还相对较短,问题也处于爆发的初期。因此,政府机关应该在确保整体租赁型保障性住房规模的同时,积极学习西方经验,积极探索新型保障方式,实现廉租房和公租房的有效协调,推动建立租赁型保障性住房长效机制。同时,与共有产权房及拆迁安置房体系相呼应,形成"四位一体"的稳定发展格局,惠及更多上海常住人口。

第4章
上海商业地产市场发展现状、问题与对策

4.1 上海商业地产市场发展概况

4.1.1 商业地产的定义、分类与典型运作模式

1. 商业地产市场的定义

从一般定义上来看,商业地产包括了各种经营用途形式的地产,具体包括用于销售、餐饮、娱乐、健身、休闲等方面的地产。和普通住宅、公寓、别墅不同,商业地产具备特殊的经营模式、功能、用途。此外,商业地产也包括以办公为主的地产。国际上通常将其称为零售商业物业,在这个概念的狭义范畴里,一般指的是作为零售业形态的物业,如作为购物、用餐、休闲等使用的物业。广义的商业地产,还包含写字楼、专卖店、商用公寓、会展中心以及各种非生产性、非住宅性质的商业物业。总的来看,商业地产是以商品的功能性质,实现商品交换与买卖目的的空间,具有较强的持续经营属性特点。

商业地产具有较强的永续运营功能。和传统住宅物业中锚定购房者的单维方式有所不同,现代商业地产的主要运营模式是双向的,通过吸纳顾客进行消费、增加商家的承租空间来获取较多租金,对经营水平的要求也较高。中国商业地产正实现从街边铺面到百货商场再向购物中心的变迁,过程中同时呈现横向时间轴和纵向城市能级上的逐级演进态势,主要表现为落位从分散到凝聚、业态从单一到综合、市场从核心到下沉、运营从粗放到精细这四大现状。回顾中国商业地产发展史,可以发现从 1990 年至今,商业地产进入发展的三个阶段,分别为 1990—2008 年的兴起探索阶段、2009—2014 年的爆发增长阶段,以及 2015 年至今的低速发展阶段。

1990—2008年是中国商业地产的起步与探索阶段。始于20世纪90年代初的连锁百货店是商场地产的最早期形式,90年代中期,随着娱乐、饭店等行业的逐渐兴起,大型百货商场也已开始逐渐向零售商业物业过渡。这一时期的商业地产整体规模相对较小,项目以标准化生产的简单复制方式,而企业的核心竞争力就是地块获得能力和项目建造速度。

2009—2014年是中国商业地产迅速发展的时期,由于金融危机后政府投入近四万亿元拉动内需,以及万达对于中国商业地产成长的推动作用,商业地产在全国粗放式扩张。这一时期中国商业地产繁荣发展,短短六年间中国零售商业物业及写字楼的开发项目投资完成金额的复合增长率超过了30%,各大主要城市城市面貌、天际线在这一阶段发生了翻天覆地变化。

2015年至今,中国商业地产发展进入低速增长阶段。在宏观经济进入新常态、线上购物消费冲击、前期扩张速度过快导致商业地产供给结构性过剩等原因影响下,商业地产价格增长速度明显低于住宅水平。在宏观经济进入新常态下,中国经济增长由高速度转入中高速度,由于商业地产需求和国民经济增长、经济景气程度高度关联,较低的GDP增长速度也意味着相对小的商业地产需求规模,商业地产市场增长速度显著下降;另外,线上购物消费的兴起对线下消费产生巨大的替代作用,商业地产面临巨大冲击;同时,由于中国商业地产前期的粗放型增长也导致整体商业地产供给过剩,部分地产商前期在三、四线城市投资过多的商业地产与当地居民购买力误配,商铺空置率过高,也导致了商业地产价格的上涨远不及住宅。商业地产市场逐步回归理性,构成了中国房地产行业的重要组成部分。

2. 商业地产市场的分类

商业地产功能多样,既有实现人们购物、饮食、休闲娱乐等需求的社交功能,也有适应人们企业管理、商业活动、居民投资等需求的经济商业功能。商业地产的划分方法比较多,具体分类标准可以参考表4.1。

表 4.1 商业地产分类标准

分类标准	具体包括内容
物业业态	零售商业物业;写字楼;酒店等
建筑特征	商业大厦;住宅区商业;临街商铺;步行街露天商铺;地下商城
物业区位	商业区物业;住宅区物业;近郊物业
经营方式	统一经营物业;分散经营物业
经营类别	综合经营物业;单一经营物业

（续表）

分类标准	具体包括内容
销售方式	销售物业;租售物业;出租物业
物业产权	产权物业;非产权物业
商业规模	超大型;大型;中型;小型
消费行为	物品业态;服务业态;体验业态
辐射范围	邻里型;社区型;区域型;超区域型;目的地型

资料来源:笔者整理。

　　实践中,最常用的商业地产分类标准为按物业业态进行分类,即根据商业地产的功能地位、经营模式划分不同的物业业态,国内常见的物业业态主要有零售商业物业、写字楼和酒店等,其景气度、行业空间、经营模式、客户群体等有较大差异。

　　零售商业物业是指满足人们购物、饮食、休闲娱乐等需求的物业形态,最初来源于"市场"或"集市",是人们通过货币进行买卖、或通过"以物易物"进行商品买卖的场合,这种业态形式具有悠久的历史,在人类文明进入货币时代前就已存在,也是最早的商业中心,后来随着社会发展逐步出现了更具有规模效应的沿街商铺品类。零售商业物业具有以租赁经营为主、收益能力强、投资风险大、投资规模大等特点。随着粗放型增长阶段的结束,目前中国零售商业物业供应结构性过剩,步入以质量制胜的存量市场时期;同时在经历供销社、百货商场、购物中心等模式之后,中国目前的零售商业物业逐渐走向第四代商业模式,即在购物中心和生活体验中心的基础上构建出来的,在规模上接近购物中心的体量、经营理念接近生活体验中心。这种商业模式融合了两种传统商业模式,强调体验式购买消费,在解决人们购物需求的同时更加强调体验式消费,使商业地产具有购物、餐饮、娱乐等多重用途和属性。多元化多业态的体验式购物中心不仅适应中国国情,还循序渐进地改变着国内消费者的消费和生活方式,两者相辅相成。对于零售商业物业的经营效率,实践中人们重点考虑的核心指标包括租金价格、出租率、客流量、地段情况和居民消费水平等。

　　写字楼是指专门的商务类办公专用楼,作用是集中进行信息的收集、决策的指定、文书工作的处理和其他形式的经济活动管理,某经营模式主要为租赁,商业模式主要为利用设施和物业管理提供服务,并通过租户相关产业定位的选择,促进办公效率和区域产值提升。写字楼的大部分需求来自金融服务、IT 等领域,但由于上述领域中的企业大多分布于一线城市,所以各个能级的写字楼行业的发展情况差别较大。金融服务、IT等都是知识密集型行业,人才是关键生产要素,由于一线城市相关人才资源较为集中,经济发展水平较高,配套设施比较齐全,因此主流金融机构和互联网企业大多聚集于一线城市。目前中国写字楼市场经历了近20多年的发展,已经达到供应过剩状态,尤其是近年来,大批高档写字楼集中入市,对整体写字楼市场供给影响巨大。部分二、三线城市出现写字楼供应严重过剩的情况,写字楼的平均出租率低于70%;一些硬件条件差的非甲级写字楼,甚至出租率低于50%。未来还会有大批写字楼准备入市,写字楼市场客户竞争将进入白热化阶段。①

酒店也是一种比较普遍的商业地产物业业态,其主要含义是指提供安全、舒适,令使用者得到短期的休息或睡眠的空间的商业机构。酒店对应着商旅住宿需求,与宏观经济有着较强联系,受新冠疫情影响、经济景气度低等影响,酒店入住率明显下降,但随着新冠疫情缓解,入住率逐渐回暖。宏观经济运行态势对商务旅行、观光度假需求产生重要影响,也与中国酒店行业的景气程度直接相关。当前中国酒店行业竞争正在加剧,从2010年开始中国星级宾馆数量开始明显减少,行业也处于整体出清阶段。在2009年之前,中国酒店行业高速发展,供给端区域性饱和,但2009—2017年,中国星级宾馆数量从14 237家下降至9 566家,下降了32.8%。随着国内宏观经济增速的放缓,酒店总体需求量增长速度也明显下降,前期酒店供给过剩导致行业结构性失调,国内酒店行业的整体盈利水平也发生了分化。部分酒店存在内部装修及设施老化、服务同质性高、管理能力薄弱、品牌形象欠缺等问题,在存量竞争时代存在着被出清的风险。

而在中国,最常见的商业地产物业业态为写字楼和零售商业物业,据莱坊研究部数据,2010—2020年,国内房地产大宗交易市场成交金额中,写字楼一直占据最大份额,约占总成交金额的47.5%,其次是商业地产,约占总成交金额的37.7%,两者份额合计占总额比例超过85%。因此在后续分析中我们将针对上海写字楼、零售商业物业市场的发展现状、问题与对策进行讨论。

3. 商业地产的典型运作方式

中国商业地产按照获取方式和盈利模式,可以分成出售、自持(出租、自营)和轻资产经营三种方式。

---

① 数据来自纵横资讯:《写字楼资产服务企业的未来》,http://www.qilu-office.com/articles/xiez-ilouzichanfuwuqiyedeweilai.html,2022年9月。

（1）出售方式。

出售方式的盈利模式和普通住宅地产项目相似，能够更快地实现资金回笼，但较住宅地产资金周转速度偏慢。就资金周转方式而言，由于商业地产单个项目投入规模大，资金流动性不足，项目风险也更大，因此资金回收期较住宅房地产项目更长，但较自有项目的其他运作方式资金回笼能力更强，现金流风险也有所减轻。如某房地产企业在深圳中心区域开发的商业地产项目具备了很强的市场竞争性，主要原因是其依靠出售方式达到了更快的资金周转。而在商业地产经营的早期发展中，部分单纯依靠出售方式的商业地产房地产企业因缺乏后期经营管理规划，项目质量无法保障；部分地段优越、开发品质较好的商业地产房地产企业，由于缺乏售后招商经营规划，面临发展障碍。

（2）自持方式。

自持模式又细分为自持租赁方式和自持自营方式。

自持租赁方式是指公司通过将自有的商业地产租赁，或者通过将商铺出租及其他项目升值方式获取利润，因为前期投入较大，所以资金回笼缓慢，但公司能够获取长期稳定的现金流收入和物业升值，长期收入较为可观。因为公司享有商业地产项目的经营管理权和所有权，使得商业地产项目的运营效率得到较好保障，公司还能通过商业地产项目升值以及自身品牌产品溢价获取利润。但在该种方式对公司的融资能力以及管理经营水平要求比较高。在项目招商初期，房地产企业一般先开展主力店招商，等项目初步建成后，再通过主力店的品牌效应带动其他品牌企业落户，然后开展次主力店招商，例如，万达通过主力店带动次主力店的招商模式，大大提高招商效果，保持较高的项目经营水平。

自持自营方式还可细分为委托经营与自主经营两种模式。在委托经营模式下，由房地产企业作为项目业主，将项目委托给专门经营机构实施管理并承担相应的经营管理费用。这一模式融合了房地产企业的资金能力、自身资源优势，再加上经营者的专业知识水平、经营观念，从而提升项目经营管理能力。例如，星河实业把深圳福田区中心地带的宾馆经营委托给世界知名奢华酒店——丽思卡尔顿酒店集团负责，星河实业根据营业收入与利润按约定比率缴纳管理费。而在自主经营模式下，公司无需缴纳相应的管理费，若地产企业管理经验和经营能力严重欠缺，则存在着较大的潜在经营风险。

（3）轻资产经营模式。

轻资产模式细分为租赁经营模式、委托管理模式及房地产证券化模式。

在租赁经营模式下，由企业先租入已完成的商业地产项目，进行重新规划和改建后再出租给其他商家,并通过出租费用的价差及收取物业管理费获取收益。企业在前期的资金压力相对较小,后期也可以利用出租收入获取较稳健的现金流。在租赁经营模式下,租金成本与房租收入的稳定性主要取决于企业的总体运营实力与品牌效应。代表企业有居然之家,其主要经营业务为家建材商场经营。截至 2021 年末,居然之家的 95 家直营店铺中租赁店、自有店铺依次为 78 家、17 家。其租赁店面大多与店面的实际所有者签订长期租赁协议,使其租金成本保持平稳。

在委托管理模式下,商业地产公司成为客户委托管理业务的供应者,向委托方收取委托服务费。同时依托品牌优势影响力、资源整合能力和经营管理经验,积极向外输出客户委托管理业务,从而进行轻资产经营,有效缓解了企业资本支付压力。例如,红星美凯龙 2021 年委托管理板块营业收入金额占总营业收入的 20.98%,已委托管理店铺总量超过 250 家,店铺已基本遍布全国主要城市;开元旅业 2019 年酒店委托管理板块营业额占总营收的 2.83%,已签约的酒店数量为 415 家(包括已开业的 179 家);居然之家 2019 年加盟店业务收入占总营收的 8.45%,加盟店面总计 326 家(包括委托管理加盟的 159 家)。①总体来说,委管、托管、加盟管理模式可以迅速扩大企业经营范围,但也会产生相应的管理压力,经营范围的扩大可能导致企业增加管理成本。

在房地产证券化模式下,公司将商业地产项目打包式放入私募基金或信托基金,企业自身拥有该基金的部分权益,其余部分大部分由机构投资人持股,当商业地产项目平稳运营并完成资产增值后,再以类房地产投资信托基金的方式退出。但中国境内有关机制与法律规定仍待健全,目前发展的形式大多是类房地产投资信托基金。该管理模式体现了中国商业地产行业地产、金融、商业的三元属性,能够盘活存量资产,提高企业周转效率,进行轻资产经营。国内将这一管理模式成熟运用的典型代表是万科,其推出了中国境内第一只公开募集的房地产投资信托基金,并尝试了"小股操盘"的轻资产经营管理模式——万科对北京金隅万科广场项目仅持股约 10%。利用该管理模式的万科实现了高速发展,并形成了品牌溢价。

(4)多种经营方式结合。

在实际经营中,房地产企业往往结合多种经营方式,以便综合各种方式的优点,并进行灵活调整,其中又以租赁和出售相结合的经营模式较为普遍。在自有

① 数据来自各公司年报。

项目出租与出售相结合的经营模式下,开发商持有主要商铺并通过出售部分减轻融资负担,从而提高项目扩张效率;而通过持有主体商业并出租则能够保证整个商业地产项目的经管理稳定性,实现项目投资升值,相对兼顾了两种模式的优点。

4.1.2　上海商业地产市场发展背景

商业地产作为以商品的功能性质、实现商品交换与买卖的手段空间,其发展与城市经济活动密切相关,城市经济活动的繁荣程度直接决定了城市商业地产的兴衰。本小节讨论上海商业地产的发展背景,主要讨论上海市整体经济发展情况,以及零售商业物业、写字楼等物业业态背后对应的消费、金融、新兴产业等具体行业的发展。

1. 上海整体经济发展情况

上海是国家中心城市、超大城市、上海大都市圈核心城市,国务院批复确定的中国国际经济、金融、贸易、航运、科技创新中心。

2022 年上海经济运行韧性增强,产业结构持续优化。当年上海完成地方生产总值 44 652.8 亿元,比上一年下降 0.2%。其中,第一产业增加值为 96.05 亿元,同比下降 3.5%;第二产业增加值为 11 458.43 亿元,下降 1.6%;第三产业增加值 33 097.42 亿元,增长 0.3%。第三产业增加值占生产总值的比例为 74.1%。[①]

2. 上海消费业发展情况

2022 年,上海社会消费品零售总额为 16 442.14 亿元,比上一年下降 9.1%,其中,无店铺零售额 3 663.66 亿元,下降 4.5%。网上商店零售额 3 461.40 亿元,下降 3.9%,占社会消费品零售总额的比例为 21.1%。2022 年上海市完成电子商务交易额 3.33 万亿元,比上一年增长 2.7%。其中,B2B 交易额 2 万亿元,增长 3.7%;网络购物交易额 1.33 万亿元,增长 1.3%。网络购物交易额中,商品类网络购物交易额 8 359.8 亿元,增长 6.8%;服务类网络购物交易额 4 971.8 亿元,下降 6.8%。

3. 上海金融业发展情况

上海是全国的金融中心,金融业十分繁荣。通过数年的努力奋斗,上海国际金融中心建设已实现了重大进展,基本形成了同中国经济实力和人民币全球影响力

---

① 数据来自上海市统计局:《2021 年上海市国民经济和社会发展统计公报》,《统计科学与实践》2022 年第 3 期。

相适应的国际金融中心体系,为国际金融中心建设下一个发展阶段打下了坚实基础。以下是上海市金融业发展现状。

(1)市场建设体系日益完善。目前上海已建立了囊括股票、债券、货币、外汇交易、商品期货、金融期货、黄金、保险、票据、信托等门类齐备的金融市场,并集中建设了多个金融商品登记、保管、支付、清算等现代金融市场设施,成功打造了一批重要的金融产品工具。上海金融市场基础建设完备,技术手段世界领先,为上海金融资产发行、成交、估值及风险管理等方面提供了有力保证。截至2021年末,上海证券交易所上市公司为2 037家,股票总市值达519 698亿元,股票市值规模排名世界第三,2021年首次公开发行股票的企业数、排名世界第三。而银行间债券市场规模排名世界第二,截至2021年末托管余额近115万亿元,年内交易量突破1 400万亿元。上海黄金交易所场内的现货黄金成交量排名世界第一。上海期货交易所多个产品成交量排名同类产品的世界第一,原油期货交易市场已成为世界上第三大原油期货交易市场。2021年上海金融市场交易总额突破2 500万亿元,同比增长10.4%。上海作为国际金融中心的定价、支付清算、风险管理能力不断增强。金融市场的定价功能继续增强。"上海金""上海油""上海铜"等价格影响力也日渐增加。支付清算的功能不断完善,人民币跨境支付体系等若干国际主要清算组织及机构落户上海。银联芯片卡标准成为亚洲支付联盟的跨境芯片卡标准,上海已成为全球交易规模最大的银行卡交易清算中心。风险管理能力进一步提升。上海期货交易所推出了有色金属、黑色金属等一系列期货品种和铜、黄金等期权,中国金融期货交易所推出了股指期货、股指期权和国债期货等一系列商品,中国外汇交易中心推出了外汇掉期、外汇期权、利率互换、利率期权等衍生品,风险管理工具的丰富也使得风险防范能力逐步提升。①

(2)金融业改革创新深入推进,有力支撑实体经济发展。上海直接投资规模持续扩大,2020年,上海金融市场直接融资额17.6万亿元,较五年前扩大了91.3%。同时,上海在国内率先实施了跨国交易人民币结算等创新型制度试验。金融中心和科技中心互动作用不断强化。随着上海证券交易所推出科创板并试点注册制,上市公司高度集中在高新科技行业。对重点行业、中小微企业和区域一体化发展的金融服务保障力量进一步增强。采取贷款扶持、上市融资等方法,支持战略性新兴产业和重大项目建设。发展普惠金融,制定信贷风险补偿和奖励政策,建立政策性融资担保基金,上线大数据分析普惠金融应用系统,推动票据服务创新,

---

① 数据来自万得资讯。

扶持小微公司发展,研究长三角地区一体化发展的新金融模式,跨地域合作授信、移动支付等服务也得到积极推进。

(3) 金融开放枢纽的门户地位越来越突出,全球联通交流不断拓展。上海自贸试验区对金融开放的探索先行先试效果明显,建立自由贸易账户制度,在跨境融资宏观审慎监管等领域率先创新。市场互联互通也得到很大的发展,随着债券、外汇、货币等市场的开放脚步加速,"沪港通""债券通"稳定运作,"沪伦通"建立。"熊猫债"发行规模继续扩张。以"上海金"为基础的衍生品也在美国芝加哥商品交易所上线。中外金融机构的聚集作用突出,截至 2022 年 6 月末,上海持牌金融机构数量为 1 719 家,相较 2012 年末增加了 492 家,外资机构的占比已接近三分之一。①外国法人商业银行、保险机构、基金公司等占内地总数的一半左右,是国内外资最集中的城市。全球资管规模排名前十的资管机构均已在沪开展业务。

(4) 金融营商环境进一步改善,国际金融中心的吸引力明显提高。随着金融业法制建设深入推进,上海率先成立了金融法院、金融仲裁院等机构。上海市人民代表大会还颁布了《上海市推进国际金融中心建设条例》和《上海市地方金融监督管理条例》。随着诚信服务保障制度的进一步完善,上海人民银行征信中心已建立全国集中统一的企业和个人金融信用信息基础数据库。中证小股东服务中心、中证资本市场法律服务中心、上海市金融消费纠纷调解中心等相继建立。金融中心的品牌影响力持续增加。市场管理能力持续增强,"一网通办""一网统管"政策深入实施,营商环境持续改善。

《上海国际金融中心建设"十四五"规划》明确提出到 2025 年,上海国际金融中心能级将显著提高,服务中国经济社会的高质量发展功能将更为突出,人民币金融资产配置与风险管理中心地位更为稳固,国际资源配置功能明显提高,将为到2035 年建成具备对世界重大影响力的国际金融中心奠定坚实基础。

此外,2022 年上海全年实现金融业增加值 8 626.31 亿元,比上年增长 5.2%。至 2022 年末,全市中外资本金融机构本外币各项存款余额 192 293.06 亿元,比年初增加 16 463.21 亿元;贷款余额 103 138.91 亿元,比年初增加 7 106.78 亿元。"十四五"时期上海国际金融中心建设规划主要预期指标如表 4.2 所示。

---

① 数据来自《十年来上海国际金融中心建设取得重大进展》,《上海证券报》2022 年 10 月 12 日第2 版。

表 4.2 "十四五"时期上海国际金融中心建设规划主要预期指标

指标类别	指 标	2020 年	2025 年
金融市场规模	金融市场交易总额	2 274.8 万亿元	2 800 万亿元左右
直接融资功能	上海金融市场直接融资规模	17.6 万亿元	26 万亿元左右
	上海金融市场直接融资额占全国直接融资额的比例	85%	保持在 85% 以上
金融开放程度	境外投资者在上海债券市场持有的债券余额比例	3%	5% 左右
	"熊猫债"累计发行规模	3 937.2 亿元	7 000 亿元左右
	"上海价格"国际影响力	利率、汇率市场化形成机制深入推进,"上海金""上海油""上海铜"等价格影响力初步显现	人民币金融资产、重要大宗商品等"上海价格"在国际市场接受度更高、影响力更大
金融科技发展	金融科技企业	加快引进和培育	集聚 50 家左右龙头企业

资料来源:《上海国际金融中心建设"十四五"规划》。

4. 上海新兴行业发展情况

2022 年上海战略性新兴产业发展加速,当年实现增加值 10 641.19 亿元,同比增长 8.6%。战略性新兴产业增加值占上海市生产总值的比例为 23.8%。

2022 年,上海新能源、高端装备、生物、新一代信息技术、新材料、新能源汽车、节能环保、数字创意等工业战略性新兴产业完成规模以上工业总产值 17 406.86 亿元,比上年增长 5.8%,占全市规模以上工业总产值的比例达到 43.0%。

《上海市数字经济发展"十四五"规划》明确提出至 2025 年底,上海数字经济水平将稳居全国前列,产业增加值力争超过 3 万亿元,并占全市生产总值比例大于 60%,产业集聚度和显示度明显提高,高潜力数字新兴企业加快成长,高水平数字消费能级不断跃升,若干高价值数字产业新赛道布局基本形成,国际数字之都形成基本框架体系。上海数字经济发展"十四五"主要指标如表 4.3 所示。

表 4.3 上海数字经济发展"十四五"主要指标

指标名称	目标值	属 性
数字经济核心产业增加值占全市生产总值比例	15% 左右	预期性
软件和信息服务业收入	1.5 万亿元左右	预期性
规模以上制造业企业数字化转型比例	80% 左右	预期性

（续表）

指标名称	目标值	属　性
数字贸易额	525 亿美元左右	预期性
网络零售额	2.1 万亿元左右	预期性
公开数据开放规模	15 亿条左右	预期性
5G 网络用户平均下载速率	500Mbps 左右	预期性
新型城域物联感知终端	1 000 万个左右	预期性

资料来源:《上海市数字经济发展"十四五"规划》。

4.1.3　上海商业地产市场培育和发展的政策梳理

2018 年 5 月,《全力打响"上海购物"品牌加快国际消费城市建设三年行动计划(2018—2020 年)》正式发布,明确提出,到 2020 年,上海消费对经济增长贡献率保持在 60% 以上,打造两条世界级商街、十个国内一流商圈、20 个特色商业街区,打响 50 个具有鲜明上海特色的新品牌、50 个老字号。通过提升消费贡献度、消费创新度、品牌集聚度、时尚引领度、消费满意度这五个度,最终显著提升消费体验度,把上海打造成人人向往的"购物天堂"。

2019 年 4 月,上海市商务委等九部门发布《关于本市推动夜间经济发展的指导意见》,提出要打造地标性夜生活集聚区,要求各区结合实际,因势利导,因地制宜,编制夜生活集聚区发展规划,做好业态发展引导,完善区域空间布局,加强各类设施配套,打造一批地标性夜生活集聚区,推动上海市夜间经济发展,加快国际消费城市建设。

2020 年 4 月,上海市政府办公厅发布《上海市促进在线新经济发展行动方案(2020—2022 年)》,提出重点推进四个"100＋"行动目标,到 2022 年,将上海打造成具有国际影响力、国内领先的在线新经济发展新高地。

2021 年 7 月,浦东新区人民政府印发《自贸试验区陆家嘴片区发展"十四五"规划》,提出陆家嘴金融城要创建国际化一流营商环境示范区,打造专业领域合作圈、生态圈,形成国际高端会议云集、各类资源合作共享的国际级生态环境,将浦东新区建成为全市第一商圈。到 2025 年,社会消费品零售总额将突破 1 000 亿元,全市占比进一步提升,基本建成一流国际消费中心核心地标,并实施"楼宇经济倍增计划",达成税收超过 10 亿元、20 亿元、50 亿元的商务楼宇数量和能级倍增的目标,力争打造五幢以上税收百亿元楼。

2021年7月，上海市政府公布《全力打响"上海购物"品牌加快建设国际消费中心城市三年行动计划（2021—2023年）》，提出以品质发展为主线，以数字赋能为动力，推动线上线下深度融合、内贸外贸协同联动、商品服务无缝链接，加快形成需求牵引供给、供给创造需求的更高水平动态平衡。具体包括加快推动消费提质扩容，优化消费购物环境，提升上海消费贡献度、消费创新度、品牌集聚度、时尚引领度和消费满意度，更好发挥消费在推动产业链、供应链和价值链优化升级中的积极作用，使"上海购物"品牌打得更响、辐射更广，逐步建成具有全球影响力、吸引力和竞争力的国际消费中心城市。

2021年9月，上海市政府办公厅公布《上海市建设国际消费中心城市实施方案》，提出要加快推动消费提质扩容，做大消费流量规模，吸引高端消费回流，全面提升上海的国际知名度、消费繁荣度、商业活跃度、到达便利度和政策引领度，打造全球新品首发地、全球消费目的地，全面打响"上海购物"品牌，力争到"十四五"末率先基本建成具有全球影响力、竞争力、美誉度的国际消费中心城市。

2022年1月，《上海市商业空间布局专项规划（2021—2035年）草案》公示稿发布，提出至2025年力争形成万商云集的消费供给、独树一帜的首发经济、闻名遐迩的消费商圈、丰富多彩的消费模式、近悦远来的消费环境，基本构建层次清晰、布局协调、功能完善、品质精良的国际消费中心城市商业空间体系。

2022年5月，上海市政府公布《上海市加快经济恢复和重振行动方案》，提到通过四个方面大力促进消费加快恢复，其中包括大力促进汽车消费，实施家电以旧换新计划，对绿色智能家电、绿色建材、节能产品等消费按规定予以适当补贴，支持大型商场、电商平台等企业以打折、补贴等方式开展家电以旧换新、绿色智能家电和电子消费产品促销等活动。并要求优化"购物节"方案，适时推出主题购物节活动，鼓励发展夜间经济，提振消费信心。此外，文件还提出包括支持大型商贸企业、电商平台等企业以多种方式发放消费优惠券，支持文旅企业发放文旅消费券，鼓励文旅企业在"乐游上海"等平台进行免费推广，带动形成消费热点在内的一系列措施，并对具有市场引领性的创新业态与模式、创意活动以及对消费市场增长有突出贡献的企业适当予以资金支持。

2022年9月，上海市政府发布《上海市助行业强主体稳增长的若干政策措施》，对文化、旅游、会展、广告等公司进一步加大助企纾困力度，同时支持"专精特新"中小企业、高新技术企业创新发展。

4.2　上海写字楼市场发展现状、问题与对策建议

4.2.1　上海写字楼市场发展现状

1. 上海写字楼市场的发展历程

上海的商业办公楼从无到有,只经历了短暂的 30 多年。20 世纪 80 年代中期以前,上海商品写字楼的概念基本为零。当时的部分国际大企业如需在沪设立分支机构,只能租赁高档的酒店套房。直至 1985 年,上海第一栋涉外写字楼——位于外滩的联谊大厦建设完成,随后便是 1990 年上海商城的建设,而上海真正的写字楼发展浪潮起步于 1992 年邓小平的南方谈话。

1993 年,上海开始大规模推出办公用地。而按照计算,新办公楼的建设周期一般为三年,这也就意味着在 1993 年动工兴建的新办公楼,在 1996 年才开始逐步集中上市。而这些大规模的上市也造成了 1997—1999 年上海写字楼市场长期的供过于求,在 1997 年,全上海写字楼上市面积超过了 100 万平方米。长期的供大于求和亚洲金融风暴的冲击,直接造成了上海写字楼的价格持续走低,从 1997 年均价 0.8 美元/平方米/天,一直跌到了 1998 年的 0.4 美元/平方米/天,而在 1999 年更是跳水到了 0.2 美元/平方米/天。

2000 年经济开始回升,2000—2001 年上海办公楼也步入一个调整周期,很多烂尾楼项目得到了新生,上海办公楼的空置率也逐步减少。2002 年上海办公楼又一次迎来了春天,由于中国加入世贸组织政策给部分企业所带来的正面影响,加之美国"9·11"事故之后部分暂缓决策的企业在 2001 年底后,又纷纷重新考虑写字楼的扩张需求,全市的空置率降至 11.9%,租金达到 0.62 美元/平方米/天,全年总吸纳量达到了 404 795 平方米,相较 2001 年略微增加了 2.4%。到了 2003 年,新增供给的减少影响了浦西地区甲级办公楼的吸纳量;空置率水平也因此呈下滑趋势。2003 年写字楼新增规模的减少、有限的新增供给和在"9·11"事件后被抑制的需求逐步得到释放,共同导致了上海甲级写字楼平均租金比 2002 年增长了 5.6%。

到了 2004 年的第三季度,上海写字楼市场经历了最快的供应增加,加上持续的跨国公司集团对办公面积的需求,写字楼市场总吸纳量非常庞大,达到了 50.83 万平方米,同时浦西写字楼空置率也降至 5%,租金则攀升至平均 0.73 美元/平方米/天。

2004—2007 年,上海写字楼开发进入飞速发展阶段。上海凭借优越的商业条件和蓬勃发展的中国市场,吸引着许多外国机构落户上海。一些希望扩张的企业很难找到理想的办公区域,以适应员工数量增加的办公需要。由于对优质办公的巨大需求,写字楼预租的趋势不断加剧,甲级写字楼的空置率也在急剧下降。截至 2007 年底,全市甲级写字楼的商品房空置率只有 1.5%,比 2006 年的 5.28% 下降了 3.77 个百分点。就区域而言,陆家嘴的空置率最低,仅 0.11%。随着上海金融机构的蓬勃发展,陆家嘴的金融机构数量持续增加,该区域也成为 2007 年整个写字楼市场的热点地区。

随着上海写字楼的空置率持续下降,以及市场需求加剧,写字楼的租金价格也不断攀升,达人民币 9.04 元/平方米/天。2008 年上半年写字楼市场依然"高烧"不退。虽然需求量仍有增无减,但在第三季度投放市场的上海环球金融中心和未来资产大厦,使得空置率有所增加。由于该季度市场供应量的增加,写字楼市场出现了租金的下降。甲级写字楼的价格是 8.69 元/平方米/天。与前一年同期比,下降了 3.87%。国际金融危机对上海金融市场的负面影响,直接造成 2008 年第三季度的市场拐点的到来,再加上上海甲级写字楼供应量的增加和需求量的下降,导致第四季度的空置率上升、净吸纳量下降。

经过近年来的开发,上海传统写字楼市场在微观上主要分布在南京西路、淮海中路、陆家嘴、虹桥、徐家汇及人民广场六大区域。受 2008 年全球金融危机的影响,2009 年上海写字楼的空置率达到了顶峰,整个上海甲级写字楼的空置率大概是 17%,政府和开发商都没有推进新的商办用地投入建设。

由于政府实施的一系列救市政策,2010—2014 年,国内经济复苏,欣欣向荣,上海作为金融中心城市,自 2013 年开始,其金融领域掀起了以 P2P 为首的金融创新模式,对大量的甲级写字楼的需求也随之产生。但受 2008 年和 2009 年经济形势的影响,很多开发商这两年没有拿到新的商务办公用地,因此到 2013 年写字楼新增的供应量急剧下降,虽然 2014 年市场上推出了一定数量的甲级写字楼,但是这些写字楼基本集中在以虹桥商务区为主的中外环线上,市场对市中心产品的需求比较旺盛,陆家嘴核心区甲级写字楼租金平均达到 12 元/平方米/天,上海市中心甲级写字楼的空置率低至 2.3%。

基于 2013 年整个市场对于甲级写字楼的巨大需求,上海各区陆陆续续推出了自己的 2030 年规划,北外滩、徐汇滨江、世博、前滩、后滩、虹桥商务区扩展区域和七莘路顾戴路板块,都规划出了大片商务办公用地投入市场,2015—2018 年间,每年都有超过百万平方米的写字楼投入市场。与此同时,全民响应国家的"大众创业,万众创新",尽管需求不断增加,但是对比百万体量的每年供应还是相差甚远,因此 2015—2017 年写字楼空置率稳步上升,到 2017 年达到了 8.5%,这时上海市中心甲级写字楼的租金平均约为 10 元/平方米/天。

2018 年,写字楼供应量的巅峰已过,但仍超百万平方米。此时万众创业的浪潮接近尾声,需求量不增反减,虽然共享办公等二房东的需求量又撑了写字楼市场需求一把,但还是没有按下空置率上升的势头,上海写字楼市场空置率达到了16%。2019 年开年延续 2018 年的下滑走势,加上中美贸易摩擦影响,全年接近 99万平方米的供应,需求面积仅有 40 万—50 万平方米,整体空置率到达了 22.3%,此时上海市中心甲级写字楼的租金平均约为 9 元/平方米/天左右。①

2021 年,上海地区写字楼市场共录得 17 个新建项目入市,总计 107.1 万平方米,是 2020 年交付规模的 1.6 倍,近六成布置在新兴商圈内,以"世博—前滩—徐汇滨江"为典型代表滨江核心发展区的完善度加快提升。"十四五"是上海进入工业数字化改造关键时期,作为"十四五"元年,2021 年上海写字楼市场净吸纳面积创出历史发展高峰,达到 129.8 万平方米。企业迁移扩租需求释放,并贡献近七成的年度新出租项目,其中品质升级在优质供应放量中占比超 30%。在 2021 年第四季度城市核心区域的完善商业环境和价格合理化推动下,上海写字楼市场已经形成"再中心化"区位升级赶超"去中心化"的新局面,城市中心商圈净吸纳量迅速上升,比第三季度上升 5%,南京西路和淮海中路板块的拉动效应显著。在供需优化的背景下,上海写字楼的市场空置率同比降低了 3 个百分点,达到 16.6%。每月平均租金达 277.1 元/平方米。②

纵观整个交易属性,2021 年内政府政策和市场"和弦共振",国内外头部企业战略布局带来写字楼整层以上中大面积租赁需求的提升,核心区位吸引主力需求的金融和消费制造业集聚,滨江地区各板块的全年去化效率明显提高,前滩地区依托高独栋品质和可视性较好的资源优势,加快了总部写字楼及包含 TMT、医疗服务等细分产业领域的多元化产业布局形成,达到全市写字楼最低空置率 2.6%,整体租金水平已经追赶成熟区域。至此,上海写字楼的全年市场租金价格止跌回升,报价和有效房租比上年同期分别上升了 0.7% 和 1.2%。2021 年,上海写字楼市场展露强势的复苏表现,全面显示出上海写字楼市场对新兴产业战略布局的全国引

---

① 数据来自 https://www.blissofficeshanghai.com/newsinfo/437141.html。

② 数据来自世邦魏理仕华东区研究部:《2021 年上海房地产市场回顾及 2022 年展望》,2022 年 1 月。

领地位和对外开放窗口城市的外资吸附力。

在商务园区的写字楼市场方面,2021年上海市商务园区的写字楼市场已录得14宗新建供应,建筑面积总额约为85.9万平方米,分别处于张江、金桥和市北等重点区域内。多板块的大量优质供给,支撑着日益增强的实体经济,以及逐渐提升的技术创新,企业租赁需求强劲。2021年写字楼净吸纳量为108.4万平方米,继2015年来首次突破百万。全年的写字楼市场空置率则回落了3.4个百分点,达到14.5%。①

在"十四五"规划开局之年,在政府清晰的产业定位和细致的政策措施指导下,2021年的上海商务园区写字楼市场整体发展情况良好,各板块发挥出产业集聚效应。国家"十四五"建设的推进和"3+6"创新科技产业集群的深入建设将不断激活商务园区写字楼市场发展的新动力。以产业化为发展主线的生物医药领域和以集成电路为核心技术主导行业的电子信息领域,在未来将努力突破关键技术,进行扩产升级,把上海打造成全国产业高地。

2. 上海写字楼产业需求分析

在写字楼产业需求方面,上海正以强劲的发展势头面对数字经济时代。如图4.1所示,TMT行业以电子商务、社交媒体及其应用、大数据分析、人工智能和金融技术服务等细分产业门类为主,占2021年写字楼新租户的27%;随着浦东新区"引领区"发展政策的出台和实施,以融资租赁、基金、银行、保险公司等为首的金融企业升级扩租效果明显,70%的企业选址于此。在资金拉动、消费需求回流及代际变迁等效应叠加下,以具有"互联网+"属性的快消和奢侈品为典型的消费品制造

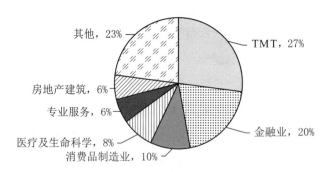

图 4.1　2021 年上海写字楼新增租户产业分布(按租赁面积)

资料来源:世邦魏理仕,《2021年上海房地产市场回顾与2022年展望》。

---

① 数据来自世邦魏理仕华东区研究部:《2021年上海房地产市场回顾及2022年展望》,2022年1月。

商,以及与"专精特新"有关的生物医药公司的增长更为强劲,外资需求量明显回升。另外,由律所主导的专业服务机构与第三方办公业务运营商在年内亦继续稳健布局。

在商务园区写字楼市场产业需求方面,TMT 行业的租赁需求占总需求的 43%,稳居首位,生物医药行业以 23% 的占比排名第二,张江板块承载了超过一半的成交面积,政策引导成效显著,产业的集聚效应继续增强。由于具有生物医药特色的商务园区的大量交付,浦江板块也显示出巨大的市场吸引力。半导体和芯片等公司的迅速发展,使得电子产品类租户成交量占比达 13%,较上一年同期有明显增加,集中体现为在张江板块、金桥、浦江板块均有大面积交易。

比较商务园区写字楼各板块,张江和漕河泾仍是需求较为旺盛的板块,充分发挥了主体行业的集聚作用,并逐步完善和延长了产业链图谱。如火如荼的产业发展和稳步强劲的租赁活动,推动着每个子板块租金水平都有不同的提升,全市写字楼平均租金报价持续攀升至每月每平方米 136.7 元,同比上升 3.2%,涨幅创 2019 年以来新高。

3. 上海写字楼市场的区域格局

目前,上海写字楼市场"多中心发展"的态势已经基本确立,形成了以陆家嘴、南京西路、人民广场、徐家汇、淮海中路、中山公园、古北虹桥、竹园为主的八个核心商务区,总计建筑面积达到 2 391 万平方米,并扩展出北外滩、不夜城、大虹桥、五角场、长风、徐汇滨江、前滩、后滩等新兴商务区,以及张江、漕河泾等重要园区办公板块。

各商务区板块形成了自己的优势,例如,陆家嘴区域主要集中金融服务机构,包括 12 个国家级要素市场和金融基础设施,6 000 余家国内外银行。南京西路集聚了外资企业大中华区总部,包括巴黎欧莱雅、资生堂等国际知名奢侈品品牌,国内外知名咨询公司,医药企业及研发机构等。古北虹桥板块依托虹桥综合交通枢纽地位,吸引万科、龙湖等公司入住,此外,依托国家会展中心,大力发展高端会议展览业、会展配套专业服务业及会展关联产业,吸引策展、设计、广告、物流、租赁、翻译等服务业,承接"大交通""大会展""大商务"三大核心功能。

根据莱坊研究部(2022)数据,从商圈分布来看,截至 2021 年 12 月末,以南京西路、陆家嘴为代表的核心区域,租金分别约为 11.43 元/平方米/天和 11.91 元/平方米/天;以北外滩和虹桥为代表的新兴商务区,租金分别为 8.61 元/平方米/天和 7.63 元/平方米/天;而以产业园为主的张江、漕河泾平均租金分别为 5.0 元/平方米/天和 5.2 元/平方米/天。

值得一提的是近两年蓬勃发展的北外滩和东外滩区域。北外滩位于虹口区南部滨江区域,是上海中心城区里市场基础扎实且中央商务功能相当完备的板块。北外滩航运服务集聚区将被建设成为企业总部基地、航运要素集聚中心、国际邮轮客运中心和口岸服务中心,为上海现代物流业、航运业提供高层次的服务。北外滩定位于"商务—航运—文化"三柱支撑模式,将建成一个融知识产业服务、国际航运服务(核心产业:游轮经济)、文化旅游休闲服务、国际化社区的滨江休闲区。随着北外滩航运与金融双重承载区建设的推进,这一区域的集聚效应正在逐渐显现,截至2022年第二季度,区域内各类金融企业和机构达2 000余家,资产管理规模超过七万亿元,公募基金管理公司达到17家,超过全国总数的八分之一。其航运总部基地功能不断夯实,集聚各类航运服务企业近4 700家和功能性机构41家,全球前50位的船舶公司中有12家在虹口设立地区总部或分支机构。[1]

东外滩则是杨浦区南部滨江区域,与北外滩、外滩源相联结,构成一条立体的浦江风景线。东外滩原本是工业区,拥有中国多个工业文明之最:中国最早的自来水厂、最大的火力发电厂、远东最大的肥皂厂。东外滩正积极推进产业结构转型,大力吸引全球在线经济龙头,引入抖音、美团、哔哩哔哩等互联网企业入驻,实现"工业锈带"向"生活秀带""发展绣带"的转变,加快重点区域的核心产业和要素集聚,据杨浦区政府规划,预计到2025年,大约有1 000家以上的在线新经济企业集聚在东外滩,产值规模达三千亿,汇聚20万相关从业人员。[2]未来的东外滩主要分为三大开发区域:复兴岛将打造成上海市中心独一无二的环岛生态生活区,江浦路将规划建成集休闲、娱乐、知识为一体的"渔人码头",与虹口北外滩相连接的地区将构建成"上海国际商贸综合服务区"。

4. 上海写字楼市场的新趋势

随着技术的进步和办公理念的改变,上海出现了新的办公方式——共享办公。共享办公,又叫做柔性办公、短租办公、联合办公空间,也被称为创客空间或众创空间,脱胎于美国"WeWork"的共享式办公室。出现共享办公主要的原因可能有以下三个方面:第一,写字楼成本上升,随着房价及租金的上涨,办公成本不断上涨;第二,随着技术的发展,办公空间需要的更小,且流动性增强,很多工作人员办公只需要一台电脑;第三,办公理念的改变,在联合办公空间一些合作及沟通可能更高效,如科技研发企业之间的合作。

[1] 上海市虹口区人民政府,https://www.shhk.gov.cn/hkxxgk/northbund/detail.html。
[2] 上海市规划和自然资源局:《杨浦:打造有温度有活力的杨浦滨江公共空间》,2020年12月15日。

与此同时,上海写字楼市场开始出现更多的绿色写字楼。绿色写字楼主要在维护结构保温、空调冷热源、热回收、通风等方面达到环保、低碳等绿色标准要求,更加绿色、环保、生态、健康。例如,上海中心大厦成为国内双认证的绿色超高层建筑,并已经获得国家住房和城乡建设部授予的"三星级绿色建筑设计标识证书"、美国绿色建筑委员会颁发的 LEED 金级预认证。又如,地处东外滩的光大安石中心,是上海首个获得 WELL C&S 金级认证的商务综合体,凭借品牌资产运营管理实力荣获"2021 年度办公资管典范项目"称号。光大安石中心的建筑品质、周到人文的服务吸引了众多行业领军企业的入驻。虽然在新冠肺炎疫情的持续影响下,一线城市核心写字楼市场需求出现明显波动,但光大安石中心却以超过 92% 的出租率成为上海区域经济复苏的引领者。

5. 新冠疫情对上海写字楼市场的影响

2022 年受新冠疫情影响,上海市政府制定了许多支持中小企业纾困和复工复产的扶持措施。对承租国有商业用地进行生产经营活动的小微公司和个体工商户,在 2022 年减免了六个月房租。2022 年第二季度,受带看活动大幅减少以及部分企业搬迁撤离的影响,市场租金以及入驻率双双小幅回落。

疫情期间,线上签约成为业主及承租方之间的主要交易方式。短期内经济复苏的不确定性,企业停摆带来的业务缩减都会让企业将成本控制放在首位。短期时间内以续租成本较小或者搬迁至租金更为便宜的写字楼成为企业的主要选择,2022 年下半年,写字楼市场租金及市场入驻仍维持上半年的下行趋势。

2022 年第二季度,上海市甲级办公楼市场向市场新供 12.36 万平方米,环比减少 9.4%。总体空置率环比上涨约 0.1 个百分点达到 14.2%。而平均租金则跌至 8.61 元/平方米/天,平均入驻率降至 85.8%。市场净吸纳量约为 7.4 万平方米,与 2021 年同期相比下降 87% 左右。[①]

而在项目竣工交付方面,2022 年第二季度,上海甲级写字楼市场共有两个新项目竣工交付,为写字楼市场提供了 123 682 平方米的办公面积。2022 年 5 月,位于新静安苏河湾区域的龙盛福新汇竣工交付,写字楼建筑面积约为 43 070 平方米。同年 6 月,位于徐汇滨江的星瀚广场竣工交付,作为星扬西岸中心的二期项目,写字楼建筑面积约为 80 612 平方米。受疫情的影响,不少计划入市的项目均延期至下半年或者来年交付。预计未来两年,每年都将会有超过 150 万平方米的办公项目交付,这对楼宇业主及写字楼市场都会造成去化压力。

---

① 数据来自莱坊研究部:《2022 年第二季度上海甲级写字楼市场季度报告》,2022 年 8 月。

从 2022 年第二季度有限的市场新租成交情况来看,金融、专业服务及科技位居本季度市场需求的前三位,这些行业受疫情影响相对较小。外资金融机构,例如,银行、资管及对冲基金等基于国内金融市场的长期表现,仍然积极地布局在华业务,外资律所及专业咨询企业业务量的提升也增加了核心位置优质写字楼的租赁需求。

从市场来看,2022 年第二季度,市场在需求受到抑制与租户搬离的双重压力下,空置率纷纷回升。不过南京西路及小陆家嘴的租赁市场好于其他分市场,表现出极强的需求韧性,市场空置率分别下降 0.4 和 0.1 个百分点,分别达到 4.2% 和 4%。超过半数的金融机构、律师事务所和专业咨询企业选址南京西路及小陆家嘴,供应有限及地理位置优渥的核心商务区将仍是上海写字楼市场最为活跃的区域。

第二季度的市场租金环比也有不同幅度的下滑。上海甲级办公楼的日均租金微跌至 8.61 元/平方米/天,环比下降约 0.5%,近一年来租金首次下调。北外滩、前滩、徐汇滨江及世纪大道等热点市场租金平均降幅 0.6% 左右。企业在租赁谈判中趋于谨慎,降低续租租金涨幅、搬迁降级的意愿十分强烈。业主方也为了应对可能出现的搬迁潮,给予合约快到期的租户更具有吸引力的报价及装免补贴,避免客户流失。不过核心商务区依然表现出较为强劲的市场韧性,在金融机构、外资律所及咨询机构等高租金支付能力行业的支持下,市场租金仍微涨 0.3%。

2022 年第二季度,投资市场表现非常冷淡,上海投资市场仅录得一宗标准写字楼整购交易。4 月 4 日,上海太平洋置业以人民币约 14 亿元成功拍下第三次上架阿里拍卖的瀛通绿地大厦。瀛通绿地大厦位于黄浦区南部,紧邻徐汇滨江,属于商办综合项目,房屋总计建筑面积 40 392.62 平方米。按照面积与成交价格来算,剔除 30 万元一个的车位价格,上海瀛通绿地大厦的成交单价约为每平方米 32 665 元。

此外,市场内还有多个处于买卖协议修订过程的大宗交易值得关注。2022 年 5 月,内蒙古鄂尔多斯资源股份拟以 26.73 亿元的价格从华润置地和信德集团处收购苏河湾中心 3 号楼,收购总面积为 45 394 平方米。同年 6 月,中谷物流拟购买中国人寿持有的上海佳兆业金融中心,购买价格约为 29 亿元。上海佳兆业金融中心位于浦东花木,总建筑面积约为 77 000 平方米。①

---

① 莱坊研究部:《2022 年第二季度上海甲级写字楼市场季度报告》,2022 年 8 月。

4.2.2　上海写字楼市场发展经验

上海作为中国的金融和贸易中心,聚集了很多上市公司及创业公司,使得上海写字楼建设一直处于国内领先水平。从培育和发展经验来看,值得借鉴的经验总结如下。

1. 打破传统边线界定,更好发挥产业集群效应

基于产业集群、商业氛围和基建设施评价体系,上海写字楼打破原有的"中央商务区"和"非中央商务区"边界,充分发挥集群效应。目前,上海写字楼市场已经形成了核心商务区、中央商务区、成熟型商务区以及成长型商务区四类。传统"中央商务区"和"非中央商务区"边界的打破,使得国内写字楼交易市场产生明显的租户圈层效果与租金梯度现象,更利于行业集群的发展;即一个行业内的公司往往会在某个地方不断集聚,由于规模效应的不断增长,相关专业人才将集聚于此,而公司对区域内办公空间的需求量也将持续增加,因此办公楼交易市场的规模与活跃度也将不断扩大。陆家嘴板块—竹园板块—杨高路板块的互动便是上海写字楼打破传统边界的例子:竹园板块、杨高路板块邻近陆家嘴金融商务区,承接了陆家嘴金融和专业服务的核心需求,三大板块共同集聚金融相关企业,并形成一定的租金梯度,方便不同租户的租金承受能力、不同链条环节的金融企业集聚于此,并且方便金融上下游企业资源共享、紧密合作,扩大服务范围,该区域已成为承载上海国际金融中心功能的重要战略高地之一。

2. 总部经济推动产业规模化发展

总部经济具备了税收贡献效应、产业乘数效应、市场消费带动效果等,集聚带动作用大,这使上海产业规模化水平较高,带来更大的写字楼租赁需求。在上海827 家大型跨国企业区域总部中,全球五百强公司建立的区域公司共 121 家,占比约 15%,包括沃尔玛、苹果、采埃孚、圣戈班、通用等,大中华区及以上级别的地区总部 158 家,占比 18%,例如,诺基亚贝尔、苹果设立大中华区总部,霍尼韦尔、汉高、福特汽车、沃尔沃建筑设备等设立亚太区总部。这些对信息、商务、研发环境有类似要求的总部企业通常集聚发展,形成一批总部经济相对集聚的区域,包括陆家嘴、徐家汇、静安区、浦东新区在内的总部经济聚集区已渐趋成熟。上海已形成了各区错位发展的局面:陆家嘴形成跨国金融总部区;张江高科技园区形成集成电路、软件和生物医药总部区;徐汇区已经成为全球商贸品牌总部的集聚地,如亿滋、乐高、星巴克等;静安区已有全球三大奢侈品集团以及罗兰贝格等服务业龙头企

业。而在上海写字楼租户的构成中,金融服务业已成为基石行业,在上海甲级办公楼里占比达 36％。科技新媒体行业也推动着办公楼需求持续增长,带动办公楼板块的产业聚集。从写字楼的租户结构看,科技新媒体业企业在中央商务区占比从 2016 年的 7％升至 2020 年的 10％,在非中央商务区占比达 21％。①

3. 商圈提升赋能写字楼需求

完备的商务配套可以由点到面地促进区域的商圈活动和商务气氛,使得商业辐射区域拓展和商圈能级提高,进而助力区域内更多的商业项目集聚,形成聚集效力。例如,南京西路商业街的繁荣引来大量企业入驻,南京西路商业街内集中的国际知名品牌已超过 1 200 多家,品牌企业达 750 多家,国际上八成的顶尖名牌企业均在此开设旗舰店及专柜。南京西路也成为当今沪上最高端的购物地点之一,由恒隆广场、中信泰富、梅龙镇广场形成的"金三角"与会德丰广场、越洋广场、嘉里中心二期等组成的"金五星"交相辉映,深厚的文化底蕴与浓郁的商业气息水乳交融,吸引众多国际品牌公司入驻当地写字楼。成熟的商务氛围不但满足区内公司商务接待和人员消费需要,而且可以增加办公物业的价值,以此吸纳优秀公司进驻。随着综合体项目数量和规模的增加,具有复合功能的项目在打造办公楼的同时,通过商场、酒店等配套设施和优质业态引流,并依赖轨道交通的延伸进一步增强其项目乃至商圈的辐射能力。成熟的业态和商业氛围能有效提升板块的综合实力,增加所在区域办公楼的吸引力。

4. 公共交通发展增强新兴板块间的联动性

公共交通便利性与通达度是公司选址考量的主要因素,完备的基础建设设施配套对于办公楼细分区域的发展有着重要的促进意义。上海是全球轨道交通系统最大的城市。便利的轨道交通助力上海多中心城市的发展模式,增强了板块之间的往来能力。随着轨道交通 14 号线、18 号线和 19 号线竣工后,沿途重点商务板块之间的通勤时间得到极大缩短,如北外滩与陆家嘴的通行时间随着 2021 年底 18 号线的开通,缩短至十分钟以内,这拔高了北外滩的金融与物流航运中心地位,并使得其与外滩、陆家嘴形成的"黄金三角"地位更加牢固。随着上海地铁的进一步发展,非中央商务区的地铁密度也逐渐向中央商务区看齐。新的地铁线路将继续提升板块内轨交覆盖的交汇站的交通能级。更加便利的地铁系统缓解非中央商务区办公楼的出行压力,而板块写字楼通达性的改善也引导着更多租户向非中央商务区转移。租户向非中央商务区的转移融合,以及新项目的相继竣工产生了聚合

---

① 数据来自仲量联行:《踵事增华,相得益彰·全新视角解构上海办公楼市场格局》,2021 年 3 月。

效应,为非中央商务区板块写字楼市场发展提供了新的动力。

4.2.3　上海写字楼市场发展困境及对策

1. 上海写字楼发展困境

(1) 疫情对经济冲击导致写字楼需求低迷。

2022 年以来,上海办公楼空置率居高不下。根据高力国际公布的分析报告,2020 年上海写字楼的总供应量为 118.5 万平方米,空置率达到 27%,创十年新高;写字楼的平均租金达到 7.64 元/平方米/天,同比下降 10.7%。

具体而言,中央商务区相对非中央商务区仍然具有很大韧性,即中央商务区受疫情影响的冲击要小于非中央商务区,同时恢复速度也较快。仲量联行数据分析表明,2022 年第二季度末,上海中央商务区空置率的环比小幅增长 0.1 个百分点,达到 7.4%,非中央商务区则受增加供给影响,空置率环比增长 1.1 个百分点,达到 25%。

(2) 写字楼供应过多、区域错配。

此外,随着上海写字楼市场在 2021—2022 年新增供给进入高峰期,每年有多达 200 万平方米的新增写字楼供给入市,这将导致市场空置率继续攀升,也给租金带来很大压力。2020—2025 年,上海将有 600 万平方米左右的甲级办公楼新增供应入市,全市优质办公楼数量将超过 2 000 万平方米,这一轮写字楼供应的高峰伴随上海城市中央活动区的外扩和经济结构提升。在区域分布上,大多集中在土地供应较为充足的新兴市场及部分核心拓展区,核心区因可供开发土地有限,新增写字楼供应占比仅 7%,新兴市场新增写字楼供应占比达 93%。如何缓解区域写字楼供需错配仍是上海写字楼市场的重要问题。"以价换量"也将作为未来两年办公楼租售市场的重点战略(何树奇,2020)。

(3) 写字楼的人员健康管理、防疫设施不齐全。

全球新冠疫情让写字楼租户更加关注写字楼的健康安全设施。根据世邦魏理仕研究部的统计,在新冠疫情暴发后,人员健康管理问题是公司租赁决策中最关键的考虑要素之一。租户调查结果表明,47% 的受访公司认为写字楼人员健康管理问题是其选址的最关键因素。中外资租户对写字楼人员健康管理问题的认知程度和关心都有了不同幅度的上升。其中,外商租户占比由 35% 上升至 53%,中资企业占比则由 10% 上升至 36%。在未来,企业对办公楼配置的资金投入也会更加聚焦于卫生设备。研究结果也表明,受访公司中打算在未来三年内为写字楼添加新风系统、净水过滤设备的分别为 61％和 53％。近半数的受访租户认为写字楼应当安装无接触装置以避免病毒传播,如在办公楼内的门把手和电梯按钮上安装无接触装置。

2. 上海写字楼发展对策

应对前文所述的三个问题,发展对策的实施主体是写字楼业主及政府部门。具体而言,写字楼业主可以通过完善写字楼硬件水平、提供高品质的物业服务、加强资源整合能力等来破解困境。而政府部门则可以在规划先导、招商引资、政策扶持、存量更新等方面持续发力。

(1)写字楼业主方面。

提升硬件配套经营能力。写字楼业主应加强硬件投入,使写字楼有更多、更齐全的硬件配套设备,如员工食堂、会议中心、健身中心、休闲区、咖啡吧、超市、员工俱乐部等。硬件配套设施是决定写字楼档次和品质的重要因素之一,完善的配套服务也将成为写字楼重要的竞争优势。写字楼业主要同时具备这些硬件配套的经营能力,通过自营、联合经营、招商委托等形式健全服务能力,创造更舒适、便捷的办公环境。

提供高品质的物业服务。写字楼建成以后,硬件条件是固定的,高品质的物业基础服务是竞争的主要可变因素之一,同样的,硬件条件和租金、良好的物业服务是高出租率的基本保证。高品质的物业服务能力很难打造,需要优秀的团队、良好的服务理念、不懈的培训、完善的内部管控体系等,这是写字楼业主未来必需的竞争优势。而物业行业面临服务人员学历低、培养严重滞后,基层人员断档、老龄化等普遍问题,只有少数写字楼业主能建立高品质服务。

提供全面创新服务。随着高科技企业的大量崛起,“00 后”将成为劳动主力军,对办公服务的需求将更加多元化。写字楼业主必须与时俱进,提供更全面的企业后勤服务和个性化创新服务,尽最大可能满足入驻企业及其员工的需求。为了最大限度保有优秀员工,大量新兴企业会为员工创造最佳的办公环境和条件,而这仅依赖企业自身很难实现,需要与写字楼业主共同打造。

实现节能管理。未来写字楼竞争压力很大,降低运营成本尤为重要,写字楼日常管理成本中运行能耗占比很大,写字楼业主必须重视利用新技术进行科学的节能管理。节能管理具有很高的技术含量,业主必须建立强大的专业技术力量,综合利用楼宇自控技术、大型设备节能改造、储能技术、政府能源优惠政策等,实现写字楼最优的能源利用效果。打造绿色、生态、环保、节能、高效的办公环境也将成为未来写字楼的发展趋势。

提高招商租赁能力。未来写字楼的客户竞争主要是存量市场的竞争,存量市场竞争激烈,将会出现"一楼入市众楼寒"的局面。优秀的写字楼业主必须具备强大的招商租赁能力,以及有强大的市场客户基础、优秀的招商团队及招商渠道整合能力。如果具备优秀的招商租赁能力,其在市场竞争中将处于明显优势,能够更为容易地获取新项目委托管理权。写字楼交付三年之后,招商租赁工作会转入资产服务企业,招商租赁能力将决定项目是否有能力持续生存。

实现组织红利。一个 10 万平方米以上的高端写字楼需要配置 90—120 人,这是一个较大的组织结构,也是主要的管理成本项之一。目前很多企业崇尚减人增效,这是一个错误的导向,写字楼的人员是按照岗位配置的,减人的空间很小,减人将直接影响服务品质。而且高端写字楼的物业费比较高,入驻企业是花钱买服务,要想质价相等,必须提供高品质的服务,不能单方面地降低服务标准。写字楼的服务团队可以通过提供更多的有偿服务来增加收入,进而改善运营利润。同时,主要人员可以推行一岗多能,兼顾更多的上级公司职能,分摊公司成本。部分写字楼的服务人员工作不饱和,可以充分挖掘其剩余价值,实现组织红利。

提升资源整合能力。写字楼的客户自身发展好了,其租赁面积会越来越大,客户也会越稳定。但是很多中小客户人员较少,资源整合能力和业务模式创新能力严重不足。而作为写字楼业主的资产服务公司是一个人力型公司,项目越多,企业人员越多,其掌握的资源、信息也越多。资产服务公司可以利用掌握的大量资源,配备少量优秀的业务创新专家,为中小企业赋能,帮助他们进行模式创新、产业链整合、技术嫁接、项目融资等,助力其发展。

提升线上运营能力。写字楼业主拥有大量的劳动力资源和客户资源,是最佳的线上向线下延伸的载体,其新增线下服务成本极低。由于长期面对面地服务,业主具有很好的客户黏性和信任度,线下推广容易,服务成本低。业务模式可以有 B2B、B2B2C、B2C 多种选择,由于写字楼的 C 端客户都是办公室白领,消费能力强,客户年龄聚焦,产品定位准确,运营也容易。业主也可选择与线上公司合作,发挥各自优势,打通服务,合作运营。多种经营模式并行以更好地服务客户,更全面地满足客户需求,切忌盲目逐利。线上运营的过程中要注重打造产品品牌,利用客户资源的优势创造新的品牌价值。

挖掘衍生业务。业主提供的物业服务可以通过自营写字楼的高端员工餐厅、咖啡店、超市等业务,形成特色品牌优势,逐渐推广至其他写字楼,形成连锁。物业服务包括企业管理、标准化服务和人员培训等,是打造衍生业务品牌的最重要的基础。通过衍生业务,写字楼业主可以低成本、低风险实现业务多元化,同时利用成熟的衍生业务品牌优势为获取新写字楼的管理权增加机会。

（2）政府部门方面。

坚持城市规划为先导，重新确定楼宇的经济发展格局。政府应按照地方功能定位和行业经济规律，在认真总结地方楼宇经济社会建设实践的基础上，编制完善的地方楼宇经济社会长期发展计划（主要包括空间结构布局规划和业态分布规划），以形成适应地方实际、具备较高能级和高产出的新型产业群。同时，对建筑、交通、生态、环境等各种资源的使用进行统筹安排，加深各类写字楼的集约化程度。

加大招商，引入高端品牌公司。一是以高标准引入开发商和建筑商。挑选财力雄厚、富有管理经验且运营规范的投资者，确保写字楼的高质量建设，外滩国际金融中心、SOHO外滩、上海企业天地等就是代表性和品质型的投资项目。二是挑选高水平的入驻公司和物业管理企业。通过筑巢引凤，吸纳优势公司进驻，提高写字楼经营的质量与管理水平。

注重转型升级，滚动储备写字楼招商项目。面对因快速发展而不断出现的写字楼供应跟不上业态发展壮大和企业发展需求的阶段性矛盾，政府应在增加优质写字楼供应上下功夫。一是在建楼宇，抓增长。主动协调和帮助建设项目提高施工速度，推动工程早出功能、早出成效。二是优化存量，发展增量。对商业写字楼企业进行分级分类指导和支持，以帮助商业写字楼企业进行结构转移与调整，从而增加商业写字楼的进驻量。三是积极储备写字楼企业招商项目。着眼长远，聚力引进一些重点项目，以得到充足的优良楼宇支持和源源不断的后续项目储备。

突出政策支撑，促进楼宇经济的蓬勃发展。通过出台政策措施，政府可以建立楼宇经济发展的专项资金。以提升企业落地率、楼宇经济贡献度为目的，对具备一定体量规模、产业服务能力和经济贡献度的商业写字楼予以政策倾斜，引导提升高楼企业落地度和企业影响度、引导写字楼产业结构调整、引导提升二次招商效率、引导完善写字楼基础设施配套。

推进存量更新，拓展融资渠道。政府可以借助专业金融机构、产业基金和战略投资者，积极引导社会资金和行业资源，全方位推动老旧建筑活化更新。依托国资平台，积极利用国资企业对传统低效型载体实施技术改造，并对核心产业开展规范化、定向式招商引资，有效盘活建筑存量资源，高效促进城市有机更新，有效提升楼宇经济密度和生产效能。引荐优秀企业，对更新改造后的写字楼加以跟踪关注和强化宣传，采用租赁支持、购买支持等方法引导和支持新写字楼招引优质企业，积极招引总部集团企业和行业龙头企业，进一步优化写字楼内部产业结构。促进写字楼加快转型升级,加强对特色写字楼、专业写字楼、亿元写字楼的打造能力,提高写字楼产业聚集度和单位面积生产率。

4.3　上海零售商业物业市场发展现状、问题与对策建议

4.3.1　上海零售商业物业市场发展现状

1. 上海零售商业物业的发展历程

大规模零售的商业物业在上海已有数百年的发展历史,1917 年中国首家自建的百货大楼——先施百货大楼在南京路上开张,"始创不两价,统办环球货"是当时先施百货大楼喊出的口号。此后,先施、新新、大新相继出现,南京路遂变成上海地区乃至当时全亚洲地区最热闹、最繁盛的商贸大街。南京路东起外滩,西至静安寺与延安西路交点,横贯上海城市地区中央,总长 5.5 千米,包括南京东路和南京西路两段。特别值得一提的是,当年的上海四大百货公司已拥有了现代商业购物中心的多种休验业态,包括饭店、酒楼、屋顶乐园等,那时的南京路一带,更是集中了大批影城、跑马场、旅馆、饭店、金融机构,开始逐渐显现现代商业区的雏形。

20 世纪 50—70 年代,上海商店数量非但没有增长,反而减少了。1980 年,市区内仅有 1.5 万家商店;而商店住宅的总建筑面积也较 1960 年下降了约 5 万平方米;商店的服务人数减少了约 30 万人,下降了四分之一。但因为当时商店的服务网点很少,个体经济没有开展起来,市场供给量缺口太大。过了节假日,南京路四家企业(食品一店、市百一店、市百十店、时装公司)中的人们摩肩接踵,成为当时上海商场的缩影。①

20 世纪七八十年代,上海有四个重要商贸地段——南京东路、四川北路、西藏中路、淮海中路。当时人们广泛聚集于城市内环内,交通以自行车和巴士为主,逛街成了当时的休闲方法。这时,典型的商业街区和大型超市卖场群尚未形成,以商场形成的购物中心更无从说起,各个商业区内大大小小的国营百货公司商厦则成为当时上海最繁华最大的商贸大厦群,既引领着时尚风潮,又象征着各大商业区的繁华度。百货商业楼较多的南京东路是当时上海商场的绝对王者,淮海中路则紧随其后。而内环周边的商贸相对落后。

---

① 红商网:《上海商圈演化发展史》,2016 年 5 月。

20世纪90年代,外资零售商业物业进入上海,推动上海零售商业现代化、国际化。1992年,上海解放后的首家高档百货公司上海东方商厦建成并开始营业,这也是中国内地第一个合资的零售商品项目。淮海中路日本华亭伊势丹百货公司、香港瑞兴百货公司,南京西路香港WINGS鸿翔百货公司,徐家汇太平洋百货公司等先后出现。一江之隔的浦东新区,也拥有华润置地时代广场和第一八佰伴商业街。外资百货冲击着原来的中小型国营百货。21世纪初期,上海基本形成了以"四街四城"("四街"指南京东路、淮海中路、南京西路、四川北路,"四城"指徐家汇商城、豫园商城、新上海商业城、新客站不夜城)市级商贸中心为内核,以区域购物中心和住宅区商贸中心为支持的全方位、多中心化、多层次的商贸结构格局。

21世纪以来港资不断进入上海,引进了全球领先的企业经营思想,为国内企业成长指明了方向。此后,上海的购物中心逐渐走向了繁荣发展的阶段,一座座购物中心拔地而起,给人们提供了丰富多元的消费方式。这一时期,上海的重点发展企业主要是以香港企业为首的外商财团。这时的城市发展范围重点聚焦在淮海中路、陆家嘴、徐家汇、新虹桥、南京西路等CBD商业区。在发展投资模式方面,这些公司把港式购物中心和高层甲级写字楼模式带到内地,定位高档,在经营方面也引进了国外先进经验。这一时期香港商业资本在内地建立的代表商务项目是港汇恒隆广场。1999年,港汇恒隆广场项目开始营业,这对于当时国内商务地产行业发展具有重要的意义。港汇恒隆广场在项目周围多为百货商店的情况下,把自身定位为中高档、一站式的综合体商贸项目,整个商贸体量超过13多万平方米。项目在业态组合上引入新概念,偏国外新式建设,特别强调餐厅、咖啡等业态的建设;项目在建筑上也引入新概念,在城市公共空间建设上着重构建了大空间设计、公众道路等环境建设;在私家车数量不多的情况下,港汇恒隆广场项目超前建设了有1400余个车位的地下停车场,这在当时是一个创新性做法,使消费者将前往港汇恒隆广场成为首选。恒隆集团参考国家和地方购物中心发展的经验,在整个项目研发与运作过程中,贯彻了严密计划和标准化运营的经营理念,在上海购物中心遍地开花的当下,港汇恒隆广场依然可以被看作上海的重要工程之一。在这之后,新鸿基、九隆仓、凯德等优质的港资、外资开发商也相继进入内地。2000年,由香港九龙仓投资建设的大上海时代广场启用。这也是九龙仓在内地投资的第一个工程。当时,香港商业资本房地产企业在内地还处在起步时期,九龙仓瞄准时机,布局在内地中心城市的中心地带。2001年,由瑞安公司领导的中国国内第一个商品零售项目上海新天地开始营业;2002年,香港新世界大厦成立,这个大厦是现在

K11 艺术购物中心的所在地；2003 年，作为凯德集团来福士的中国国内第一个项目，上海的来福士开始营业。①

通过在各楼层间相得益彰的高格调设计、体现个人风尚的潮流商品，以及创造精彩的地方美食，港资零售商业地产迅速形成了上海都市中潮流购物的新地标。在这一阶段，中生代的购物商场又开始出现，如上海福建百联实业有限公司西郊购物商场、大宁国际商业广场、久百城市广场、五角场万达广场、百联又一城等，江湾五角场和中山公园商圈也通过五角场万达、龙之梦、百联三个重点购物商场提升为市级商业区。这时上海市级商业街的总量超过 10 个，并打造 24 个区域购物中心、10 个特殊商业作用街区、20 余个风情专业街区和 40 个新型街区购物中心，形成了"多中枢、聚集型、超广域、网络系统状"的新型商贸格局系统。②

2014 年以来，上海地区大规模零售商品地产的开发建设已步入新的成长期。随着人口持续"井喷式"增长，上海购物市场已出现部分地段完全饱和布点、总量结构性劳动力过剩、郊区外扩态势明显等现象。受电子商务和购物中心影响，老牌百货公司成长乏力，进入低迷阶段；不同形式的新购物中心不断涌现；商圈计划的实施，促进都市商场的发展。从地域格局来看，各大项目开发商并不局限于旧中心地段，宝龙、印力、龙湖、招商蛇口等大项目开发商都将触角外伸至新地段，给居民生活带来新活力，丰富社区业态。而针对 90 后、"Z 世代"等新兴消费人群，首店式经营、夜经济等新概念也不断涌现，这些新名词把都市商场推向全新转型期。

由于上海郊区的人口急剧增长，政府在一定程度上降低了对土地的控制，并加大了对闵行、浦东、松江等新城区的商贸设施建设的投入，促使了商业中心的逐步向西南方向转移。从总量上看，各区域购物市场有所增加，呈现出全局分散化和局域集中化共存的分布特点。随着城市规划的进一步拓展，上海中心城区的地价也飞速攀升，为开拓新兴市场、减少投资成本，部分开发商选择在中环、外滩地区设立新的商务中心。

2021 年，上海零售商业物业市场共有 11 个优秀项目入市，主要项目包括北外滩来福士、前滩太古里和上海久光中心等。全年新增供应达 125.5 万平方米，突破了 2016—2018 年供应高峰时期的市场平均水平。③这些新增项目地处上海市非核

①　张鹏飞、贺文、陈澄、宋莉娜、叶苗苗：《1979—2019："中外合资"浪潮下的上海零售》，赢商网，2019年 10 月。

②　红商网：《上海商圈演化发展史》，2016 年 5 月。

③　世邦魏理仕华东区研究部：《2021 年上海房地产市场回顾及 2022 年展望》，2022 年 1 月。

心商业区,范围涵盖大宁、北外滩和前滩等多个板块,新项目的引入将激发商圈商业的新活力。由于优秀开发商的精心营造,新增项目开业率普遍较高,再加上去存量化,上海2021年零售商业物业市场净吸纳量已突破了百万大关,达到119.2万平方米,接近2018年的历史峰值。

目前的上海市大型商品零售市场呈现整个地区内分散、局域聚集趋势,上海中心城区的购物市场规模总体呈现增长趋势,集中区域主要包括:城市中心商业集聚区:南京东路—南京西路—淮海中路;东部商业集聚区:陆家嘴—张杨路;南部商业集聚区:徐家汇;西部商业集聚区:中山公园—天山;北部商业集聚区:四川北路—五角场。内环线外购物市场从市内各个方位沿马路逐步向郊区发展,虹桥吴中路地区、徐汇滨江地区等几个市区级商业中心随之建立。

上海首店设立也领先于国内,多个亚洲及国内首店落户上海。例如,瑞士高级手工巧克力色牌莱德拉落户环贸,意大利时装品牌 MISSONI 和优秀户外运动产品 HOKA ONE ONE 全国首店进驻静安佳里中心。

新入市超预期的表现和开业迎来巨大的人流均体现了新常态下消费市场的巨大变动和新商业模式的不断增加。2022年,上海零售商业物业市场更加优化非核心区域的业态格局,形成消费新地标,整体改善非核心区域的商务设施和生活氛围。根据上海市打造国际消费中心城市的计划,其将发挥消费对经济高质量发展和稳增长的支撑作用,推进商务数字化改造,推动与居民消费密切相关的服务业开放;争取在"十四五"期末率先基本建成具有全球影响力、竞争力、美誉度的国际消费中心城市。

2. 上海零售商业物业的需求分析

如图4.2所示,根据世邦魏理仕的数据,上海的餐饮行业租赁需求最大,占总租赁需求比例为35%,当中又以传统中餐与咖啡茶饮的消费需求较为明显。其中陶陶居、添好运,以及江边城外等传统中式食品需求量相对旺盛。在咖啡茶饮类中,资本不断促进线下连锁咖啡店的扩展,M Stand、Manner Coffee 和 Lavazza 等扩张积极。对新式茶饮赛道的关注逐渐升级,消费者感受和企业经营效益均为关注重点。在时尚领域中,时尚服饰行业租赁需求占比26%,女装、运动设备和设计师品牌表现突出。国内体育产品借势北京冬奥会,扩容提速,国潮体育品牌的中国李宁和回力等积极拓展市场,安踏集团也通过多品牌策略不断提高产品市场占有率,DESCENTE、FILA 和 FILA FUSION 等旗下产品线下销量火爆。此外,服务行业租赁需求占比11%(指娱乐健身和生活方式行业),以娱乐健身和个人护理产品行业的租赁需求居多。超级猩猩开创了健身新模式;而密室逃生和剧本杀等娱乐项目,则因其具有的高社交性和沉浸式环境,成功迎合了新生代消费人群对线下娱乐项目的多样化需求,因此其市场拓展十分迅速。2021 年末全市零售商业物业空置率同比下降 0.6%,达到 6.7%。

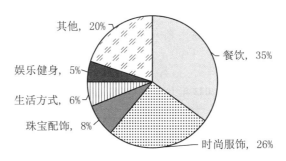

图 4.2　2021 年上海零售商业物业分行业租赁需求分布

资料来源:世邦魏理仕:《2021 年上海房地产市场回顾与 2022 年展望》。

3. 2022 年上海购物中心特点

2022 年,上海各购物中心充分发挥购物中心在商圈、社区的作用和影响力,致力于防控保供促消费。针对疫情后出现的新情况,努力改进营销方式和保供手段,不断探索业态创新,引导新消费,为稳定市场、促进消费、满足消费新需求、加快建设国际消费中心城市发挥了积极作用。具体而言,有以下几个特点。

(1)新开项目数和经营规模大幅增长。

根据相关数据和实地调研核实,2022 年上海新开购物中心(3 万平方米以上)共 20 家,其中新增开业的有 10 家,建筑面积 71 万平方米,数量较 2021 年减少 27家,面积减少 190.6 万平方米;存量改造升级 10 户,商业建筑面积 66.1 万平方米。新开商铺项目情况如表 4.4 所示。

表 4.4　2022 年上海市新开商铺项目情况

建筑面积范围	项目数量	建筑面积(平方米)	占总新开建筑面积比例(%)
10 万平方米以上	3	35.0 万	50.0
5 万—10 万平方米	4	26.2 万	36.9
3 万—5 万平方米	3	9.8 万	13.1

资料来源:上海购物中心协会:《上海购物中心 2022/2023 年度发展报告》。

2021 年调整升级改造的购物中心达 10 家,比 2021 年减少 2 家,商业面积 66.1万平方米,比 2021 年增加近 8 万平方米。从近两年的情况看,由于新冠疫情的影响,一些老旧商业体经营困难,转改调趋势明显,2022 年存量改造后重新开业的项目占全年开业总数的 50%。

2022 年新开业的 3 万平方米以上的购物中心中,地处中心城区(中环以内)3 家,面积 20.0 万平方米,比 2021 年减少 13 家;城郊区(中环外,外环内)1 家,面积 3.3 万平方米,比 2021 年减少 5 家;远郊区(外环外)6 家,面积 47.7 万平方米,虽比 2021 年减少 9 家,但也说明 2022 年新开业的大多数购物中心在郊区。各区域具体增长情况如表 4.5 所示。

表 4.5　2022 年上海各区域购物中心增设情况

区　　域	增加数量	相比 2020 年增设数量	新建面积(平方米)
核心城区(中环以内)	3	—13	20.0 万
城近郊(中环外,外环内)	1	—5	3.3 万
远郊区(外环外)	6	—9	47.7 万

资料来源:上海购物中心协会:《上海购物中心 2022/2023 年度发展报告》。

截至 2022 年底,既存购物中心(含原统计 2 万平方米以上)共 361 家,总建筑面积 2 676.06 万平方米。其中,中心城区共有 163 家,商业建筑面积 1 220.96 万平方米,占总建筑面积 45.62%;城郊区 49 家,商业建筑面积 434.50 万平方米,占总建筑面积 16.24%;远郊区 141 家,建筑面积为 1 020.60 万平方米,占总建筑面积 38.14%。中心城区面积占比比上一年略下降,远郊区面积占比比上年略上升。具体情况如表 4.6 所示。

表 4.6　2022 年上海部分区域购物中心情况

区　　域	数量	商场面积(平方米)	占总面积比例(%)
中心城区	163	1 200.96 万	45.62
城郊区	49	434.50 万	16.24
偏远郊区	141	1 020.60 万	38.14

资料来源:上海购物中心协会:《上海购物中心 2022/2023 年度发展报告》。

2022 年,20 万平方米以上的特大型购物中心没有新增,依然为 16 家,包括陆家嘴上海中心、五角场万达商场、月星环球港、仲盛世界商城、中环购物商场、江桥万达商场、闵行万象城购物商场、闵行爱琴海购物商场、长宁龙之梦购物市场、长宁龙湖虹桥天街、五角场合生汇、七宝万科商场、青浦万达茂等。

根据上海市有关商业机构的信息数据和对部分重点购物中心抽样调研,2022 年各购物中心受新冠疫情的严重影响,经营总体同比下降 25.4%,一些经营调整快、销售新能源车的购物中心,弥补了销售规模,有的接近上年的规模;一些以经营高档品牌奢侈品的购物广场,同比下降幅度相对较小;有些传统单一的购物中心经营规模降幅达 30% 左右,购物中心经营总规模为 2 000 亿元左右,经营总额约占全市社会消费品零售总额的 12.6%,比上年下降了 0.36 个百分点。

2022 年上海购物中心经营与发展的主要特点:一是受新冠疫情影响,新开项目急骤减少,存量调改项目占比上升。2022 年因疫情因素,新开业 3 万平方米以上的购物中心仅 10 家,且都在第四季度(多数在 12 月中下旬)开业,是多年以来数量最少的。二是防控守望相助,体现责任担当。2022 年上海疫情防控形势严峻,购物中心作为实体商业的主力军,积极按照上海市委市政府的统一部署,全力参与疫情防控工作和社区民生保供工作,充分利用既有资源优势,克服防疫中的各种困难,为社区居民点对点送药、送粮、送生活必需品,许多购物中心(广场)发动职工所在社区发起团购微信群,充当保供采购"团长",在为小区居民解决急难愁盼的实际困难的同时,利用驻店特色餐饮等各类品牌。三是经营总体艰难,社区商业稍强。受疫情的影响,一些实力欠佳的品牌商户经不起冲击,纷纷撤店歇业,导致购物中心空铺率急剧上升,有的达到了 35% 左右,购物中心经营严重下滑,举步维艰。

(2) 拟新开项目骤增,传统购物中心调改加速。

据多方面的数据汇总,2023 年上海拟新开 3 万平方来以上购物中心达 45 家,面积超 300 万平方米,是近三年来最多的一年。这主要是由于各种因素的影响,一些原本在前两年完工开业的项目延迟到 2023 年,2023 年上海购物中心总量(3 万平方米以上)将超过 400 家,上海的购物中心(广场)密度越来越高,竞争也越来越激烈。

(3) "Z 世代"+"α 世代"宝宝成为消费"新势力"。

购物中心的消费群体中,最具代表性的是"Z 世代"消费群体,"Z 世代"的消费观念完全不同于以往的消费习惯,爱标新立异,个性化消费,沉浸式体验消费,是这些消费的主要特征,代表着消费新趋势。随着"Z 世代"年龄的增长和成家立业,新生的"α 世代"宝宝在"Z 世代"家庭培育成长,他们有全新的培育理念和新的需求,一些购物中心(广场)将这一需求作为与"Z 世代"消费密不可分的重要消费势力,"婴儿水(泳)馆""儿童中心""儿童天地""儿童乐园""儿童冰雪"等成为购物中心不可或缺的新消费场所。

(4) 疫情催生新模式,社区商业加速飙升。

新冠疫情对社区商业发展产生了深刻影响,在这期间与社区居民最密切的社区商业采取各种手段服务社区居民,利用网络社群,以小区为单位组织起来的联采联销形式,为居民点对点提供各类食物和生活用品。

(5)"国潮＋新潮",新消费业态不断创新。

随着人们对美好生活的向往和追求,人们的消费观念和需求不断更新,购物中心为适应新需求,业态创新将是购物中心永恒主题,"国潮＋新潮"相融合的业态,将成为适应人们新消费的风景线。新天地二期的升级换代、张园的开发利用、"今朝八弄"与新建商业中心联动,将经典与时尚融为一体。商业＋文化、商业＋艺术、商业＋运动健身等跨界复合体验型品牌将以首店首发等形式,不断呈现在消费者面前;类似"围炉煮茶"、主题市集、露营微度假、微电影、微剧场、智创电玩、新能源车联销等既有中式消费,又有时尚体验的跨界业态更受消费者青睐;随着数字化在实体商业中越来越普及,运用数字化技术进行运营创新和营造新场景,将成为主要的竞争手段和制胜法宝。"元宇宙"技术的开发运用将现实场景与虚拟场景有机融合,让人们得到前所未有的情感享受,这将会是购物中心聚客增流重要内容。

(6)特色餐饮更新更快,新模式更受欢迎。

国际消费中心城市必然聚集世界各地的特色餐饮,购物中心将是各地特色餐饮的主要载体和培育地,也是购物中心吸引更多消费者、满足消费者新需求的重要业态。随着生活条件的提高,越来越多的市民对各类特色美食的兴趣越来越浓,饮食用餐的习惯发生了变化,在外用餐的比例不断增加,不断推高购物中心的餐饮业态占比,一些传统老字号餐饮不断创新升级,复合型的集文化艺术、健身健美、娱乐潮玩于一体的组合餐饮更受"Z世代"的欢迎。疫情后,餐饮消费出现新模式,其根据消费者的喜好和需求提供个性化定制菜肴,为家庭朋友聚会提供私密会所型服务等特色餐厅也将掀起一阵风潮,餐桌文化将不断丰富。

4.3.2 上海零售商业物业市场发展经验

1. 消费文化

上海打造现代消费文化、氛围,着力集聚新兴消费、娱乐消费、汽车消费、网络消费和家装消费。其中,新兴市场主要推出云逛街、云购买、云展示、云走秀、云体验等新项目,并进行重点行业商街数字化经营试验,推出"五五购物节",打响"上海购物"名牌,借助消费体验度的提高,更有效地适应需求、创新需求、引导市场,集聚最新最潮的消费产品、创造一流的购买氛围、最大化品牌价值,使上海成为高品位生活的公认都市,促进上海成为服务业高度发达、商品交易充分、全球知名品牌与海外消费者聚集度较高的全球旅游都市。

2. 空间布局

对应中国城市总体规划所确定的基本城镇空间体系和城市公共中心体系结构,为符合全球居民消费核心城市的总体建设要求,上海形成了"4+X+2"的商业空间系统,其中由"全球级居民消费聚集区、地区及商业中心、市级商业中心、社会级商业"组成四级商务枢纽系统,"特色商业街区、首发经济示范园、夜间经济集聚区、农产品批发市场"等组成 X 个特征商业功能区,并且以"商贸物流系统、商务数字化体系"等组成两个商业配套支撑结构。

市级综合商务中心将重点面对全市、长三角区域及整个中国的广域性消费群体,匹配中国大都市圈核心城市的功能定位,进行综合消费服务,集中了高端购物、餐饮食品、商贸休闲、文化娱乐等功能,与构建社会主义现代化国际大都市发展目标相匹配、彰显都市活力、配套服务齐全的综合性商业功能区。此次城市规划,共确定了 29 座市级商贸服务中心。其中,已规划的近期市级商贸服务中心 19 处,包含南京东路购物中心、南京西路购物中心、小陆家嘴—张杨路购物中心、虹桥国际中央商务区商业中心、北外滩商业中心、淮海中路商业中心等。

地区级购物中心是指服务于该地区内或附近地域的消费群体,以实现地域内购物、食宿、休闲、娱乐和商务服务的整体消费功能为主体职能,并产生一定数量中度聚集、产品业态相对完善的综合商贸功能区。主城区共 31 个,包括控江路商业中心、打浦桥商业中心、上海长寿商业中心、曹家渡商业中心、南外滩商业中心、上海世博商业中心等。主城区外共 14 个,包括上海五大新城内里的嘉定旧城购物中心、青浦旧城购物中心、奉贤旧城购物中心等,以及上海新城外的佘山国家旅游度假区购物中心、城桥商业中心等。

同时上海建设了社区商场,社区商店以"15 分钟社区生活圈"为基础的服务内容加以设置,重点服务本社区居民,以便民利民、满足和提高市民的基本生活为宗旨。街道商业服务设施的兴建大小与街道居民人数大小相符,功能业态符合日常活动特征。

3. 特色商业街区

特色商业街区是指适应现代人个性化、差异化、综合性的特殊生活需要,以一定的方式派生出许多大小不等、特点突出的商品和服务设施,以带状街区格局为主轴线,呈网状辐射,以主街、支马路构成连续的商贸服务板块,统筹管理的具备一定规模的地区性商贸群体。

上海结合现有发展基础与历史风貌、环境景观、文化旅游等资源优势,打造一批特色商业街区。鼓励各类特色商业街区深度挖掘资源优势,彰显特色,推动形成"一街区一主题",将特色商业街区打造成为激发消费创新活力、展示城市民俗风情的城市标志性名片,如南京东路、衡山路等。

4. 夜间经济

夜间经营,是从晚七点至次日六点,在都市中特定区域进行的所有合法商品经营活动的统称。上海在长期探索实践中已经形成了一些具有特色的夜间消费商圈。包括新安义夜巷、外滩枫径、思南夜派对、外滩源集、大学路天地创市集等一大批主题性、特色化、差异性的主题夜市都成了人们夜间购物消费的好去处。根据2021年的统计数据,上海夜间出行人群规模约为338万人[①],远高于其他一线城市;从分时客流看,上海头部商圈从晚七点至次日六点之间的客流量占到全天的四成左右,比例非常高。

5. 品牌与体验式消费

上海各大零售商业物业注重品牌差异化,iapm 的"时髦"、静安嘉里中心的"轻奢"、K11 的"艺术"、环球港的"大"已是各家独特的标签,而打造品牌价值、精细化管理也成了"金科玉律"。定制化、个性化产品是引领时代消费者的需要,中国的零售商业物业在主题建设上更加注重用户个性化需求,希望为用户提供独特的感受,解决现阶段商场同质化的问题。一些购物卖场希望引入 IP 形成话题,抓住用户,进行商品变现,不过借势 IP 对于购物卖场的定位契合度低、产品同质化大、代价昂贵、时间短暂的问题越发突出,因此越发多的购物卖场纷纷建立自身的专属 IP。购物中心的原创 IP,以品牌、情景、人物、话题、互动、服务、娱乐等元素为基石,加以丰富与扩展,形成多元化产业,把原创 IP 加以多元化与人格化,让其形象深入人心,自带巨大流量,并能长久留住大量用户。

6. 首店经济

上海的首店经济,是指上海运用独特的资源优势,吸纳国内品牌在地方首次建立专卖店,让品牌和地方资源实现最佳耦合。上海市不断做强首发企业,建设全国首发企业创新地标,提高产品首发经营管理能级,健全全国首发企业政策平台,积极推进全国产品首发地建设,形成由"首发"到"首店"再到"总部"的首发企业效应,助力整合产品优势,提高企业生产管理能级,有效引导市场趋势。2018 年 10 月,黄浦区商务委员会等部门发布了《黄浦区对接中国国际进口博览会鼓励引进品牌首

---

① 数据来源:中国联通智慧足迹。

店暂行办法》，允许物流公司在南京路、淮海路等主要商业区举办首店。到了 2021 年 4 月，上海市商务委员会要求"抓紧研究制订支持首发经济发展的政策措施"。尼康中国首家直营店、亚洲首家"Wonderlab"施华洛世奇旗舰店、美国汉堡连锁 Five Guys 首店纷纷开到上海。根据上海商务委员会统计的数据，2021 年上海全年新增的"首店"1 000 家。南京西路、淮海中路、徐家汇、陆家嘴、南京东路、上海新天地这六条超级商业街包揽了上海全城三分之一以上的首店。在首店大量落地的时代下，"玩概念"是这些快销公司发展的首选模式，旗舰店、主题店、概念店吸引了大量"Z 世代"群体购物打卡。上海既是品牌首店优先考虑落地的城市，也是新消费品牌的制造地。在这波浪潮中，文化艺术业态呈现着快速上升的趋势。静安大悦城、静安嘉里中心、月星环球港、五角场合生汇以及 LuOne 凯德晶萃，业态呈现快速上升的趋势。

7. 存量升级

改革创新成为购物中心维持生命力的关键举措，调改转型是企业必修课。作为中国现代商贸的重要发源地，上海商业一直作为中国城市更新的先锋，更快地踏入储备量阶段，这也直接推动了上海商贸地产市场蜕变的进程。很多项目都步入了运营后的客流"瓶颈期"，一方面，由于空间和硬件条件的制约，使其在争抢客户时陷入了劣势；另一方面，传统的历史记忆和工业遗存也带来了紧缺的资源和客群基础。但近年来，随着储备量的转型工作不断加大，上海市内各标杆型商业街也相继进行了大规模改造，调整后都达到了良好的经济效益。

在 1995 年开始营业的上海新世界城，拥有中国国内首创组合型扶梯、平移型扶梯、内地首个英国杜莎女士蜡像馆，乃至中国的第一个室内真冰溜冰场。几十年前，在中国的这些"第一""最"都惊艳了一代人。如今由于中国社会经济的高速增长，企业竞争也愈演愈烈，新世界城的装修硬件设备均显陈旧过时，且产品升级换代更新速度较慢，并不能吸引新一代的年轻用户共鸣。新世界城在 2019 年进行了大转型新开业项目，使其自身的客群年龄下降五到十岁，而 26—45 岁年龄段的消费群体的占比超过了 60％，并致力于变身为"一座最受众多消费群体欢迎的城市中心生活商场"。其整体改造以"自然·生活"为主题，蜕变为最时尚、最潮流的"都市生活会客厅"。除去"外在"着实亮眼，新世界城也在"内力培养"方面进一步加码，大量引入了产品店、先入店、旗舰店、集合店、体验馆，其中产品门店已近 400 家，占据总量的 78％，提高了项目的氛围舒适感、品牌聚集力和产品服务力。此外，水深三米的海洋水族馆率先进驻百货、从 55 米高空直达顶层的世界最高室内攀岩馆、全球首个"火影忍者"IP 大型室内乐园、杜莎夫人蜡像馆、超广角立体景观休憩楼,以及上海居民熟知的溜冰场也焕然一新,把商城打造出"娱乐场"一样的视觉效果,也反映了此次新世界城"精雕细琢"的进程中,把"体验"二字当作城市转型后的重要标志,塑造出一个崭新的城市亮眼名片(陈方勇,2021)。

4.3.3 线上购物对零售商业物业市场的冲击及发展对策

线上购物对上海零售商业物业带来了巨大冲击。随着网络应用水平不断提高,线上购物从之前的一种小众生活方式,逐渐成长为居民生活必不可少的一部分。线上购物 App 使用率迅速提升,线上购物规模逐渐增大,淘宝、京东、美团、拼多多等逐渐成长为拥有大规模用户的电商平台。由于线上购物普遍价格低廉且具有性价比优势,这在某种程度上对线下品牌购物产生了一定的冲击。上海的零售商业物业也受到了一定的影响,如客流量下降、零售额增长缓慢等。面对线上购物的冲击,上海市零售商业物业的对策主要有以下两点。

1. 发展线下必要性消费

主力店主导的零售商业物业凭借知名的主力店吸引消费,通常以高知名度的奢侈品为主,该类型零售商业物业通常位于城市中心的繁华路段。

以上海恒隆广场为例,该购物中心位于静安区南京西路——上海市区最繁华的商业街道之一。根据恒隆地产 2020 年年报,上海恒隆广场的餐饮娱乐等体验性业态占比仅为 20%,奢侈品的单件价格较高,目标客群对线下购物体验的要求更高,如要求品类齐全、货品新颖、服务态度好等,具有线下消费的必要性,因此线上消费是难以取代的。奢侈品牌集中度较高的高端购物中心可以提供舒适的购物环境、顶级的商场管理,以此来满足目标客群的消费体验需求,使零售商业物业更好地应对线上购物带来的冲击。

2. 发展体验性消费

主题类购物中心目前较为小众,但面对较大供应的商业地产市场,购物中心可以凭借主题类购物中心稀缺性的特点提升自身竞争力。这样的零售商业物业有望融合文化、历史、科技、IP 概念等元素,如泰国的 Mansion7 恐怖主题购物中心、日本的 Namba 生态型购物中心、中国香港的 K11 艺术购物中心等。在该类购物中心中,主题是吸引客群的标签,购物中心依据相应的主题进行运营,这样有利于获得消费者关注,延长消费者的停留时间,让消费者在体验的过程中消费,带动购物中心整体的运营。

虽然线上零售商的渗透程度不断提高,但线下商店的服务能力也被逐步夯实。

从需求侧来说,传统门店已经担当了部分城市旅游、打卡地的职责。从长远来看,"Z 世代"对城市旅游场景的沉浸式、交互体验的更多需求,使得传统线下门店的布局更为重要。

4.3.4　后疫情时代零售商业物业市场发展对策

目前,中国整体进入后疫情时代,零售商业物业逐渐复苏发展。然而,疫情改变了中国消费者的消费习惯和消费偏好,越来越多的人倾向于即时消费或者线上消费,线下零售商业物业市场面临较大的冲击。面对消费者消费习惯的变化,后疫情时代零售商业物业市场发展对策应该更加灵活。

激烈的市场竞争,加速了零售行业的变革和升级。零售商与购物中心业主积极布局全渠道零售、精细化流量和用户运营、搭建私域会员体系,提升供应链效率,优化门店和购物中心的运营。

随着科技的进步,互联网已经成为消费者日常生活的一部分。以往所认知的线上线下零售已经被全渠道零售所取代。线上零售和线下零售的优势互补,才能提供给消费者便捷、优质的商品与服务,从而营造良好的购物体验。在后疫情时期,为了满足消费者在任何时间和地点、以任意方式购买的需要,零售商和购物中心的业主们积极打造线上零售平台,同时建立"千店千面"的线下零售商店,以适应消费者多样化的消费需要。

与此同时,零售商与购物中心业主在建立线上零售平台,提供商品配送到家服务的基础上,积极搭建集疫情防控管理(场所码)、智慧停车场、会员交流社群、商品精准营销、线下活动推广、会员积分优惠和专属优惠券发放等功能于一体的线上会员系统。线上会员系统不仅可以突破地域空间和营业时间的束缚,而且还可以提升门店和购物中心的消费者参与度。

为满足全渠道零售下更灵活的供应链要求,零售商和购物中心业主不断整合和优化其供应链体系。零售商店和购物中心要深入观察消费客群的行为和消费偏好,建立具有高效反应能力和以消费者需求为基础的供应链体系,从而降低成本、提高运营效益。

为顺应国内居民消费上升潮流,健身、教育、美丽、娱乐四大产业领域的居民消费支出将逐渐增加,由于消费者生活服务大多需要线下服务,线上服务可与线下物流服务充分融合,这将成为未来的零售地产招租首选。

4.4 商业地产市场发展的经验借鉴

4.4.1 国内重点城市商业地产市场发展经验

1. 成都:政府支持与引导的特色商业街——宽窄巷子

成都平原有"天府之国"的美称。成都是中国历史上西南重要城镇、七朝古都,声誉显赫,城市遗址数不胜数,底蕴雄浑厚重。大慈寺、文殊院、宽窄巷子并称成都市的三个历史文化名城保护街区,尤以宽窄巷子特色最突出,其也成了古成都市独特的文化标识和永久的历史印记。

据历史资料,在公元前316年秦灭蜀地之时,由张仪、张若筑城,少城肇兴。至康熙五十七年,朝廷调用荆州八旗三千官兵来川。清政府在成都西垣秦代少城旧址上修筑满城,以驻防旗兵。满城方圆十里,城垣高大、楼阁相望,满城内的房屋结构、衙门设置、兵营位置均是依照八旗军的传统模式进行布置,设有官街八条、兵丁巷42个,为成都中心地区留下的规格较为齐全的清代古街建筑。

随着城镇的发展以及人口的迅速增长,在步入千禧年之后,宽窄巷子慢慢褪去了往日的浮华,由于年久失修大部分房屋建筑已十分破烂,加上大量外来人口的进入,昔日四合院逐渐变成混乱的大杂院,利用蜂窝煤烧饭的居民,在自己院内零星发展了餐厅、宾馆等民间企业。改建前的宽窄巷子成了成都市区内道路条件差、危房多、隐患明显的代表。

在成都努力建设"娱乐之都"的发展背景下,2003年,成都市人民政府正式启动了宽窄巷子历史文化街主体改建工程项目,并决定在保留老成都市内原貌建筑的基础上,建立以旅游娱乐为主的、富有浓厚巴蜀地区民族特色与历史文化氛围的现代化综合性商业街区。2007年,成都市委、市政府,青羊区人民政府共同整合社会资源,对商业功能进行了规划与研究,政府财政先后投入超过6.3亿元,对核心保护区周围楼房和建筑景观进行了综合整治。至2008年,宽窄巷子改建工程全部竣工,并作为成都市委市政府的重大工程项目、成都人文旅游名片建设项目,以及5·12汶川地震后成都市旅游业全面恢复的重要标志,于2008年6月14日正式开街。

正是因为找准了"历史文化"与"市场经济""传统"与"革新"的结合点,宽窄巷子成了成都的可欣赏、可享用、可消费的重要旅游资源。修葺一新的宽窄巷子由

45 间清末民初风貌的四合院落、具有传统艺术价值和文化底蕴的庭院洋房,以及新建的宅院式精致客房等各具特色的建筑群落构成。宽窄巷子的宣传标语充分体现了其文旅价值:闲在宽巷,品在窄巷、泡在井巷。

商业街作为都市商务格局的一部分,不论是改建旧的商业街还是建设新的商业街,都要坚持自身发展原则。从成都宽窄巷子的改造与运营的成功经验中,值得上海借鉴的特色商业街发展经验主要有以下三条(孙璐等,2015)。

(1)政府统筹协调。有特色的商业街的开发应通过"政府部门支持,民间融资,各地承办"的途径实现。一方面,各商品流通的主管部门要做好对具有独特经营发展趋势的商业街的建立工作,并做好指导、协助和实施有特点的商业街策划、开发的任务。另一方面,因为商业街自身具有很多特色,所以商业街的开发在很大程度上成为一种社会政治行为。另外,商业街往往位于都市的中心地带,并且在建筑上具有很大的规模性,有大批的商贸公用设施,这需要非盈利性的管理部门对商业街进行统一规划、建造和经营,这样才能使商业街独具特色、自然环境优雅、社会秩序有条不紊,并逐步形成人气、商气两旺的状态。对于一些传统文化底蕴十分丰厚的老商业街的开发整治,街区交通标志和街景绿化、工程建设、景观整治、公共交通、停车位的设置以及社区服务工作,需要政府部门的协调配合。

(2)全面合理规划。合理规划的商业街应该兼顾城市空间结构布置,从优化商品资源配置和增加商品的组织性程度考虑。同时,针对当前国情、商业街所在区域的市情,使商业街设计与发展更加符合城市规划性与合理化,从而有机融合经济性、社区经济效益与环保经济效益。商业街的布置与设计还应该体现全局性,在顾及现有的商品经营氛围和旅游者的消费习惯情况下,既要确保目标客户的人员动线便利,又要顾及本区域的商业布局平衡,以适应消费者的购物需要。商业街的设计还应该结合本地旅游业的发展趋势,建出自己的商业特色,以吸引游客。此外,应当按照城市整体规划对商业街作出相应设计,保证完善的配套基础设施。

(3)强化自身特色。自身特色是商业街最强劲的竞争力,能够使消费者迅速锁定目标。商业街若要形成自身特色,就需要明晰市场定位,针对商业街的地理位置、辐射区域、目标客户的消费水平级别、购物能力和需求特点,以及周边地区业态格局和商业运营情况,制定有别于其他的商业定位。

商业街最明显的优势是具有明显的标识。如南京路步行街定位于大众化的国外文化特色旅游区;南京西路则荟萃了数量丰富的国外名牌,定位于上海市内最具规模的国外文化特色高端消费区,区分目标消费群体保证了商业街的客流稳定。此外,还能够利用自身独特的服务、管理模式和销售方式,又或者以独创的自有产品来凸显商业街的自身优势。

2. 重庆：龙湖时代天街的 TOD 模式

龙湖时代天街在重庆发展非常迅速，其在重庆各区各板块进行了网格化布局。部分天街充分利用轨道交通 TOD(transit-oriented development)，对接最大上限量的客户群。毫不夸张地说，龙湖时代天街已经在一定程度上垄断了重庆人的消费。

早在 2003 年建设重庆北城天街之时，龙湖集团就认识到了城市的快速扩张与未来地块的紧缺，注意到了 TOD 对城市未来发展的重要性，于是龙湖集团从建设重庆北城天街起便和重庆政府签约，并积极探索 TOD 建设。龙湖集团的"空间即服务"战略，便是其战略眼光的精准体现。TOD 是一种新兴的都市空间开发方式，即"以公共轨道交通为导向"，通过紧凑型城市综合体建筑发展计划，在临近公交站点、主要轨交站点的附近地区，将办公、商务、住宅及其他公共建筑的景观和资源整合在城市建筑之中，统筹发展城市与社会之间的相互联系、提高城市建筑对人类生存发展的重要作用，从而建立有利于行人的城市社区网络格局与工作生活空间，为城市注入新鲜活力，保障城市中人口、交通的合理运行。

龙湖时代天街，是龙湖集团首个真正意义上的 TOD 项目，它让大坪从老区边缘成长为真正的几何中心。百年以前，渝中区的大坪就是一条出川要道，大坪及石油路、化龙桥等道路附近布局的是几家老企业，龙湖集团在这边拿地时，周边都是一片老破旧小区，城市面貌破败不堪。龙湖时代天街购物中心面积达 60 万平方米，是亚洲最大的商业综合体，大规模的商业体量对操盘和经营团队来说难度大，但龙湖集团通过轨道、城市主干道和公交线路的多项打通，将人流引至商圈，再加上其高超的招商和经营策略，最终实现年销售额超 42 亿元，年客流量 9 500 万人，几乎每个重庆人每年要来龙湖时代天街逛三次。同时，由于龙湖时代天街的开通和运行，大坪周边多个城市交通要道都得到完善，市政基础设施焕然一新，大坪商业街社零消费额由 2013 年的 61 亿元提升至 2020 年的 180 亿元以上，与解放碑商业街构成"双核驱动"，共同形成了渝中发展的新引擎。①

2012 年正式启用的重庆时代天街，通过与轻轨一号线、二号线便捷衔接的优势，进一步开辟东西方向并打通南北向道路，在区内进行了快速回转与循环，地下道路人行网络互通互联，有效减少了交通的拥堵，并提高了行车质量。重庆沙坪坝的龙湖光年工程总投入达到 100 亿元，包括成渝高速专线、四条轻轨线路、27 条市

---

① 参见《渝中　激发城市消费活力　打造解放碑——朝天门世界知名商圈》，《重庆日报》2021 年 10 月 26 日第 7 版。

内线路等,是龙湖工程中最超前、最复杂并且结合高速铁路系统的 TOD 工程。

龙湖时代天街每到一处,基本都会快速改善当地生态,产生一系列重大影响。小则提升周边小区的二手房附加值,改善周边人群的消费和生活模式;如龙湖源著和金科十年城、龙湖两江新宸和华侨城、龙湖 U 城和金科廊桥水乡等,龙湖集团承建的小区都要比周边其他小区略贵一些,升值速度也更快一些。中则改变区域城市面貌,提升区域的社会消费总额,提升区域价值。大则成为城市地标和城市名片,提升整个城市的商业活力,提振重庆的城市形象。

3. 香港:核心商圈、体验化、专业化

在东南亚各国和亚洲地区中,香港是第一个出现购物中心的都市。香港的零售商业物业经历了以下三个阶段:

1966—1977 年,这一时期是纯粹购物时期,零售的商业物业设备较单一,主要功能也只是购物,仅在环境舒适度方面比较一般的商业场所有改善,香港出现了第一栋现代化购物中心海运大厦(海港城一期),并随后于 1969 年和 1977 年完成了海港城的二期和三期,但时至今日,海港城依然在全港购物中心占有很重要的位置。

1980—1999 年,这一时期是城市体验化时期,地铁通车象征着香港步入地铁为主的新都市发展,跨区的交通时间大幅缩短,亦改变了传统的商业模式与格局,购物中心进入迅速发展阶段。购物中心加入餐饮、剧场、溜冰场等复合功能,不仅仅满足消费者简单的购物功能。1980—1989 年,多达 270 万平方米的商场落成,包括太古城中心、太古广场、时代广场、又一城、青衣城等代表性购物中心。

2000 年至今,这一时期步入了个性化特色时期,这一时期的零售商业物业品牌通过挖掘客户的需求特点,提供了独特无二的个性化标志,个性化表现的差异化能力也较强。日趋激烈的同质化竞争迫使购物中心向个性化转型,不同购物中心以不同的旗舰店进行消费者准确定位,更加活泼而不失典雅的设计、更为人性化的布局使各家购物中心呈现出"百花齐放"的姿态。

香港零售商业物业的另一种特色就是强调体验式消费,房地产商也强调整体、商家的优势互补和达成零售业的平衡。对太古商场、海港城、时代广场、又一城等城市中心商业区的统计与分析表明,商场门店一般由服装配饰鞋帽、餐饮、百货、珠宝精品、美容美发个人保养五大部分构成,各种商品的比例也通常都限制在一个范围之内,其中餐饮占比最大,占 25%;其次为百货、服装配饰鞋帽等,累计占比达到 40%。

总体来看,香港零售商业物业的设置有以下四个特点值得借鉴:地段、规模、资源导入、社区化。

（1）地段。香港购物中心大多选择各大地铁换乘的节点位置，或位于已经成熟的商业旺圈，例如，地铁和九广铁路汇聚的又一城，尖沙咀轨道交通、巴士总站与天星小轮总站汇聚的海港城，以及位于铜锣湾核心商圈的时代广场。交通节点与核心商圈的位置吸引大量人流，为购物中心的成功奠定基础，正应了李嘉诚那句"地段、地段，还是地段"的房地产投资核心理念。从地铁与购物中心的发展上来看，主要线路地铁的通车时间与1980年后香港购物中心的高速发展相吻合。地铁为香港市民出行主要交通工具，日均客流量约370万人/次。根据当前存量分析，香港购物中心呈典型的地铁线格局，而香港地铁轨道沿线的购物商店数量超过了总数的70%。此外，香港的购物中心擅长利用交通系统进行商场设计。不少购物中心都延展至地铁入口，地铁站出口即在商场之内，把客流直接导入商场当中。以太古广场为例，其地下层与地铁相连，地面层一楼与巴士站相连，四楼修建道路吸引开私家车的顾客。这种模式也就是TOD模式，其实质就是在公交站点、轨交站周围，将城市办公、商务、住宅及其他服务配套和城市景观环境等资源融为一体，以实现交通增效、城市空间升值的综合效应。

作为世界轨道交通发展最成熟的都市之一，上海也是目前内地最有机会深入发展TOD模式的都市之一。综观上海早已形成的商业案例，而今的徐家汇、民族公园、中山公园、静安寺，以及五角场等主要商业区均已形成了TOD效益的集中表现：围绕既有的站点上盖建筑进行商务发展，商场的地下空间则与轨交车站紧紧衔接，商业交通极为便捷，人流量暴增，且巨大的商业客流在生活消费、旅游观光等城市消费客群之间随时转换。

（2）规模。香港购物中心开发主要采取分期分阶段开发，预留"调头"的空间。不建设巨型购物中心，不将经营风险过度集中于某一单位，香港主要购物中心建筑面积皆小于20万平方米。

（3）资源导入。许多购物中心在建设时便集写字楼、酒店、购物中心于一体，如著名的太古广场的综合城市体，具备一体化商圈的创造能力；高档购物中心皆布局于写字楼、酒店等密集地带，拉近与酒店住客、写字楼租客等优质客户的距离，实现商业资源更便捷的导入。

（4）社区化。香港社区商业发达，社区型购物中心整体占比超过80%。香港的社区商业发展经验主要有：由政府统一规划、开发和经营；只租不卖的运营方式，避免中小商户风险，提供统一经营平台；合理配比的街区商铺，商业体量不超过居住体量的11%；以服务社会的中档产品为主；业态配比一般按购物40%、餐饮30%

和其他 30% 设置；商场布局与住宅区分开但距离不超过 500 米，布置于交通便利处。

面对线上冲击带来的威胁，上海零售商业物业能从香港经验学到的是通过区别于线上的"耗时型体验消费"，真正提供不同于线上购物体验且具备优势的专业化、个性化的体验式购物中心，从而缓解客流量下降等问题。

4.4.2　新加坡商业地产市场发展经验总结

新加坡作为一个城市小国，土地面积有限，但商业地产非常突出，主要经验项目有滨海商业综合体、克拉码头商业项目和乌节路 Ion Orchard 商业中心。

1. 滨海商业综合体

滨海商业综合体位于新加坡南部海岸，占地 24 公顷，由丰树产业提供总体策划和设计；片区主体由怡丰城、港湾中心、新加坡邮轮中心码头、港湾办公园区以及"圣占姆士发电厂"等休闲管理中心所组建，实现集商贸、游览、休闲、写字楼、住宅为一身的全球级滨海中心。

从总体方案设计上考虑，首先，港湾区商业综合体强调了户外空间的打造，例如，打造远可观海的露天餐饮空间、屋顶"空中花园"等，实现了整个商业综合体从封闭式向更为动态和开放式的空间结构形态演进；其次，用连廊把小区域的基础设施整合起来，如怡丰城与港湾中心之间的封闭式连廊、怡丰城与娱乐中心之间的开放式露天天桥等，不但丰富了空间结构，而且还可以和户外空间有机融合；再次，提供了非常便利的交通条件，设计包含了火车站、捷运总站、公交枢纽乃至高速路和邮轮的港口等，构成了分层级、多方位的城市立体交通系统。另外，还把"圣占姆士发电厂"成功改建为具有 13 个不同娱乐和音乐风格的设施，发挥其艺术、建筑和设计方面的优势，把它建设成新的娱乐中心。

滨海商业综合体发展的成功案例为上海提供的启迪是，都市综合体群不仅需要通过连廊把地段连接起来，而且需要在四个方面紧密联系：一是功能上的紧密联系，通过链接，使各个功能区域相互共享资源与发展空间，地段之间的功能实现互补、互利，从而一起构成都市的重要组成部分；二是人流上的紧密联系，例如，将白玉兰和海门路五十五号区域与上海地铁站台结合起来，地段内包括公共交通枢纽和航运港口等重要客流源头，通过链接将人流合理地导引至相应地段，从而扩大人流源头的辐射区域；三是空间结构上的相互关联，利用功能链接将整个公共空间结构串起来，再结合功能链接自身所构成的拓展空间，一起为市民创造欣赏、休闲和交流的平台,在聚集人气的同时更可以充分发挥滨江景观的优势;四是历史人文上的相互关联,对于北外滩的著名历史建筑提篮桥监狱,可以利用功能置换将其和北外滩的整体环境相适应、相关联,把建筑所蕴含的历史文化底蕴挖掘起来,从而构成地方特色。

2. 克拉码头商业项目

克拉码头区地处新加坡河流上游段,存在着大量移民时期遗留下来的老排房建筑物,为货栈、仓储、商铺等,后经嘉德房产置业改建,逐渐发挥出临水优点,如今已变成当地购买、娱乐、旅行、餐饮业等的热门地段,是老建筑发展与滨水改建的典型案例之一。

克拉码头商业项目总面积为 33 630 平方米,在经过改建和重新定位之后,目前已有 200 余家商铺、饭店、酒店和娱乐场所,每年平均吸纳近 50 万人的消费群体(朱崇文,2012)。从克拉码头商业项目以及对新加坡河段整个水系的利用出发,在工程设计中有不少亮点。例如,把沿岸地区打造成开放式休闲空间,还水于民,大大改善克拉码头商业项目原有临水而不亲水性能的现状;重视灯光效果的设计,并根据新加坡多雨的气候特性设置了荷叶形"顶棚",以打造绚烂多姿的晚夜灯和五色斑驳的水面倒影;充分利用克拉码头地处新加坡河上游的地域优势,通过设置水路巴士,利用水系作为纽带,整合新加坡河岸最主要的看点,使其自身成为游客观光的优先目标;在空间布局上,以临河位置为基础,实行特色板块规划,在第一个层次布局餐饮,在第二个层次布局商务、文娱、办公等,用纵深方向的大体量来吸引、消化和承载滨水景观的庞大人流量。

上海可以总结克拉码头工程以及对河系水合理利用的经验,对苏州河的地下水系统加以改善,要注意如下几个方面:一是要建立接近水的开放式平台,例如,在有的地区设有近水平台,让游客可以在近距离开展和水有关的活动,有的地区还设有高步道加路堤,让游客可以坐在路堤上休息,真正体验滨水的魅力;二是要重视晚上灯光的设置,让游客在水岸边可以享受到明亮的夜景和艳丽的水影,用景色增强魅力,从而让人更愿意在水岸边栖息、漫步;三是要在滨水的第二层次设计多个饮食、商务、休闲等服务区域,并根据传统街道的改造,设计富有特点的游憩空间,让游客在水岸漫步之余,有消费和娱乐的机会。景观水岸作为人流的首要聚集地点,第二层次要进行辅助与配合,以提高环境的魅力。

3. 乌节路 Ion Orchard 商业中心

乌节路是新加坡的一个特色商业区,位于市区的西北侧。21 世纪伊始,Ion Orchard 购物中心就成了该地区建设的唯一商业设施。Ion Orchard 购物中心建成后迅速形成了乌节路上新的商业标志,其迅速发展也让整个乌节路上的商业区焕发新的生命力。

Ion Orchard 商业中心,由新鸿基地产和中国台湾的嘉德置地共同投资发展,占地超 7.5 万平方米,地面八层,地下四层,整个项目在地铁乌节站上建设,地下二层与站台层相连。从建筑设计上分析来看,有以下几点优势:一是利用地底空间设计,Ion Orchard 地下室有四层,对已无拓展空间的传统商业区来说,应该是对土地空间使用的最优化,增加地下层建筑数而非地上,可使其降低了对周围现有建筑的负面影响;二是楼面功能设定,充分考虑对城市交通人流的负面影响,商业将 5—8 层作为地上停车位,而非传统的地下室停车位,如此一来,不管是从地下两层流入的地铁交通人流或者是从地上两层流入的机动车人流,均可快速抵达各层,在便利购买的同时也提高各楼层的出租收入;三是巨大的公众空间,例如,Ion Orchard 商业中心包含新加坡最大的带盖式公共市场、面积超过 8 000 平方米的屋顶花园、Ion Art 艺术展览馆以及 Ion Sky 的巨大观景台,这些空间设计让人能够自由休息、交谈、游览和欣赏,大大增强了商场的人流量;四是外型建筑设计,商业中心在设计勇于革新,运用高科技的互动多媒体幕墙,使夜晚的照明颜色绝非一成不变,还能随着环境和心情改变色彩,使商业中心能够长久地维持新奇感与魅力,成为世界最酷的购物中心之一。

乌节路 Ion Orchard 商业中心成功发展的经历,为上海商业的发展带来了启迪:一是提升地下空间的使用程度,一方面,通过将地下室进行利用,克服传统商业区域发展空间设计的困难;另一方面,利用地下通道的相互联通,将原本较小型的商业体组合变成大规模的商务综合体。二是更加重视户外公共空间结构的设置,上海的不少商业建筑不同于一些大规模商业综合体,商业空间的行走间距较长,虽然空间高度无法变化,但若能营造完善的户外空间设计与环境,带来愉悦的步行环境感受与享受,线性的商业布局能成为大规模零售与商业物业发展的重要特征。三是创新设计,在对现有项目的改建和新项目的发展过程中,更加强调对外观的创新设计,以吸引眼球和人气,力求通过形成全新的地标建筑来彰显新的亮点与内涵。

4.4.3　美国商业地产市场发展经验

美国上百年商业地产的发展经验主要有未来商业地产郊区化和发展房地产投资信托基金实现商业地产跨越式发展。

1. 未来商业地产郊区化

不管是从投资方式、操作方法,还是从回报方式来看,美国的商业地产均处于全球范围内领先地位。历经百余年的开发积淀,其商业地产领域已有较为完善的发展体系,相关公司亦具有明显的企业特征。美国商业地产企业从消费者视角入手,以完成商业运作为核心来完成地产的设计和营销。产业链划分明晰,物业项目投资、策划、建设和经营均有业内的专业公司控制。另外,美国的商业地产对商业地产的股东、资产拥有者、物业经营者、房产消费者等也进行了划分,在有效的房地产投资信托基金融资方式下,该产业的融资结构更加完善。

在零售商业物业领域,美国是世界零售商业物业的重要发源地,也是当今世界上开发得最繁荣的发达国家之一。零售商业物业的投资关键因素主要是地域交通运输的便利,对投资条件(人群密集程度、居民支配收入、物流零售业开发等)的适应性,以及企业雄厚资金的保证。纵观美国便售商店的演变历程,随着城市化率的提高、社会经济水平的提高和工业产品的增加,促使购物中心特征发生转变,其各个节点的变化都伴随商业技术的提升和消费人口的转移。美国的 Ghosh 和 McLafferty(1991)则从全美零售的历史发展总结中,概括了美国零售商业物业发展的四大时期和特征:一是概念萌芽时期,这一时期的零售业态类型单一,零售小店铺居多,并且主要集中在城市人流密集地段。二是高速成长时期,汽车行业拉动各大行业发展,推动高速公路的开发建设,将人们的上班、商务和休闲距离拉得更远。由于美国传统大城市内经常堵车,空气污染严重,市民生存条件下降,都市人口也开始向外围城市转移。传统的购物模式在这个时期进行了一场改革——购物中心建设的郊区化。三是差异化时期,在 20 世纪 80 年代初期,出现了回归城市的热潮,商业地产也迎来了二次变革。一方面,开发商对现有的功能性购物中心系统加以更新完善,增加巨型的影院系统和儿童游乐场系统,改变为具有单一设施的购物中心;另一方面,购物中心在都市文化基础上增添休闲要素。四是发展饱和时期,随着技术的发展以及互联网购买方式的出现,更多的网站对原有零售商店进行冲击,很多零售商场逐步发展在线服务来推广新产品,同时强调节能环保的意识,融入创新产品设计理念和增加业态组合变化。产业组合多样化和新兴商场概念在美国明尼苏达州的 Mall of America 中完整呈现。Mall of America 作为整合了游乐公园、夜总会、餐饮等产业的一个超大规模商场,总面积超过 39 万平方米,仅约二分之一面积用于商业零售。该中心也是国际公认的新兴购物区域中将娱乐业与零售完美融合的佼佼者。

在美国从零售商业物业开发的实践上来看,零售商业物业的开发深受城市空间结构、商业开发条件和交通环境等各种因素制约。上海零售商业物业如今呈现一定的郊区化趋势,在核心商圈土地资源有限、竞争愈加激烈的情况下,上海的商业综合体向郊区拓展趋势的明显。青浦、松江、嘉定等郊区购物中心近些年增长迅速,宝龙、万达、龙湖等大型商业地产开发商也重点布局于外环外区域。近年来,上海更加注重构筑"五大新城"体系,将嘉定、青浦、松江、奉贤、南汇五大新城区打造成相对独立的综合型节点都市,同时上海的地铁线覆盖网络很广,为零售商业物业郊区化奠定了较好基础。未来随着郊区购物中心的不断拓展,可能形成类似 Mall of America 的超大规模购物中心。

2. 房地产投资信托基金助力商业地产跨越式发展

美国商业地产发展中,另一个值得借鉴的是其利用房地产投资信托基金这一特殊的投融资模式,以实现美国商业地产跨越式发展。房地产投资信托基金是一个聚集了众多投资者的资金池,由特设管理机构运营,独立于专门机构监管,专事商业房产投资,并将收益利润按出资者投入比率分红的一个投资方法。此投资方法也使商业房产的投资更加大众化,同时也有利于解决商业地产开发周期长、资金期限错配等问题,解决商业地产的融资问题。目前,中国国内银行对商业地产一直保持审慎态度,并且在不断减少贷款额度。通过持有整体对商铺物业的长期租赁实现资本收回的理性经营模式,没有办法满足对大额度资本、长期性投资的需要,部分商业地产也只能通过买卖物业的方法来快速收回资本,很多商业地产都无法切实的实现"持有"式经营,长期以来造成了一种恶性循环,不利于整个公司和产业的健康发展。若后续房地产投资信托基金能扩容至商业地产,则有助于商业地产可持续发展。

以美国西蒙公司(Simon Property Group,SPG)为例,它是当时全美最大的商业地产上市公司,核心业务涉及土地租赁、开发和物业管理,后业务范围又逐步扩大至欧美和亚洲区。SPG 于 1993 年在纽交所挂牌,通过房地产投资信托基金的方式筹集了 8.4 亿美金,成为当时最高的首次公开募股项目。企业在随后的数年开启了合并、收购等战略性投资的成长过程,利用资本市场的影响力,迅速壮大经营规模。后来,SPG 逐渐成为美国最大的企业地产商,其业务规模超过排名第二至第五的地产商的总和,在纽约市、芝加哥、洛杉矶以及波士顿附近的地区等地具有突出地位。西蒙公司在扩张业务的同时也致力于产品的创新发展,在 1997 年,SPG 创立了 Simon Brand Ventures(SBV),利用与供应商良好的技术合作关系以及专业的规模化经营,帮助租户和采购客户争取最大的利润;同时还采取许多措施,如积分制度,以留住消费者,提高产品忠诚度。从业态发展视角,SPG 也开始涉猎于奥特莱斯公司等的方式,翻新了原有的商场,将许多文娱项目也融入进来,希望吸引更多的旅客前来享受更长的休闲时光,而不是为了一味地吸引大家购物。为提高品牌认知度和商场的视觉效果,SPG 还致力于改变外观建筑,并增加了室内的设计元素。Mall of America 就是公司当时的代表作。在房地产投资信托基金平台下,SPG 通过股权融资和财务杠杆放大融资能力,叠加特色的商业模式、运营机制来达到稳健回报。在大量资本的帮助下,SPG 能够通过收购项目、大举购买物业打造出可持续增长的路径,扩大经营规模。这种核心模式在零售地产投资信托基金领域相当普遍,虽然每个房地产投资信托基金都有自身的特色运营方式与发展途径,但其中的优点都可以概括为:利用良好的商业模式获得商业地产收益并建立品牌,利用金融方式创造规模利润并扩大市场。

商业地产房地产投资信托基金的发行,有助于盘活存量资产,增强消费能力,创新消费场景,服务民生需求。实际上,上海已有一些商业地产通过境外发行房地产投资信托基金的方式促进资本循环,如越秀大厦。2023 年 3 月,国家发展和改革委员会发布《关于规范高效做好基础设施领域不动产投资信托基金(REITs)项目申报推荐工作》的通知,提出优先支持百货商场、购物中心、农贸市场等城乡商业网点项目,保障基本民生的社区商业项目发行基础设施房地产投资信托基金。上海可积极探索这类商业地产的房地产投资信托基金化,助力消费升级和商业地产发展。

参考文献

Ghosh，A. and S. McLafferty，1991，"The shopping center：a restructuring of post-war retailing"，*Journal of retailing*，67(3)：253—268.

Phang，S. Y. and M. Helble，2016，"Housing Policies in Singapore"，*ADBI Working Paper 559*，Available at SSRN：https://ssrn.com/abstract＝2753487.

Wong，S. K.，K. K. Deng and K. S. Cheung，2022，"Starter homes' premium and housing affordability"，*The Journal of Real Estate Finance and Economics* (forthcoming).

崔裴、李然：《美国住房租赁制度研究》，《中国房地产》2017 年第 11 期。

陈方勇：《存量商业改造优秀案例详解——以上海市为例》，《中国房地产》2021 年第 2 期。

涤非：《从德国、日本经验看我国住房公租制度发展的路径》，《住宅与房地产》2016 年第 20 期。

冯文心、诸翰飞：《基于青年人的需求探讨保障性租赁住房低层高密度空间形态的合理性——以上海为调研中心》，《建筑与文化》2022 年第 7 期。

顾玲玲：《促进上海住房租赁体系健康发展的主要问题、总体思路和关键措施》，《科学发展》2021 年第 10 期。

何树奇：《上海写字楼投资市场 2025》，世邦魏理仕投资及资本市场部，2020 年 7 月。

莱坊研究部：《2022 年第二季度上海甲级写字楼市场季度报告》，2022 年 8 月。

李钱斐：《完善上海公共租赁住房融资模式的对策建议》，《上海房地》2021 年第 10 期，第 12—15 页。

陆卓玉：《日本租赁住宅管理行业规范的经验与借鉴》，《上海房地》2021 年第 11 期。

邱田等：《关于上海市保障性租赁住房建筑设计的几点建议》，《住宅与房地产》2022 年第 15 期。

上海购物中心协会:《上海购物中心2021/2022年度发展报告》,2022年3月。

上海市商务委员会:《上海市商业空间布局专项规划(2021—2035年)》,2022年2月。

孙璐、邱萍、王杏丹:《基于文化传承与创新的历史文化街区改造及运营——以成都宽窄巷子为例》,《中国市场》2015年第30期。

王国田:《国外住房保障和供应制度的对比》,《城乡建设》2018年第19期。

王瑞民、张钢:《瑞典发展公共租赁与合作住宅的经验与启示》,《中国发展观察》2018年第17期。

佚名:《国外住房保障体系概览》,《城市开发》2018年第4期。

俞振宁:《上海促进保障性租赁住房高质量发展的思路和举措》,《科学发展》2022年第6期。

张诗雨:《发达国家"居者有其屋"的住房保障制度及其经验——国外城市治理经验研究之八》,《中国发展观察》2015年第9期。

朱崇文:《新加坡商业地产开发案例研究》,《江苏科技信息》2012年6期。

周金龙、李琳、张丹洁:《上海公共租赁住房投入产出研究》,《上海房地》2021年第6期。

诸梦杰、周静敏、王舒媛:《公共租赁住房建筑户内空间满意度评价及需求研究——基于上海馨逸公寓入户实态调查》,《住宅科技》2022年第4期。

祝雨:《上海住房租赁机构化发展道路探究》,《上海房地》2022年第6期。

图书在版编目(CIP)数据

2023 上海城市经济与管理发展报告：上海房地产市
场结构研究 / 上海财经大学上海发展研究院等编. — 上
海：格致出版社：上海人民出版社，2023.10
（自贸区研究系列）
ISBN 978 - 7 - 5432 - 3497 - 0

Ⅰ.①2… Ⅱ.①上… Ⅲ.①城市经济-经济管理-
研究报告-上海-2023②房地产市场-经济发展-研究-
上海-2023 Ⅳ.①F299.275.1

中国国家版本馆 CIP 数据核字(2023)第 167249 号

责任编辑 代小童
装帧设计 路　静

自贸区研究系列
2023 上海城市经济与管理发展报告
——上海房地产市场结构研究
上 海 财 经 大 学 上 海 发 展 研 究 院
上 海 财 经 大 学 城 市 与 区 域 科 学 学 院
上海市政府决策咨询研究基地"赵晓雷工作室"　编
上海市教育系统"赵晓雷城市经济与管理工作室"

出　　版　格致出版社
　　　　　上海人民出版社
　　　　　（201101　上海市闵行区号景路 159 弄 C 座）
发　　行　上海人民出版社发行中心
印　　刷　上海颛辉印刷厂有限公司
开　　本　787×1092　1/16
印　　张　14.5
插　　页　2
字　　数　260,000
版　　次　2023 年 10 月第 1 版
印　　次　2023 年 10 月第 1 次印刷
ISBN 978 - 7 - 5432 - 3497 - 0/F·1531
定　　价　65.00 元